佐伯徳哉　著

権門体制下の出雲と荘園支配

同成社　中世史選書　27

目　次

序

本書では以下の二つを課題にする。まず、平安末期から鎌倉時代の出雲国の、地域における荘園支配体制の形成とその構図をみながら、地域から権門体制を構成する諸権門以下諸領主層の政治的実力基盤の形成のあり方について明らかにすること。そして、この荘園支配体制下における地域開発のあり方から出雲地域各地における地理的条件に根ざした生産基盤の形成・発展をみていきながら、それが地域支配体制の変革をどのように規定していったかについて明らかにすることである。

筆者は、先著、『中世出雲と国家的支配—権門体制国家の地域支配構造—』（法蔵館、二〇一四年）ならびに、同『出雲の中世—地域と国家のはざま—』（吉川弘文館、二〇一七年）で権門体制国家の地域支配構造を国家的支配と地域形成との緊張関係のなかで明らかにした。そのなかで、中世を通じて出雲の東西地域はそれぞれ自立・分裂の契機を胚胎しており、それが中世国家権力以下諸権力の領域的支配および興亡と密接にかかわっていたことを述べた。出雲国には、宍道湖・中海水系、飯梨川・伯太川水系にある出雲東部地域と、南部山間地帯から西部海浜へと貫流する斐伊川・神戸川水系の上流部山間地帯にある出雲南部地域、同河川水系の下流平野部が広がる出雲西部地域があること。政治的には国衙は出雲東部側の宍道湖・中海水系沿岸に、国一宮杵築大社は、出雲西部の斐伊川・神戸川下流域にあり、両者がともに出雲国一国支配を担う装置であったこと。また、鎌倉時代後半には、守護領・得宗領が、出雲東西の政治・交通の要衝に配置され、国内荘郷への地頭設置とあいまって、鎌倉幕府勢力が出雲一国にその政治的影響力を浸透させうる構造になっていたこと。戦国時代、十六世紀前半の石見銀山開発以後、東アジア海域の活発な経済活動が銀山とその周辺に及ぶに至り、出雲西部地域と石見銀山を中心とする石見東部地域とが経済的に結びついて一体化し、出雲東部地域に本拠を置く戦国大名尼子権力の興亡を規定する一要因となったことなどを述べた。つまり、中世を通じて出雲東西地域は、出雲国やその周辺地域を含めた支配体制や権力の興亡に影響を与え続けた。そこで、本書では、中世出雲における各地域の政治的・経済的な力関係の基本的枠組が、中世前期、荘園支配体制の成立・展開と構図そして地域開発のなかでどのように形成されていくのかについて、地理的環境条件も規定要素に加えて明らかにしていきたいと考える。

そのために、出雲国内諸地域における公田数分布、荘園・国衙領の分布、荘園の立荘事情、地頭問題、地理的環境と開発、開発と所領形成をみながら、地域における権門間の力の構図および諸権門以下領主層の実力形成を明らかにしていく。

そこで、まず序論では、改めて、二つの先著『中世出雲と国家的支配―権門体制国家の地域支配構造―』および『出雲の中世―地域と国家のはざま―』の前提を振り返っておく。それは、両著に至るまでに筆者が権門体制論の方法論を受け継ぎ、これを中世日本海西部地域史を通じて発展させようと考えた意図や背景について述べ、本書の課題にまで立ち至った大元の背景・問題関心について改めて説明しておきたいからである。

「第Ⅰ部　中世前期出雲における荘園・国衙領の空間的・数量的構成と権門間の政治的力関係」（新稿）では、出雲国内の荘郷名・公田数・地頭名が網羅される文永八年十一月日、関東下知状案の三月会相撲舞頭役結番注文を主な史料として用いながら考察を進める。まず前半では、出雲国内東・西・南三地域の地理的条件をおさえながら、三地域の公田数分布・一単位所領＝荘郷あたりの平均公田数を整理し、地域による生産力の量的基盤を比較する。さらに、地域における荘園・国衙領の割合、権門領の分布・立地傾向・公田数規模を明らかにして、中央の天皇家・摂関家や有力寺社など諸権門の地域における実力基盤を比較し、権門間の力関係を規定した要因を考察する。また後半では、院政期から鎌倉時代初頭における諸荘園の立荘事情から、中央諸権門＝荘園領主側と地域側との接点と、両者が結びついた契機や理由について考察する。さらに鎌倉幕府成立後の荘園支配をめぐる領家・地頭間問題から地頭廃止・下地中分・地頭請に至る政治過程と構図を明らかにすることを通じて、荘園領主の在地掌握の状況と、幕府勢力の地域荘園支配体制への浸透を明らかにする。そして、そのように変容していく地域の荘園支配体制における三月会相撲舞頭役結番注文の意義や役割について考察する。

「第Ⅱ部　中世前期の出雲地域における開発と所領形成―平野部と山間部の開発と支配体制から―」（新稿）では、いわゆる大開墾時代とされる時代から後にずれる十二世紀後半から十四世紀の平安時代末期から鎌倉時代にかけて、荘園制下における開発の多様で活発な実態について明らかにする。ここでは、出雲北部東西平野部と南部山間部の先進地域から発展途上地域の地理的環境や開発主体による開発のあり方の相違を明らかにしながら、開発が当該期地域社会や支配体制の変化に与えた影響を明らかにしていく。

序章　地域史からみた権門体制論の可能性──出雲地域史からの試み──

黒田俊雄氏の権門体制論提起からすでに五十余年になる。

この学説は、荘園制を土台にした中央の国家機構論を軸にして、顕密体制論と不可分の関係をもって論じられてきた。一方、黒田氏晩年期（一九八〇年代半ば以降）には国家と地域の関係（地域による国家の相対化）への着目があったものの、黒田氏の死去によって頓挫した。

この経緯をふまえ、拙著『中世出雲と国家的支配』（法蔵館、二〇一四年）では日本海西部地域をフィールドに、権門体制国家が地域エリアに対し階級的・領域的支配を浸透させせようとしたメカニズムについて考察した。その視角は以下の二点である。まず、第一に、国家権力が地域の人々（被支配階級）へ支配機能を浸透させせようとするメカニズムを明らかにすること。第二に、地域の形成過程のなかで国家権力が領域的な支配をどのように達成しようとしたかを明らかにすることである。その際、対象となる地域の形成には歴史的経緯や人・モノの活動に規定された独自の運動があり、国家や領主の領域的支配との間に矛盾や緊張関係があったと想定した。

つまり、黒田権門体制説の地域論への着目を受けて、これをフィールド研究（出雲・石見など日本海西部）にどう発展的に適用して論を組み立てるかを課題にしたものである。

しかし、なぜ今、地域から黒田氏の国家論なのか。以下、筆者の着想をまじえて黒田学説の可能性について考えてみたい。

一　地域史研究と諸国一宮制研究から

1　戦前の旧島根県史から一九八〇・九〇年代の島根中世地域史研究

戦前から一九七〇年代半ばまで、島根県の中世史研究は明治末期から大正・昭和初期にかけて編纂された旧島根県史が最大で最も基礎的なものであった。内容は合戦史観を主流にしたもので基本的に武家中心史観で構築された中世史像であった。これに戦後、神社関係者によって行われた神社史研究が加わっていた。

一九七五年に島根大学に着任した井上寛司氏は、この合戦史観を批判し、地域史をトータルにとらえる視点を主張した。その背景には非領主制論・権門体制論など井上氏の恩師である黒田俊雄氏によって唱えられた学説があった。その後、井上氏の精力的な研究活動によって、荘園史、神社史（諸国一宮制）、交通史（主に山陰水運史）などの発展をみた。また、井上氏は県内市町村史の編纂を精力的に行い『大社町史』一九九一年では史料編を作成し、出雲西部の中世史料を網羅するなど、県内市町村史の水準を高めた。また、一九八〇年代後半から九〇年代にかけ同氏が主導した三宅御土居（益田市）保存運動をきっかけに城郭史への関心が高まり、さらに初期の城下町・水運史をきっかけに山陰中世都市史の研究へと展開していった。これに中学・高校の歴史教員の一部による諸研究が加わり、一九九〇年代には一九八〇年代以来の戦国期大名論の流れを受けながら長谷川博史氏の尼子氏の研究が出された。このように、山陰地域史の内容が一五年ほどの間に豊かになってきた。

2　町村史編纂から――一九八〇年代後半〜二〇〇〇年代

『大社町史　上巻』（一九九一年）が井上寛司氏を中心に執筆編集され、出雲大社・日御碕・鰐淵寺など出雲西部有力寺社と東部府中域の有力寺社の古代から中世の歴史の全体像が網羅的に整理された。また、『同』史料編の刊行により出雲古代・中世史料の半分以上が網羅され、出雲国における国一宮制論の基礎となった。この流れは、二〇〇〇年代に入っても、旧広瀬町教育委員会の『出雲尼子史料集成』（二〇〇三年）や、近年の松江市史編纂へと続いている。このように史料集の刊行により地域史編纂の豊かな成果を受け止めた地域史研究ができる条件が整いつつある。

3　諸国一宮制論と出雲――一九八〇年代〜二〇〇〇年代から

井上寛司氏のライフワークでもある諸国一宮制論・神社史のなかで、出雲国一宮杵築大社は国一宮の典型的な事例とされ、関係する歴史とともに研究が進められた。その成果は、井上氏の著書『日本中世国家と諸国一宮制』（岩田書院、二〇〇九年）にまとめられた。

井上氏の研究以前の国一宮制理解では、河音能平氏によって中世国家の支配階級の一部を構成する在地領主層の百姓支配のための重要なイデオロギー装置であるとされた（同「王土思想と神仏習合」〈岩波講座『日本歴史』古代4、一九七六年〉）。また、伊藤邦彦氏らは、諸国一宮の国ごとの多様性を指摘していた。

これに対し、井上氏は黒田学説を批判的に継承しながら神社史を提唱し、諸国一宮制を全領主階級による支配装置であるとした。さらに廿二社・国一宮そして荘郷鎮守・小祠など神社の一元的な階層性を主張し、国一宮の性格を国内神社秩序の頂点、各国において中世天皇制秩序維持を担うものと規定した。井上氏はこのような国一宮の本質的性格を明らかにする方法として、諸国一宮がもつ「多様性を突破して」本質的なものをつなぎあわせるとした。その背景には王権・天皇制の支配支持装置としての神社の解明という目的・意図が当初から強く意識されていた。そして、出雲国一宮がその典型例とされたのである。

しかし、そうした方法であるがゆえに捨象された課題も大きかった。諸国一宮（制）がもつ多様性とその理由に関する問題については未解決のままで残ったのである。

そこで、筆者は、地域においてこの問題を考えるとするならば、視点を変えて、それぞれの地域の多様なありように即した国一宮（二宮・三宮も含め）の具体像を国支配と地域形成との関係という観点から考え直してみてはどうかと思いはじめたのである。

また、地域においては、国鎮守と系統を異にする有力神社（八幡・賀茂・諏訪・鹿島・春日・厳島など）の存在も、むしろ寺社秩序の多元性ととらえるべきではないかと考えた。こうして、おのおのの自立と競合関係や国家的機能を明らかにしていく地域寺社勢力論の観点が必要ではないかと考えるに至ったのである。

4　体制的契機による人々の往来

さらに国一宮恒例祭祀・遷宮儀式にみられる武芸から歌舞音曲までを含む多様な神事芸能と顕密寺院の参画などからは、地域において公家・武家・寺社に連なる多様な出自・身分・職能をもつ支配階級（目代、官人、地頭級領主、僧侶、神官など）の存在が認められた。彼らの多くは京都やその周辺、鎌倉や東国諸国からの往来・来住者であった。そのような彼らの出雲における役割や存在意義とは何かについて体制的契機・諸機能という観点から考え直してみる必要がある。そこに、国家的支配諸機能の地域浸透という観点から権門体制論における公武寺社の機能的分掌論を適用することが有効ではないかと考えたのである。

すでに西遷御家人など体制的契機による人や集団の移動については、出雲では松尾慶三氏の研究（「鎌倉期出雲国の地頭に関する一考察」〔『山陰史談』一八、一九八二年〕）で、出雲の御家人（主に西遷御家人）の出自が明らかにされていた。また、西遷・北遷御家人の研究では、海津一朗氏の研究成果（「鎌倉時代における東国農民の西遷開拓入植〔『中世東国史の研究』東京大学出版会〕、一九八八年、同「中世在地社会における秩序と暴力」〔『歴史学研究』五九九、一九八九年〕）があり、西遷・北遷御家人と移動先での支配をめぐる軋轢の問題が論じられており、地域による社会のしくみや文化の相違から生じる諸問題を考えるよき導きがあった。一方、出雲の八幡宮領関係の史料からは、石清水八幡宮本社から紀氏が荘官（社官）として派遣されていると思われる事例など、荘園経営に伴う支配者の移動・土着の痕跡もみられた。

このような外来領主の事例と、出雲における多様な外来神の存在（八幡・賀茂・諏訪・鹿島・厳島など）を考えあわせると、アイデンティティーの移動と移動先における混在・多様化そして摩擦・共存が想定されてくるのである。そして、これが地域における国家的支配や文化形成にどのような影響を与えるかという課題が浮き上がってくるのである。

5　地域形成と支配　一九九〇年代初頭

一九八〇年代、井上寛司氏による十六世紀山陰水運と沿岸都市の発展に関する研究のなかで、山陰沿岸都市の経済的後背地の存在が指摘された。また、一九九二年頃、長谷川博史氏が出雲尼子氏の研究において尼子氏の出雲国支配形成過程について明らかにしたが、その底流には出雲東西地域論が読み取れた。ほぼ同時期に、筆者は、石見中部国人領主福屋氏の急速な領域拡大・滅亡と毛利氏の石見進出と広域大名化のプロセスを明らかにしながら石見中部地域と安芸・備後に至る江川水系周辺の地域経済圏の急速な成長と領域的支配の矛盾と相互規定的関係について述べた（「戦国期石見国における在地領主支配と地域経済秩序」〔『ヒストリア』一三五、一九九二年〕）。しかし、その後、十六世紀第2四半期期〜第3四半期の地域経済圏の急変容と領主権力の興亡の顕著さに不自然さを感じ、地域経済の内発的発展論だけでは説明がつかないと思うようになった。つまり地域外的要因による地域内変化、それは石見銀山開発により環シナ海経済圏（広域経済圏）の影響力が急速に石見沿岸地域（日本海西部域の一角）に浸入し、中小次元の地域経済圏を急速に変化させたというシナリオを考えるようになった。

二　権門体制論の展開から

先述のとおり、中世出雲地域においては公武寺社諸権門に連なる多様な出自・身分・職能をもつ目代、在庁官人、地頭級領主、僧侶、神官など支配階級が存在したが、国家的支配における彼らの機能・役割を全体としてどのように評価するのかが問題であった。また、黒田氏晩年の地域と国家への着目をどのように受け止め、発展させるかも課題であった。

1　提起された主な論点の概観　一九六三年

学説の目的と対象から　そこにやはり「全支配階級が農民その他全人民を支配した諸々の機構を総体的に把握することを目的」とする権門体制論を想起せざるをえない（黒田俊雄「中世の国家と天皇」〔『岩波講座　日本歴史』一九六三年〕）。つまり、地域に存在する公武寺社系列の全領主階級による地域住民支配という視点へ適用することを思いつくわけである。

さらに黒田氏も述べるように「『封建国家』の規格に合うものだけを析出して配列してみることも、いちおう必要なことではあるが、それだけでは日本中世の国家そのものを、その特殊性においてとらえることは不可能である」「世界史的な規模での理論を直接扱うことではなく、日本の中世といわれる時代に国家がいかなる構造と特質をもっていたかという点を真正面から問題にすること」だと述べたことを改めてどう活かすかということを考えなければならないだろう。そして日本中世の国家を把握するための手続きとして「公家・武家が国家権力機構のうえにおいて、相互補完的関係にあった事実を明らかにすること」が、中央のみならず地域においても可能なのではないかと思ったのである。

荘園制　権門体制は、まず下部構造における農民的小経営によって特徴づけられる荘園制を基礎とする。「荘園制とはなによりも種々の『所領』の支配を保証する封建的知行体系にほかならない（中略）種々の性格の所領が重層的な知行の体系を構成していた。つまり、一人の領主だけが単独で収取を実現する状態を想定して他を規制的あるいは無権利だと評価したり、いっさいの国家秩序による保証を封建支配と矛盾するものであるかに考えたりするのでは、荘園制の性格を理解することができない」として、日本封建制の特徴として様々なレベルの領主支配を体制的に保証するしくみをとらえる必要があるとしている。

権門の諸機能について　「公武寺社諸権門による国家機能の分掌関係」（諸権門による職能的分掌）について、黒田氏は、「公家諸権門（叙位除目・年中行事などの公事）、武家権門（国家的検断）、寺社諸権門（仏神事、イデオロギー整序）らからなる「権門勢家はただ私的な実力（中略）によってのみ権門勢家たりうるのではなく（中略）国家的見地からの職能的役割を帯びていること（中略）それは、国家秩序における支配階級内部での、あたかもカースト制を想起させるような分業形態というべきものであって（中略）相互補完的関係において国家を構成する」（以上、第一の点）とする。そして、「公家・寺家について非軍事的結合即非封建的性格と主張する見解は、第一の点とあいまって否定されなければならない」とする。

つまり、個別領主支配を超えた文化的・宗教的機能をも含む封建国家の幅広い国家的支配機能を総合的にとらえるという視点が重要である。

官僚制と中世王権＝天皇制　黒田氏は中世の国王（天皇）について、天皇に伴う地位・権力は無力・形式的で、朝廷は慣例的な施策を決定する場、なかば儀礼的、なかば権門勢力の角逐の場であったとする。そこにあった官人については、系譜的には律令体制に由来する。その地位は世襲化・家格化するも、天皇の名により任免されるものであって、この地位そのものは超権門的・非権門的で消滅しきることがなかったとする。

天皇は「古代的権威」を帯びるがゆえに、事実は権門の、広くは全領主階級のこの段階でのありうべき支配体制の必要から中世的権威＝国王として存在したとして、天皇は権門の知行体系の頂点＝封建関係の最高の地位（国王）にあったとする。そして、初期封建国家には強力な王権が存在しないのであって、権門体制は封建国家の初期段階ともいうべき特質をもっていたとするのである。つまり、王権の弱さが国家的統合性と表裏の関係にあるのであって、土地領主の成立とともに、それに対応して権門体制が国王の権力を極小にまで圧縮し、それゆえに国家的統合性が必須のものとなっていたとするのである。

このような王権に関する考え方は、領主制理論における石母田正氏が「皇室＝王権はたんなる遺制でもなく、たんなる『非封建的要素』でもなく、かえって封建制が、その間の矛盾によって生み出すものであり、再生産するものであり、この意味でそれは封建制の必然的モメントとして存在したと考えねばならぬと思う」（石母田正「中世国家について」(『法学志林』四八―2、一九五〇年、『古代末期政治史序説』下　未来社、一九五六年)に再録)と述べるのとも本質的に通底しているように思う。ただし、黒田氏の場合、重要な点は、日本の封建国家が「律令制とのたたかいを刻印された特殊性を持つ」というところにある。

こうして、天皇の形式的地位は観念的権威を伴うことによってのみ存続し、独特な宗教的性格が付与されるとする。つまり「日本は神国」という信仰＝神国思想が権門体制の宗教的イデオロギーの一つであるとするのである。このような性格をもった王権の機能・役割が地域にどのような形で浸透させられようとしていたのかが問題である。

2　黒田学説への批判から学ぶ

封建制論争　永原慶二氏の批判　黒田俊雄氏の非領主制論を基礎にしている権門体制説では、同体制がアジア的共同体を基礎とした古代国家解体のなかで古代貴族の封建貴族化によって形成されるとして、公武寺社がともに封建領主階級であるとするところに、それまでの領主制論者と差異があった。これに対して厳しく批判を展開したのが永原慶二氏であったことは周知のとおりである。

永原氏は、以下のように批判する。黒田氏は、公武両階級の本質的差異を認めていない。権力そのものの分析を行わず権力を基礎構造の投影としかとらえない(下部構造の上部構造への単純な投影だ)とする。また、公武寺社の間の相互補完関係は、同一階級内部の機能分担を意味するにすぎない。つまり「新旧支配者の相剋と闘争」が「職能分担をめぐる争い」に置き換えられてしまっているとする。そして、「国家権力の質的変化は問題にされない」ために、権門体制論では在地領主制の発展とそれによる武家権力の成長を積極的に評価できないと批判するのである。(永原慶二「日本国家史の一問題」(『思想』四七五、一九六四年、のち「中世国家史の一問題―黒田俊雄氏の『権門体制論』によせて―」として『日本中世社会構造の研究』岩波書店、一九七三年）に収載、黒田俊雄「中世国家論の課題―永原慶二氏の批判にこたえて―」（『新しい歴史学のために』九七、初出一九六四年）。

これは両者の歴史観の根本的相違というほかないが、一九八〇年代後半に黒田氏から筆者が直接聞いた「鎌倉幕府が検断権を持っていることが重要だ」という言葉からは、当該時代の土台・上部構造の矛盾の深化に応じて武家の役割機能の重要性が増してきているのだと理解することができるように思う。

中世国家の存在について　一方、石井進氏は「中世の日本に単一の国家機構があった、というのは、それほど明瞭な常識的事実に属するのであろうか。」「『古来島国として独自に存続してきた』『日本国』という常識的感覚によりかかって『中世国家論』を進めて行くことは危険」「近代的『国家権力観』を全時代に持ち込み、古来存続しつづけてきたこの『日本国』の『国家権力』を超歴史的存在としてうけとらせるおそれがある」と批判する。（「日本中世国家論の諸問題」〔『中世国家史の研究』岩波書店、一九七〇年〕）。

これに対して黒田氏は「ヨーロッパの歴史をはじめ学説史上でも封建国家についてつねにこのような疑問が出されてきたにかかわらず、なお、日本中世については具体的に『国家』があった事実をここで指摘したい。」「中世に『国家』についての論理や『封建国家』の規格を探し求めるのでなく、最も単純には、東アジアの一角の列島に『日本国』という一つの〝王国〟が現実にあった（あるいはあったかどうか）ということから出発すべき」だと述べる。（「国家史研究についての反省」〔『歴史学研究』四四五、初出一九七七年〕）。

この石井氏の批判に対しては、石母田正氏の次の考えが有効であるように思う。「近代国家が国家の典型的形態として前提とされ、それを基礎として、それと同一の特質が中世国家に見られないという理由によって中世国家の国家性を否定することである。したがってその考え方そのものが方法論的に疑問であり」「中世国家の中に近代国家的なものを発見することによって（中略）中世国家の国家性を主張するにすぎないからである。かかる方法ではここでも中世国家の独自の歴史的な質がとらえられていないように考えられる。」（石母田正「中世国家について」（『法学志林』四八―2、初出一九五〇年。『古代末期政治史序説』下、未来社、一九五六年）に再録）。

武家権力の評価について　権門体制における公武寺社の分掌関係についていては、永原氏（先述）・佐藤進一氏などから静態的、武家権力の達成を評価できないなどの批判がある。

佐藤氏は、「権門体制論は京都朝廷側の論理でありむしろ願望である」とし、「武家の政権をつくってそれを支えた人びとの努力と成果をこのような理解で正しく評価できるだろうか。」と批判した。そして、東国政権（東国国家）論の立場から幕府が「東国を地盤とするひとつの国家をめざしたのではないか」として「貴種信仰（中略）によりかかりながら、京都朝廷の支配から離脱するという考え方」を述べるのである。（佐藤進一「武家政権について」（『弘前大学国史研究』六四・六五合併号、初出一九七六年））。

これについて黒田氏はすでに「独自の国家の成否という次元では、この時代では結局可能性たるにとどまり、幕府は権門の一たる立場を脱することができなかった」（「鎌倉幕府論覚書」（『日本史研究』七〇、一九六四年））との考えを示していた。

その後、佐藤氏の国家論は、『日本の中世国家』（岩波書店、一九八三年）へと展開して王朝国家・官司請負制、鎌倉幕府・主従制・統治権・両主制構想など京都・鎌倉の東西権力体にかかるキーワードが出そろう。

ここに、佐藤氏の説と密接な関係にある網野善彦氏の東国・西国論が想起されてくる。つまり「東日本と西日本が条件によっては別個の民族になりうるだけの文化・言語・習俗等々の差異をもっていた」「それが土地制度や社会集団、御家人制の在り方の差異にも現れている」という内容が注目される。（網野善彦「地域史研究の一視点―東国と西国—」（佐々木潤之介・石井進編『新編　日本史研究入門』東京大学出版会、一九八二年）所収）ただし、これには村井章介氏の批判があり、「国家と民族のズレと相剋を視野に入れないと裏返しの民族・国家相即論になる」と指摘していることは重要である。（同「建武室町政権と東アジア」（『講座日本歴史』4、中世2、東京大学出版会、一九八五年））。

ここに、先述の黒田氏の発言「鎌倉幕府が検断権をもっていることが重要だ」や、一九八〇年代半ばから後半の、入間田宣夫氏が示した奥州合戦による幕府勢力の地域的拡大と占領軍政という図式（「守護・地頭と領主制」（『講座日本歴史』3、中世1、東京大学出版会、一九八四年））、海津一朗氏の西遷・北遷御家人問題への注目とも相まって幕府権力が東国を起点に全国の諸地域に浸透する過程をとらえることにより武家権門の積極的評価ができるのではと考えたのである。そして、西国出雲における幕府勢力（守護・地頭領主層）の浸透過程・公武寺社相互補完関係における政治的地位の上昇過程の検討を試みるに至ったのである。

3　鎌倉幕府と公家政権　一九七四年

黒田氏は「鎌倉幕府と公家政権」（『シンポジウム日本歴史』7　中世国家論、学生社、一九七四年）において国家権力発動の形態と王法仏法の相依＝権門体制・顕密体制の不可分の関係について述べる。

前者について「国家権力がとくに治安問題あるいは軍事問題に際してどのように発動してくるか、だれが、どの部門を、どんなふうに分担して、具体的な政治過程でどのように鎮圧されるか、あるいは反対に反乱がどのように権力の弱点や矛盾をついて起こるか」が重要であると指摘する。そこからは、中央から離れた地方社会における反国家的な動きに対する、国家側の対応メカニズムを明らかにするという課題が出てくる。

後者は、中世国家のイデオロギーの中心は「王法仏法の相依」で「それは京都の貴族や寺社だけでなく、鎌倉幕府の宗教意識や宗教政策もこういう考え方の中にそのままとりこまれてしまう性格のものである（中略）神国思想といわれるものも、この王法仏法の相依という考え方の一つの変型（特殊形態）ということができる」としている。そこからは、地域寺社と国衙との機能分掌と相互補完関係、地域支配における神国思想の機能と担い手を具体的に明らかにするという課題が出てくる。

4　国家史研究についての反省　一九七七年

黒田氏は「国家史研究についての反省」（『歴史学研究』四四五、初出一九七七年）で、国家史研究に必要な視点として、空間的・領域的存在としての国家と国家に付随するイデオロギーの特質に注意する。

前者は、大石直正氏ほかの東北中世史研究を受けとめながら、「辺境対策と国際関係・対外意識といった側面から、いわば空間的・領域的な存在としての国家像をとらえる視角が必要」だと述べ、中世国家の領域観に着目したものである（のちの、大石氏「外が浜・夷島考」〈関晃先生還暦記念会編『日本古代史研究』吉川弘文館　一九八〇年〉）。

後者は「体制の不可欠の特色として『顕密体制』をもって自らを飾っており（中略）寺社勢力というある種の社会的勢力に編成された人間集団に直接支えられ、それがまた国家の支配層を構成する一部でもある」と指摘した。そこからは、それ自体地域領主でもある地域寺社勢力の競合と、個別領主であることを超えた国家的な機能役割を明らかにするという課題が出てくる。

平雅行氏は「神仏と中世文化」（『日本史講座４　中世社会の構造』東京大学出版会　二〇〇四年）において、当該期の社会や文化の特徴について「中世で公家・武家・寺家といった諸権門が分立し、その相互調整のなかで国家意思が定められた（中略）一方、顕密仏教は諸宗の有効性を相互承認する思想的多元論を基調としており、国家の政策も諸宗・諸芸能の多元的な発展を企図していた（中略）中世国家の政策基調や価値体系が多元的・複合的にならざるをえなかったために、顕密仏教が宗教の枠を超えて社会や国家および文化の諸側面に多大な影響を与え、中世の様々な事象や社会関係に仏教の外皮をまとわせた」とした。これは、顕密仏教が多元的複合的な社会や文化に対し共通の土台もしくは媒介項となりうることを述べたものであり、先の地域寺社勢力の国家的機能や役割を考える上でよき導きとなるものであった。

5　身分制国家と領域性　一九八七年

黒田氏は「中世の地域と国家と国王」（『歴史科学』一〇九、一九八七年、以下黒田a）で中世国家の範囲・領域性について述べる。それは佐藤進一氏の東国国家論・網野善彦氏の東国と西国に対するもので、『吾妻鏡』などにみえる「主上」という表現から、幕府当局者が天皇を自分たちの国王と認識していたとして、東国を独自の一個の中世国家とみる説は〈くに〉（地域）と〈封建王国〉（国家）とを混同した見地だとした。そして、同時期に出された黒田氏の「中世の身分意識と社会観」（『日本の社会史』7〔岩波書店　初出一九八七年〕以下、黒田b）と関連させながら「国家的規模の身分階層の原則が、基本的体制あるいは威令としてゆきわたる範囲こそが国家（「日本国」）の領域にほかならない」として、（天皇を頂点にした）中世的身分秩序の行き着く範囲としての国家領域（エリア）であるとした点は重要である。

6　地域と国家の視点　一九八七年

黒田氏晩年には地域への着目が顕著となる。それは「今日の地域論の特色は、そのなかでも国家（つまり中央政府・国家権力）を絶対視しない発想」で「地域への関心の持つ〝新しさ〟やはり『国家の相対化（視）』にある」と述べるところからも明確である（以下引用は黒田ａ一九八七による）。「地域（くに）は、日本列島を数個に区分した程度（中略）『鎮西（九州）』『西国』『北陸（日本海沿岸地域）』『関東』『蝦夷地（奥羽）』などのような境界もやや不明確で、ときには一部重複（中略）その内部に社会構成ないし民俗の共通性がみられ、政治的にもまとまった〝くに〟としての独自性をもつこともしばしばみられる。」とする。そして「国家は、一ないし数個の地域（くに）を基盤にして成立するが、その境界は必ずしも地域（くに）のそれに対応するとは限らない」、つまり、国家の領域は地域（くに）の単純な総和ではないとするのである。

また、黒田氏は、地理的条件と地域史にも着目し、「『地域』についての注目は、歴史学における地理的要因の評価・位置づけの問題である。わが国では、戦後ながらく「地理的決定論」「環境決定論」などの言葉でこうした傾向を忌避する傾向があったが（中略）この問題は、もはや避けて通ることはできないとおもう。」と述べている。これは、地理的環境によって規定・規制される人やモノの動きやそれにより生じる地域の広がり方をとらえる方法となりうるであろう。ここに、個性的な社会構造や文化をもつ地域の運動・エリア形成と、国家の領域性との間の齟齬矛盾を考える必要性が浮上するのである。

7　村井章介氏の課題提起

村井章介氏は「黒田学説における国家と地域」（『黒田俊雄著作集月報』6、初出一九九五年、以下、村井ａ一九九五）で征西将軍府を例に「天皇の支配している領域のすべてが、いつでもひとつの統合された『国家』であるとはかぎらない。」と批判した。

このことは、誤解を恐れずに考えれば、地域がもつ自律性と、王権の分裂とが結びついた局面において生じる現象としてとらえられるのではないかと推察されるが、山陰では、後醍醐天皇の伯耆船上山挙兵後の一時期の状況を考える上で興味深い。

また村井氏は、「前近代東アジアの国家の問題は、冊封関係や天皇制のような制度的表皮ではなく、国家権力発動の実態や領土・人民支配の実現度という、具体的な尺度で計測されねばならないと思う。」と述べた（村井ａ一九九五）。

すでに黒田氏も「国家の実質は隙間のない領域（面）であるよりは、国家の王都と各地域の中心地や国家の要衝とを結ぶルート（「大路」）などを骨格とする諸方面への拡がり（線）がその実体であったといえよう」「なお、この国家の領域には、たてまえとしての領域と実効的な領域とがあったことに注意しなければならないかと思う。」（黒田ｂ一九八七）と述べている。

このように、国家の領域的支配があまねく均質に行き渡る（べき）ということを自明の前提にしないことは重要である。

また、村井氏は「地域についても、国家支配の客体あるいはプレ国家としてとらえるだけでなく、国境を超えて国家の論理を相対化する人間・もの・情報の交流圏としてみていくような視角も必要」（村井ａ一九九五、村井「中世日本列島の地域空間と国家」〔『思想』七三二号　初出一九八五年〕など）との考えの下、マクロな地域論を展開する。

黒田・村井両氏のこのような考えを受け止めながらも、かつての地域経済論（鈴木敦子「中世前期における地域経済圏の構造」〔『一九八〇年歴研大会』特集号、一九八〇年〕、佐々木銀弥「中世後期地域経済の形成と流通」〔『日本中世史研究の軌跡』東京大学出版会、一九八八年)、貝英幸「中世後期における地域的流通の発達と守護領国―大内領国を例にして―」(『佛教大学大学院研究紀要』一八、一九九〇年など)の観点を咀嚼すれば、身近でミクロな次元と広域的マクロな次元の重層性と相互規定性をとらえることが重要であろうと考えるのである。

むすびにかえて―黒田氏が示した方向性への取り組み―

以上から、筆者が感じた今日的課題が、①文化の多元性・多様性と、人の移動の活発化に伴う文化の移動、地域における異文化の混在と摩擦・軋轢、②地域と国家の相剋で、こうした問題は、中世地域史にこそ顕著な問題であり、国家体制論としては文化論を包含しうる権門体制論を発展的に適用できるのではないかと考えたのである。

また、黒田氏中途の仕事を継承する一つの方法として、黒田氏生前の発言「フィールドを持つことが大事。」を思い出せば、地域から国家へという逆のベクトルからの試みもありうると考えた。その場合、地域から中央をみる視点とともに、地域から(国家)体制をみる視点、つまり、地域のさまざまな問題から国家体制のありようを遡上してみるという逆のベクトル(方法)の必要性を感じたのである。さらにその一つの方法として、筆者は、地域形成運動と領域的支配との齟齬・矛盾のなかで空間的・領域的支配と階級的支配を全うしようとした中世国家(権門体制国家)支配のメカニズムを考えてみようと思ったのである。その際、黒田氏の所説とそれを批判する諸説をもとにして地域と国家の動態を豊かに表現しうると感じたのである。

第Ⅰ部

荘園・国衙領の空間的・数量的構成と権門間の政治的力関係

序言

第Ⅰ部では、平安末期から鎌倉時代の出雲国諸地域全体における荘園支配体制の空間的・政治的構図を、地理的条件と関連づけながら明らかにし、諸権門の力関係を規定する地域的条件について考察する。

そのために、出雲国杵築大社（千家家）伝来の文永八年十一月日の杵築大社三月会相撲舞頭役結番注文の分析を出発点に、出雲国内における地域別の公田数分布からみた生産基盤のありかた、地域ごとの荘園・国衙領の分布傾向、諸権門領の立地の傾向や特徴、そして、荘園の立荘事情、地域の荘園支配への鎌倉幕府勢力の浸透と深化を明らかにしていく。

荘園・国衙領の分布については、一九六〇年代から八〇年代にかけて、網野善彦氏が、十二〜十三世紀の土地制度を便宜上荘園公領制と表現し、荘園・国衙領の同質性をふまえて両者がもつ国家的性格を述べ、諸権門・諸司領の全国的分布傾向を明らかにした。(1) また、それぞれの地域における荘園制の解明が必要であるとして、国別では美濃国・尾張国・若狭国などの国衙領のなりたちと諸権門領の立荘・存在形態を概観した。(2) 近年、前田徹氏は、網野氏の業績と一九九〇年代の立荘論の展開をふまえ、播磨国を事例に、権門領の偏在性や集中性、摂関家領・寺社領・平家領の分布と主要交通路との関係を明らかにした。さらに、荘園経営それ自体がもつ都鄙間交通の拠点としての性格によって既存の荘園を核に周辺地域にも同じ領主の荘園が形成されていく過程を想定した。(3)

出雲国では、ここ三〇年ほどの間に行われた自治体史編纂や、『講座日本荘園史　中国地方の荘園』（一九九九年）

において、文永八年十一月日、関東下知状（付、杵築大社三月会相撲舞頭役結番注文）をもとに個別荘園の立荘や来歴について述べた成果が出ており、天皇家領や摂関家領など権門領の立荘過程や国内における分布傾向、鎌倉時代の荘郷地頭の出自などが逐次明らかにされてきている。(4) 本論では、この先学の成果を検討・継承し、さらに、出雲各地域における地理的条件の相違をふまえた地域偏差・生産条件も含めて諸権力（諸権門・領主諸階層）の地域的基盤の構図を明らかにすることを目的に論を進めていくこととする。

次に立荘論については、以下のように考えたい。

一九九〇年代の川端新・高橋一樹氏らによる立荘論は、院政期における近臣受領らの主導による上からの立荘に着眼することにより、政治史的視角から立荘をめぐる政治勢力の関係や動きに注目した。(5) これによって、それまでの開発領主の成長とそれをふまえた寄進による荘園の成立という開発寄進論を相対化することとなった。これに対して二〇〇〇年代に入って鎌倉佐保氏は、庄園領主側を主体とする立荘の動きが最も規定的であったととらえるとしても、立荘の前提となる寄進の運動、在地社会の動向、庄園整理政策をめぐる動きなど、必ずしも庄園領主側の立荘の動きとは一致しない様々な多方面の運動を含めて論じる必要があると主張した。(6) 地域から体制的に荘園の立荘・支配を考える場合、この視角をあわせて考えることは重要である。つまり、国家中央と社会勢力相互の政治的要請や機構上の接点において生じる緊張関係や矛盾・均衡のなかで、地域においていかに荘園支配体制が形成されていったのかについて明らかにしていくことが重要であると考えるからである。

そしてこのことは、先に述べた諸権門の中央における力関係を規定する地域的条件を明らかにするという目的のもと考察される必要があると考える。

以上のような問題意識のもと本論第Ⅰ部では、まず本書第Ⅱ部の地域開発論の前提的作業として、出雲国内の地理的条件を異にする諸地域や政治的に先進・後進地域における公田数の割合を整理し、各地域の生産基盤の全体傾向をおさえる。次に、それをふまえ、地域における国衙領や権門ごとの荘園の分布傾向や規模を比較しながら、地域における諸権門の実力基盤の形成のあり方を地理的・空間的構図から明らかにする。その上で、平安時代末期に地域に設置された権門領荘園のなりたち＝立荘の政治的事情から、地域の社会勢力の動きと中央からの荘園形成・支配が相互に結びついていく契機やプロセスを考察していく。さらに鎌倉時代の領家・地頭間相論と地頭不設置・下地中分・地頭請に至る事例から、荘園領主支配の在地浸透のあり方、および、地域の荘園支配体制への幕府勢力の浸透過程をみていく。そして、鎌倉時代後半期の地域における荘園支配秩序の変容のなかで、三月会相撲舞頭役結番注文がもつ体制的意義・役割について考察する。

以上のように、幕府を含めた中央の荘園領主層（諸権門）の地域からみた政治的実力形成・力関係のありかたから、出雲国内における中世荘園支配体制の成立・展開を明らかにしたいと思う。

注

（1）西園寺家については水上交通との関係で同家領の経営を論じた「西園寺家とその所領」（『国史学』一四六号、国史学会、一九九二年。ほかに『瀬戸内の海人文化　海と列島文化9』小学館、一九九一年）がある。また、賀茂社領についてその分布と経営について、同『日本中世土地制度史の研究』（塙書房、一九九一年）において特徴が述べられている。

（2）網野善彦「若狭国における荘園制の形成」（竹内理三博士還暦記念会編『荘園制と武家社会』吉川弘文館、一九六九年）。同前掲注（1）書所収の美濃国や尾張国などは史料的に可能な範囲で詳述されている。

（3）「播磨国における寺社領・摂関家領荘園の形成」（『史敏』一〇、二〇一二年）、「播磨国における王家領荘園の形成」（『塵界』二五、二〇一四年）、「播磨国における平氏関係所領」（『塵界』二八、二〇一七年）。

（4）『松江市史　通史編2』（松江市史編纂委員会、二〇一六年）。第二章は松江市域の荘園を中心にまとめられている。また、島根県全域に関しては、『日本歴史地名大系　郷土歴史地名大辞典33　島根県の地名』（平凡社、一九九五年）がある。

（5）川端新『荘園制成立史の研究』（思文閣出版、二〇〇〇年）。高橋一樹『中世荘園制と鎌倉幕府』（塙書房、二〇〇四年）。

（6）鎌倉佐保『日本中世荘園制成立史論』（塙書房、二〇〇九年）序章。また、遠藤ゆり子・守田逸人・長谷川裕子・川戸貴史「序章　荘園制研究にみる中世社会論の課題」（遠藤ゆり子・蔵持重裕・田村憲美編『再考　中世荘園制』岩田書院、二〇〇七年）では、「立荘に基づく荘園制成立論においても、在地社会の問題とリンクした荘園制成立論が深められるべき課題として認識されているといえよう。」としている。

第一章　鎌倉時代出雲における荘郷と公田

一　出雲の地勢と公田数史料

1　地　勢

まず、荘園・国衙領の分布をみる前に、出雲国の地理的条件をおおまかに述べておきたい。出雲国は、大きく三つの地域区分ができる。まず、第一は、古代以来の先進地である出雲東部の国衙所在地意宇郡を中心にその北に島根半島の東半分を占める島根郡から秋鹿郡、東に中海から飯梨川・伯太川水系が山間へと入り込む能義郡域で伯耆国西部へ接し安田関を介してつながる出雲東部地域である。この地域は、宍道湖・中海水系を中心にした地域で、河川両岸の山麓から平野そして湿地帯、海岸部の複雑に入り組んだ小湾奥部の谷間の平地からなる。第二は、杵築大社領・在国司朝山領がある、島根半島西半分からさらに石見国境へと続く楯縫郡・出東郡・神門郡などの出雲西部地域である。この地域は、斐伊川・神戸川下流部および神門湖（神西湖）周辺の広い沖積地帯を挟んで北に島根半島西半の山地、南に中国山地が迫る。第三は、出雲南部の中国山地山間部の斐伊川・神戸川上流域で、大原郡・飯石郡・仁多郡などの出雲南部地域である。一部に河川両岸に広がる比較的広い盆地を含むが、大部分が大河川の支流が網の目のように

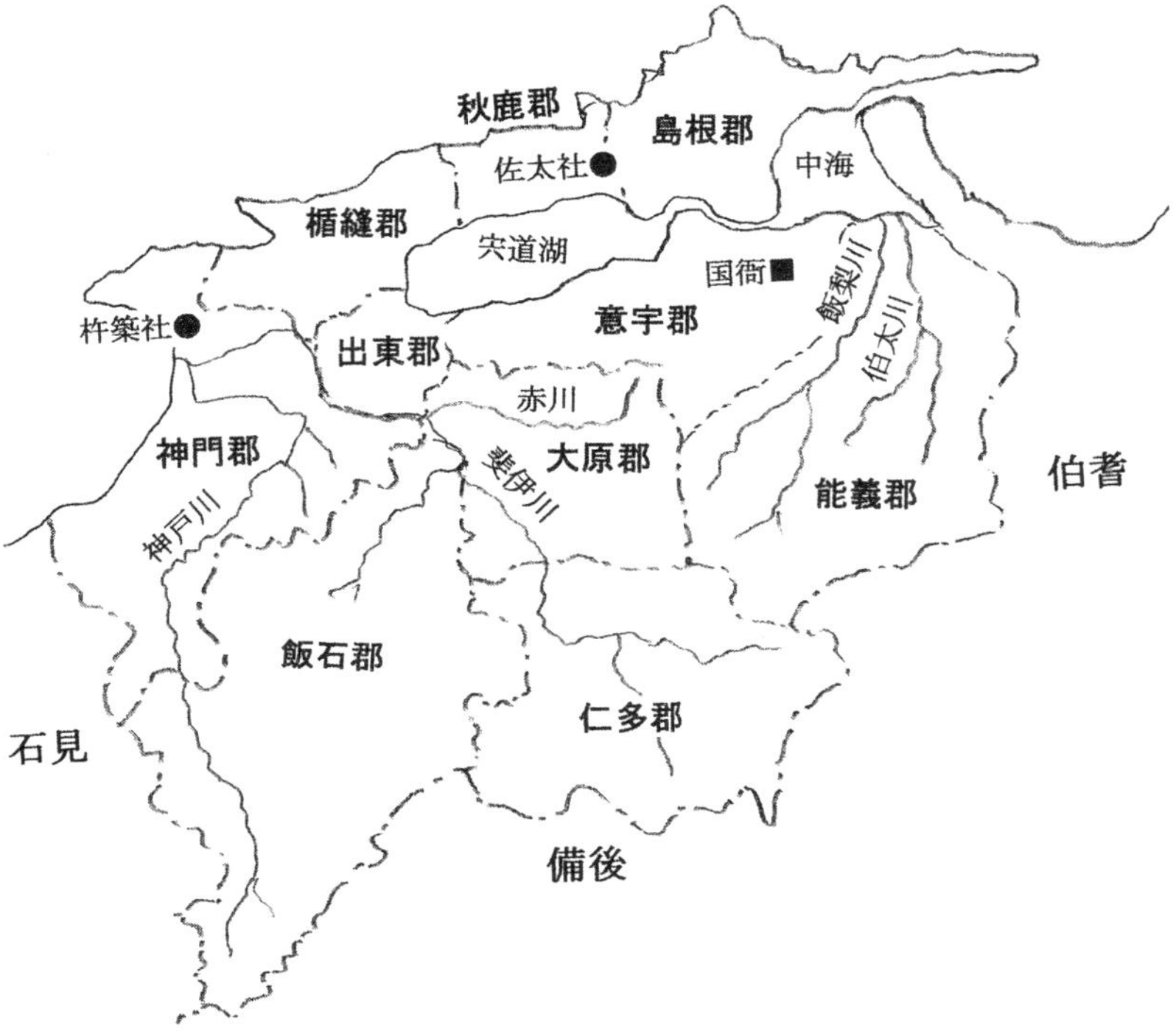

図１　中世出雲国郡図

入る山地と奥深い谷々によって構成される。地形が険しい地域で、中国山地の分水嶺の北側にあり石見国・備後国・伯耆国と境を接する。

2　公田数に関する基本史料

この出雲国における荘園・国衙領など荘郷保の単位所領名、その公田数および地頭の名義をおおむね俯瞰できる史料として、文永八年（一二七一）十一月日、関東下知状案の杵築大社三月会相撲舞頭役結番注文（以下、結番注文と略称）[1]がある。これは、幕府の命令で、毎年三月に行われた杵築大社最大の恒例の年中行事三月会で行われる左右相撲・舞の頭役を出雲国内荘郷保の地頭らに勤めさせることとし、荘郷保とそこに配置されている地頭らを一番から二〇番の二〇グループに編成し、一番あたりが公田数にしてほぼ二六〇町前後に均等になるように調整したものである。つまり、三月会の頭役を二〇年一度の輪番制としたものである。

この結番注文には、出雲国内の荘園・国衙領（荘・郷・保）名と、おのおのの公田数と各地頭名が羅列記載されている。この文書が注進状形式をとっていなかったせいか、石井進氏の大田文研究では管見の限り取り上げられていないが、このような内容からは、B型大田文の情報をもとにして作成されたと考えてよかろう(2)。この下知状案文は、出雲国造千家家に伝来した文書であるが、文書冒頭の結番注文一番から二番部分が欠落し、現在、千家家に伝わる本文書には三番から二〇番と下知状本文末尾までが残存している。しかし一方で、近世に筆写されたこの欠落以前の案文の写が、かつて杵築大社（現在の出雲大社）上官であった佐草家に伝来しており(3)、一・二番が部分的に不完全ながら存在している。この写は虫損穴まで書写されているという点で筆写当時の文書の状況に忠実なものとみられるが、すでに筆写時点で、二番の一部（舞の部分、八〇町余分）に案文の料紙一紙分程度の欠落があったようである。この部分に記載されていたはずの荘郷名と地頭名は不明のままであるが、それでも、二番全体の合計公田数は記載されているので、この写から千家家文書の結番注文の全容を相当部分復元することは可能である。

結番注文の現在の残存状態では、荘・郷・保など単位所領一四三カ所、総公田数五三一一町余がみえる。ただし既述のとおり、そのうち田数にして八〇町余の荘郷名の欠落があるため、本来の単位所領数は一四三カ所をやや上回るとみられる。これらの欠落が、本史料を統計的に使用しにくいものにしている。しかし、八〇町余分は、総公田数のわずか一・五％分（後述）であるので、ここではあえてこの部分の欠落荘郷数は誤差として処理する。また、現在把握できる荘郷保村一四三カ所を単位所領数の基礎数値とするが、作業工程上は、このうち杵築大社領六郷を同社領一カ所と数えて一三八カ所の荘郷を荘園・国衙領数の基準数値として論を進めることが多いことをあらかじめお断りしておく。

すでに、本史料を用いて、地元の『竹矢郷土史』（一九八九年）・『出雲塩冶誌』（一九九〇年）において出雲国内の荘園・国衙領の郡別の所在数と公田面積が整理され、天皇家領・摂関家領の分布傾向が述べられている。しかし、本史料記載の数値データの欠損や、この両書が出された当時の荘園・公領の所在地比定の限界によると思われるが、両書間の数値に齟齬がある。その後、『日本歴史地名大系33　島根県の地名』（平凡社、一九九五年）、そして近年の『松江市史』（資料編3、古代・中世1　二〇一三年）の刊行により、当該史料所出の荘郷の新しい所在地比定が出されたので、これらの成果を継承しつつ、ここに改めて現時点において整理をしてみたいと思う。また、加えて本章では、この結番注文がもつ本来の機能とは別の国家的機能についても明らかにしておきたい。

さて、杵築大社三月会は出雲国一宮杵築大社恒例の年中行事で、出雲国衙と杵築大社が主体となって実施される公家・社家主導の国家的行事であり、本来、幕府が主導するものではなかった。この三月会は、出雲国衙の在庁官人・出雲国造以下の社家の主導の下、鰐淵寺僧（寺家）や、国内地頭（武家）から相撲人ほか様々な芸能民を含め、支配階級・被支配階級を広範に集めて文字どおり出雲国一国をあげて行われた国家的祭祀であった。しかし、文永七年の杵築大社焼失後、幕府が乗り出して、この祭祀の執行体制を再編したのであった。

これから検討する文永八年の杵築大社三月会相撲舞頭役結番注文は、この行事にかかわる人々の経済的な過重負担の軽減・均等化をはかるために幕府主導で作成されたもので、出雲国内支配体制の転換を画する文書である。

そこで以下、補正した本文書の全容を掲げておく。

まず、結番注文の内訳は、一番から二十番までの羅列の下に各番の合計田数が記載されている、各番の内訳として相撲頭が二つ（左右相撲頭）、舞頭が一つ記載され、おのおのの下に小計田数が記される。そして左右相撲頭・舞の各項目の内訳として荘郷名・田数・地頭名が記載されるという項目立てになっている。

関東下知状案（千家家文書＋佐草家文書）

出雲国杵築大社御三月会相撲舞御頭役結番事

合

一番　二百六十五丁七段六十分
相撲頭九十一丁六反三百分
湯郷三十三丁六反小　地頭大西□二郎女子□
拝志郷廿一段（丁カ）四反　同人
佐世郷廿六丁□（六）反　湯左衛門四郎　比知新宮　阿井兵衛尉子
相撲頭九十二丁五反六十分
□（宇）賀郷五十二丁二反三百分　西郷弥三郎
福富保廿二丁二反大　福富太郎入道
成相寺七丁　椎名小三郎入道　朝酌十丁□□太郎
舞頭八十二丁五反六十分
大野庄七十四丁五反六十分　大野□同六郎等子
北野末社八丁　香木三郎入道

二番　二百六十二丁七反六十分
相撲九十一丁大
賀茂庄七十七丁八反
大竹寺五丁二反大　志賀左衛門四郎
太田別宮　出雲房（「付箋ニ有五町太田別宮」）　新松八幡
相撲頭九十丁七反六十分
来海庄　別府左衛門妻　同庄十丁　同人
同庄内十丁同人　中須郷十六丁半　同人
秋鹿郷卅丁一反半　土屋五郎
佐々布郷廿丁□（二）反半　佐々布左衛門入道子
太守社四丁一反　同人　槻矢村三反　地頭
（舞　欠落カ）
三番　二百六十二丁九反三百歩
相撲八十九丁九反半
長海本庄五十丁　持明院少将入道　熊野庄三十八丁　加治左衛門次郎
阿吾社一丁九反半　地頭

相撲頭九十三丁
意東庄六十三丁　金子左衛門三郎女子　　氷室庄三十丁　信濃僧正跡
舞頭八十丁小
揖屋庄三十一丁　安東宮内左衛門尉　　乃木保廿四丁三反□百歩　乃木七郎
乃白郷十五丁四反半　乃木太郎兵衛尉　　日吉末社八丁　同人
宇屋新宮一丁二反　泉十郎入道
四番　二百五十一丁七反大
相撲頭七十八丁二反三百歩
母里郷六十二丁二反三百歩　河内二郎広四郎　　常楽寺十六丁　佐貫弥四郎
木津御島一向畠地云々　乃木四郎子
相撲九十二丁九反
美談庄四十四丁三反　信濃太郎左衛門入道　　志々墓保廿丁七反三百歩　持明院殿
伊野郷廿七丁八反六十歩　同人
舞八十丁五反三百歩
建部郷三十丁九反六十歩　桑原左近入道　　淀本庄廿四丁　中澤二郎入道
長江郷廿五丁六反大　大蔵太郎
五番　二百六十二丁七反三百歩
相撲九十一丁三反小

巨曽石郷六十五丁九反小　中村太郎馬允跡　静雲寺六丁八反小　二宮二郎
真松保十五丁五反大　西条余一入道　利弘庄三丁　同人
相撲九十一丁二反大
石坂郷四十三丁五反半　恩田彦太郎　松井庄廿二丁三反小　相馬四郎
田頼郷十一丁九反半　大島弥二郎子　舎人保十三丁四反小　横瀬中務三郎入道
舞八十丁一反三百歩
飯生庄四十八丁　色部左衛門尉　坂田郷三十二丁一反三百分　成田五郎入道子
六番　二百六十二丁六反大
相撲九十五丁
楯縫東郷四十五丁九反三百歩　朝山左衛門尉跡　同西郷三十五丁三百歩　同人
小境保十三丁九反小　小境二郎
相撲八十六丁五反小
朝山郷八十三丁五反小　朝山左衛門尉跡　三津庄三丁　同人
舞八十一丁一反小
多久郷三十六丁七反大　中二郎入道　富田新荘比田三十丁　村上判官代入道
佐香保十四丁三反大　平賀蔵人
七番　二百六十四丁二反大
相撲九十三丁三反小

神西本庄五十丁　海瀬又太郎　恒松保十二丁七反三百歩　牟三郎左衛門尉
玖潭社十五丁　玖潭四郎　持田庄十五丁五反半　土屋三郎左衛門尉子
相撲八十七丁二反小
法吉郷十三丁七反小　渋谷権守三郎　比津村十一丁六反六十歩　同人
法吉社二十三丁　同人　宍道郷三十八丁八反三百歩　成田四郎
舞
神西新庄八十三丁七反　古庄四郎左衛門入道子
八番　二百六十四丁一反大
相撲九十丁五反
長海新庄五十一丁五反　大草郷卅九丁　雅楽頭子
相撲
出雲郷内九十二丁一反半　多胡四郎入道
舞八十一丁五反六十歩
同郷内十三丁同人　津田郷廿六丁八反小　秋鹿二郎入道女子
佐草社十三丁一反六十歩　出浦四郎蔵人入道　春日末社十三丁　奈胡四郎太郎
井尻保十一丁　宇津木十郎　比知良保四丁五反大　中澤左衛門入道
九番　二百八十丁
三頭佐陀庄　佐陀神主

十番　二百六十二丁七反
相撲九十丁五反六十歩
三代庄四十四丁　本間対馬二郎左衛門尉　広田庄廿五丁　品河弥三郎
波根保廿一丁五反六十歩　西牧左衛門尉
相撲
福頼庄内九十丁五反大　長野入道子
舞八十一丁六反六十歩
同庄内九丁　同人　来次上村廿三丁四反半　大井新左衛門尉
大西庄廿二丁　飯沼四郎子　福武村五丁一反六十歩　伊(北)比又太郎
日伊郷十一丁半　同人　淀新庄十一丁　鷲谷左衛門太郎子
十一番　二百六十一丁五反
相撲
国富郷内九十丁　甲斐三郎左衛門尉
相撲九十一丁半
同郷内十丁　同人　山代郷四十七丁四反半　那須四郎兵衛尉
岡本保十七丁六反　佐島三郎　津々志村十六丁　下野入道女子
舞
漆治郷八十丁五反六十歩　同人

十二番　二百六十一丁一反六十歩

相撲九十一丁八反三百歩

多祢郷廿五丁一反小　多祢　日蔵別宮三丁　同人

三刀屋郷廿一丁　諏訪部三郎入道子　阿井郷十一丁　法華堂別当僧都

飯石郷十四丁四反半　目黒左衛門入道子　熊谷郷十七丁三反　逸見六郎

相撲八十九丁九反小

赤穴庄五十丁二反六十歩　赤穴太郎　馬木郷三十五丁二反大　多胡左衛門尉

三沢郷四丁四反半　飯島太郎

舞七十九丁三反

横田庄五十五丁　相模式部大夫　三処郷九丁五反三百歩　三処左衛門後家

久野郷四丁三反半　中郡太郎六郎　白上八幡宮三丁　地頭

末次保七丁三反大　土屋六郎

十三番　二百九十一丁一反半

三頭

富田庄九十九丁四反六十歩　信濃前司　塩冶郷百一丁六反三百歩　同人

美保郷三十四丁一反百八十歩　同人　古志郷廿八丁六反半　同人

平濱別宮廿七丁二反半　同人

十四番　二百六十一丁二反半

相撲九十二丁五反六十歩
竹矢郷六十二丁一反三百歩　相模殿　須佐郷三十丁三反小　同
神立社　同
相撲八十八丁二反半
長田西郷四十七丁五反　長田四郎兵衛尉　生馬郷四十丁七反半　栗沢左衛門尉
舞八十丁四反三百歩
伊秩庄六十丁四反三百歩　来島木工助入道　来島庄廿丁　同人
十五番　二百六十丁一反六十歩
相撲
安田庄内九十丁　江戸四郎太郎
相撲
安来庄九十丁　松田九郎子息
舞八十丁一反六十歩
同庄内廿丁　同人　安田庄内三十五丁　江戸四郎太郎
吉成保十一丁八反大　土淵右衛門尉　平田保十三丁二反半　多胡三郎兵衛尉
十六番　二百六十四丁八反六十歩
相撲
宇賀庄内九十丁　因幡左衛門大夫

相撲
同庄内九十丁　同人
舞八十四丁八反六十歩
同庄内六十六丁四反小　同人　赤江郷十八丁三反三百歩　大弐僧都
十七番　二百六十丁八反六十歩
相撲
大東庄南北内九十丁　土屋弥次郎、飯沼四郎、土屋六郎左衛門入道、縁所五郎、神保太郎跡、
相撲九十丁八反六十歩
同庄内三十丁　同前　忌部保廿丁九反三百歩　土屋四郎左衛門入道
千酌郷三十九丁八反小　土屋六郎左衛門入道
舞八十丁
仁和寺庄五十丁　神保四郎太郎子　近松荘三十丁　同人
十八番　二百六十丁（ママ）二反小
相撲
加賀庄九十四丁二反小　土屋右衛門尉子
相撲頭八十九丁五反三百歩
林木庄八十四丁　深栖蔵人太郎跡
布施郷五丁五反三百歩　神保二郎

舞七十七丁四反六十歩
長田東郷四十五丁六十歩　長田蔵人　枕木保廿三丁七反　同人
布施社八丁七反　神保小四郎
十九番　二百六十丁四反六十歩
相撲
吉田庄内九十一丁二反小　佐々木四郎左衛門尉
相撲九十二丁五反六十歩
同庄内五十二丁　同人　万田本庄廿丁　万田二郎太郎
知伊社廿丁五反六十歩　片山二郎入道
舞七十六丁六反大
国屋郷六十丁二反　佐陀神主跡　万田新庄十六丁四反大　万田七郎
廿番　杵築社領　二百八十九丁五反
三頭
遙堪郷　武志郷　鳥屋郷　大田郷
出西郷　伊志見郷
右、頭役等、傾年以来頻致過差、不顧煩費、然間、毎年之役人頗破生涯之産、国中之住民漸失安堵之計、是則澆俗之非礼也、豈諧霊神之冥慮哉、仍為省課役之加増、為儼如在之礼質、仰守護人信濃前司泰清、在国司朝山右衛門尉昌綱今者死去、召当国之田数・頭役之注文、所結定二十番也、仮令以二百六十余丁為一番、経廿箇年可勤一頭、且相撲者、為往古国中白丁之処、近古以来、雇下京都相撲之間、往返之用途・禄物之過差、人民之侘傺、偏在于此事云々、永停止京都相撲下向、可雇用当国之相撲、此外種々之供物、細々之課役、悉守倹約之旧規、宜止過分之新儀者、依鎌倉殿仰、下知如件

文永八年十一月

相模守平朝臣　御判

左京権大夫平朝臣　御判

表1　文永八年（一二七一）杵築大社三月会 相撲・舞頭役結番注文 荘郷・地頭一覧

番	荘郷名	所在郡		地頭名	公田数	荘園領主・国衙領別
1	湯郷	意宇郡	相撲(左)	大西□二郎女子	三三丁六反小	国衙領
	拝志郷	意宇郡	相撲(左)	大西□二郎女子	二一丁四反	国衙領
	佐世郷	大原郡	相撲(左)	湯左衛門四郎	二六丁（六ヵ）反	国衙領
	比知新宮	仁多郡	相撲(左)	阿井兵衛尉子	—（一〇丁半）	国衙領ヵ
	□賀郷	出東郡	相撲(右)	西郷弥三郎	五二丁二反三〇〇歩	宇賀郷、国衙領
	福富保	出東郡	相撲(右)	福富太郎入道	二二丁二反大	国衙領
	成相寺	秋鹿郡	相撲(右)	椎名小三郎入道	七丁	
	朝酌	島根郡	相撲(右)	□□(朝酌)太郎	一〇丁	国衙領
	大野荘	秋鹿郡	舞	大野□□同六郎等子	七四丁五反六〇歩	後白河院　嘉禄二年（一二二六）最勝光院
	北野末社	島根郡	舞	香木三郎入道	八丁	荘園ヵ
			小計	相撲(左)頭	九一丁六反三〇〇歩	
			小計(マヽ)	相撲(右)頭	「九二丁五反六〇歩」	実際の小計は九一丁五反一八〇歩
			小計	舞頭	八二丁五反六〇歩	
			2番総田数	合計	二六五丁七反六〇歩	10ヶ所
2	賀茂荘	大原郡	相撲(左)	—	七七丁八反	荘園　賀茂別雷社（福田荘）
	大竹寺	大原郡	相撲(左)	志賀左衛門四郎	五丁二反大	

	大田別宮	神門郡	相撲(左)	出雲房	「五丁」(付箋)	保元三年（一一五八）石清水八幡宮
	新松八幡	神門郡	相撲(左)	—	(三丁)	保元三年（一一五八）石清水八幡宮
	来海荘	意宇郡	相撲(右)	別府左衛門妻	二〇丁	安元二年（一一七六）歓喜光院（八条院）
	中須郷	能義郡	相撲(右)	別府左衛門妻	一六丁半	国衙領
	秋鹿郷	秋鹿郡	相撲(右)	土屋五郎	三〇丁一反半	国衙領
	佐々布郷	意宇郡	相撲(右)	佐々布左衛門入道子	二〇丁（二）反半	国衙領
	太守社	意宇郡	相撲(右)	佐々布左衛門入道子	四丁一反	国衙領ヵ
	槻矢村	仁多郡	相撲(右)	地頭	三反	国衙領ヵ
			小計	相撲(左)頭	九一丁大	
			小計(マヽ)	相撲(右)頭	「九〇町七反六〇歩」	実際の小計は九〇丁八反一八〇歩
			小計	「舞」欠落	(八〇丁八反)	二六二町七反六〇歩―九一町大―九〇町八反一八〇歩
			2番総田数	合計	二六二丁七反六〇歩	10ヶ所
3	長海本荘	島根郡	相撲(左)	持明院少将入道	五〇丁	上西門院
	熊野荘	意宇郡	相撲(左)	加治左衛門次郎	三八丁	荘園領主不明
	阿吾社	出東郡	相撲(左)	地頭	一丁九反半	国衙領ヵ
	意東荘	意宇郡	相撲(右)	金子左衛門三郎女子	六三丁	南北朝　賀茂御祖社
	氷室庄	出東郡	相撲(右)	信濃僧正跡	三〇丁	荘園領主不明
	揖屋荘	意宇郡	舞	安東宮内左衛門尉	三一丁	平安末　成勝寺、崇徳上皇 天養二年（一一四五）成勝寺領立券
	乃木保	意宇郡	舞	乃木七郎	二四丁三反三〇〇歩	国衙領
	乃白郷	意宇郡	舞	乃木太郎兵衛尉	一五丁四反半	国衙領
	日吉末社	意宇郡	舞	乃木太郎兵衛尉	八丁	荘園ヵ
	宇屋新宮	出東郡	舞	泉十郎入道	一丁二反	国衙領ヵ
			小計	相撲(左)頭	八九丁九反半	
			小計	相撲(右)頭	九三丁	
			小計	舞頭	八〇丁小	
			3番総田数	合計	二六二丁九反三〇〇歩	10ヶ所
4	母里郷	能義郡	相撲(左)	河内二郎広四郎	六二丁二反三〇〇歩	応保元年（一一六一）左近衛府 乾元元年（一三〇二）以降、室町院
	常楽寺	神門郡	相撲(左)	佐貫弥四郎	一六丁	国衙領

	木津御島一向畠地	神門郡	相撲(左)	乃木四郎子	―	建長年（一二五三）近衛家領
	美談荘	出東郡	相撲(右)	信濃太郎左衛門入道	四四丁三反	建武三年（一三三六）九条家
	志々墓保	出東郡	相撲(右)	持明院殿(後深草院)	二〇丁七反三〇〇歩	乾元元年（一三〇二）頃 室町院領
	伊野郷	秋鹿郡	相撲(右)	持明院殿(後深草院)	二七丁八反六〇歩	国衙領
	建部郷	出東郡	舞	桑原左近入道	三〇丁九反六〇歩	国衙領
	淀本荘(牛尾荘)	大原郡	舞	中澤二郎入道	二四丁	八条院・鳥羽院・昭慶門院・知恵光院
	長江郷	秋鹿郡	舞	大蔵太郎	二五丁六反大	国衙領
			小計	相撲(左)頭	七八丁二反三〇〇歩	
			小計	相撲(右)頭	九二丁九反	
			小計	舞頭	八〇丁五反三〇〇歩	
			4番総田数	合計	二五一丁七反大	9ヶ所
5	巨曽石郷	秋鹿郡	相撲(左)	中村太郎馬允跡	六五丁九反小	国衙領（のち地頭職を室町院に寄進）
	静雲寺	能義郡	相撲(左)	二宮二郎	六丁八反小	不明
	真松保	能義郡	相撲(左)	西条余一入道	一五丁五反大	国衙領
	利弘荘	能義郡	相撲(左)	西条余一入道	三丁	荘園領主不明
	石坂郷	意宇郡	相撲(右)	恩田彦太郎	四三丁五反半	国衙領（一時、石清水八幡宮）
	松井荘	能義郡	相撲(右)	相馬四郎	二二丁三反小	荘園領主不明
	田頼郷	能義郡	相撲(右)	大島弥二郎子	一一丁九反半	国衙領
	舎人保	能義郡	相撲(右)	横瀬中務三郎入道	一三丁四反小	国衙領
	飯生荘	能義郡	舞	色部右衛門尉	四八丁	荘園領主不明
	坂田郷	能義郡	舞	成田五郎入道子	三二丁一反三〇〇歩	国衙領
			小計	相撲(左)頭	九一丁三反小	
			小計	相撲(右)頭	九一丁二反大	
			小計	舞頭	八〇丁一反三〇〇歩	
			5番総田数	合計	二六二丁七反三〇〇歩	10ヶ所
6	楯縫東郷	楯縫郡	相撲(左)	朝山左衛門尉跡	四五丁九反三〇〇歩	国衙領
	楯縫西郷	楯縫郡	相撲(左)	朝山左衛門尉跡	三五丁三〇〇歩	国衙領
	小境保	楯縫郡	相撲(左)	小境二郎	一三丁九反小	国衙領

朝山郷	神門郡	相撲(右)	朝山左衛門尉跡	八三丁五反小	国衙領
三津荘	楯縫郡	相撲(右)	朝山左衛門尉跡	三丁	荘園領主不明
多久郷	楯縫郡	舞	中二郎入道	三六丁七反大	国衙領
富田新荘 比田	能義郡	舞	村上判官代入道	三〇丁	
佐香保	楯縫郡	舞	平賀蔵人	一四丁三反大	国衙領
		小計	相撲(左)頭	九五丁	
		小計	相撲(右)頭	八六丁五反小	
		小計	舞頭	八一丁一反小	
		6番総田数	計	二六二丁六反大	8ヶ所

7

神西本荘	神門郡	相撲(左)	海瀬又太郎	五〇丁	寿永元年（一一八二） 吉田家
恒松保	神門郡	相撲(左)	牟三郎左衛門尉	一二丁七反三〇〇歩	国衙領
玖潭社	楯縫郡	相撲(左)	玖潭四郎	一五丁	国衙領ヵ
持田荘	島根郡	相撲(左)	土屋三郎左衛門尉子	一五丁五反半	天福二年（一二三四）蓮華王院、水無瀬神宮
法吉郷	島根郡	相撲(右)	渋谷権守三郎	一三丁七反小	国衙領
比津村	島根郡	相撲(右)	渋谷権守三郎	一一丁六反六〇歩	国衙領ヵ
法吉社	島根郡	相撲(右)	渋谷権守三郎	二三丁	応長元年（一三一一）頃 東福寺領「法喜庄」
宍道郷	意宇郡	相撲(右)	成田四郎	三八丁八反三〇〇歩	国衙領
神西新荘	神門郡	舞	古庄四郎左衛門入道子	八三丁七反	荘園 吉田家
		小計	相撲(左)頭	九三丁三反小	
		小計	相撲(右)頭	八七丁二反小	
		小計	舞頭	八三丁七反	
		7番総田数	合計	二六四丁二反大	9ヶ所

8

長海新荘	島根郡	相撲(左)	—	五一丁五反	正和元年（一三一二） 徳大寺家
大草郷	意宇郡	相撲(左)	雅楽頭子	三九丁	国衙領
出雲郷	意宇郡	相撲(右)・舞	多湖四郎入道子	一〇五丁一反半	国衙領
津田郷	意宇郡	舞	秋鹿二郎入道女子	二六丁八反小	国衙領
佐草社	意宇郡	舞	出浦四郎蔵人入道	一三丁一反六〇歩	国衙領
春日末社	島根郡	舞	奈胡四郎太郎	一三丁	荘園ヵ
井尻保	能義郡	舞	宇津木十郎	一一丁	（暦応二年（一三三九）頃 領家は東寺）

番	荘園名	郡	頭役	負担者	田数	備考
	比知良保	能義郡	舞	中澤左衛門入道	四丁五反大	国衙領
			小計	相撲(左)頭	九〇丁五反	
			小計	相撲(右)頭	九二丁一反半	
			小計	舞頭	八一丁五反六〇歩	
			8番総田数	合計	二六四丁一反大	8ヶ所
9	佐陀荘	島根郡 秋鹿郡	三頭	佐陀神主	二八〇丁	康治二年（一一四三）安楽寿院
			9番総田数	合計	二八〇丁	1ヶ所
10	三代荘	大原郡	相撲(左)	本間対馬二郎左衛門尉	四四丁	荘園領主不明
	広田荘	大原郡	相撲(左)	品河弥三郎	二五丁	建武四年（一三三七）仁和寺
	波根保	出東郡	相撲(左)	西牧左衛門尉	二一丁五反六〇歩	国衙領
	福頼荘	出東郡	相撲(右)・舞	長野入道子	九九丁五反大	建長五年（一二五三）近衛家
	来次上村	大原郡	舞	大井新左衛門尉	二三丁四反半	
	大西荘	大原郡	舞	飯沼四郎子	二二丁	荘園 賀茂別雷社
	福武村	大原郡	舞	伊比(北)又太郎	五丁一反六〇歩	国衙領ヵ
	日伊郷	大原郡	舞	伊比(北)又太郎	一一丁半	国衙領
	淀新荘	大原郡	舞	鷺谷左衛門太郎子	一一丁	荘園領主不明
			小計	相撲(左)頭	九〇丁五反六〇歩	
			小計	相撲(右)頭	九〇丁五反大	
			小計	舞頭	八一丁六反六〇歩	
			10番総田数	合計	二六二丁七反	9ヶ所
11	国富郷	出東郡	相撲(左)(右)	甲斐三郎左衛門尉	一〇〇丁	建暦三年（一二一四）比叡山無動寺
	山代郷	意宇郡	相撲(右)	那須四郎兵衛尉	四七丁四反半	国衙領
	岡本保	秋鹿郡	相撲(右)	佐島三郎	一七丁六文	国衙領（嘉元四年（一三〇六）昭慶門院庁分）
	津々志村	出東郡	相撲(右)	下野入道女子	一六丁	国衙領
	漆治郷	出東郡	舞	下野入道女子	八〇丁五反六〇歩	国衙領→侍従三位→日吉社（永仁四年（一二九六））
			小計	相撲(左)頭	九〇丁	
			小計	相撲(右)頭	九一丁半	
			小計	舞頭	八〇丁五反六〇歩	

		11番総田数	合計	二六一丁五反	5ヶ所
12					
多祢郷	飯石郡	相撲(左)	多祢	二五丁一反小	国衙領
日蔵別宮	飯石郡	相撲(左)	多祢	三丁	保元三年（一一五八）石清水八幡宮
三刀屋郷	飯石郡	相撲(左)	諏訪部三郎入道子	一二丁	国衙領
阿井郷	仁多郡	相撲(左)	法華堂別当僧都	一一丁	国衙領
飯石郷	飯石郡	相撲(左)	目黒左衛門入道子	一四丁四反半	仁平二年（一一五二）八月一五日～ 成勝寺
熊谷郷	飯石郡	相撲(左)	逸見六郎	一七丁三反	国衙領
赤穴荘	飯石郡	相撲(右)	赤穴太郎	五〇丁二反六〇歩	保元三年（一一五八）石清水八幡宮
馬木郷	仁多郡	相撲(右)	多胡左衛門尉	三五丁二反大	国衙領
三澤郷	仁多郡	相撲(右)	飯島太郎	四丁四反半	国衙領
横田荘	仁多郡	舞	相模式部大夫	五五丁	保元三年（一一五八）石清水八幡宮 文保元年（一三一八）内裏供料所
三処郷	仁多郡	舞	三処左衛門後家	九丁五反三〇〇歩	国衙領
久野郷	大原郡	舞	中郡太郎六郎	四丁三反半	国衙領
白上八幡宮	大原郡	舞	地頭	三丁	保元三年（一一五八）石清水八幡宮
末次保	島根郡	舞	土屋六郎	七丁三反大	建長二年（一二五〇）九条家、文永五年（一二六八）本家職 五辻家
		小計	相撲(左)頭	九一丁八反三〇〇歩	
		小計	相撲(右)頭	八九丁九反小	
		小計	舞頭	七九丁三反	
		12番総田数	合計	二六一丁一反六〇歩	14ヶ所
13					
富田荘	能義郡	三頭	信濃前司	九九丁四反六〇歩	嘉元三年（一三〇五）摂籙渡荘・平等院
塩冶郷	神門郡	三頭	信濃前司	一〇一丁六反三〇〇歩	国衙領・嘉元四年（一三〇六）昭慶門院庁
美保郷	島根郡	三頭	信濃前司	三四丁一反一八〇歩	国衙領
古志郷	神門郡	三頭	信濃前司	二八丁六反半	国衙領
平浜別宮	意宇郡	三頭	信濃前司	二七丁二反半	天永二年（一一一一）石清水八幡宮
		13番総田数	合計	二九一丁一反半	5ヶ所
14					
竹矢郷	意宇郡	相撲(左)	相模殿	六二丁一反三〇〇歩	国衙領
須佐郷	飯石郡	相撲(左)	相模殿	三〇丁三反小	国衙領
神立社	出東郡	相撲(左)	相模殿	—	国衙領ヵ

	長田西郷	島根郡	相撲(右)	長田四郎兵衛尉	四七丁五反	国衙領
	生馬郷	島根郡	相撲(右)	栗沢左衛門尉	四〇丁七反半	国衙領
	伊秩荘	神門郡	舞	来島木工助入道	六〇丁四反三〇〇歩	荘園領主不明
	来島荘	飯石郡	舞	来島木工助入道	二〇丁	荘園領主不明
			小計	相撲(左)頭	九二丁五反六〇歩	
			小計	相撲(右)頭	八八丁二反半	
			小計	舞頭	八〇丁四反三〇〇歩	
			14番総田数	合計	二六一丁二反半	7ヶ所
15	安田荘	能義郡	相撲(左)・舞	江戸四郎太郎	一二五丁	保元三年(一一五八)石清水八幡宮
	安来荘	能義郡	相撲(右)・舞	松田九郎子息	一一〇丁	文治元年(一一八五)賀茂御祖社
	吉成保	出東郡	舞	土淵右衛門尉	一一丁八反大	国衙領
	平田保	楯縫郡	舞	多胡三郎兵衛尉	一三丁二反半	国衙領
			小計	相撲(左)頭	九〇丁	
			小計	相撲(右)頭	九〇丁	
			小計	舞頭	八〇丁一反六〇歩	
			15番総田数	合計	二六〇丁一反六〇歩	4ヶ所
16	宇賀荘	能義郡	相撲(左右)・舞	因幡左衛門大夫	二四六丁四反小	嘉元三年(一三〇五)法成寺、攝籙渡荘
	赤江郷	能義郡	舞	大弐僧都	一八丁三反三〇〇歩	宝治元年(一二四七)掃部寮便補保 延慶三年(一三〇八)六波羅探題料所
			小計	相撲(左)頭	九〇丁	
			小計	相撲(右)頭	九〇丁	
			小計	舞頭	八四丁八反六〇歩	
			16番総田数	合計	二六四丁八反六〇歩	2ヶ所
17	大東荘南北	大原郡	相撲(左右)	土屋弥二郎、飯沼四郎入道、土屋六郎左衛門入道、縁所五郎、神保太郎跡	一二〇丁	荘園領主不明
	忌部保	意宇郡	相撲(右)	土屋四郎左衛門入道	二〇丁九反三〇〇歩	国衙領
	千酌郷	島根郡	相撲(右)	土屋六郎左衛門入道	三九丁八反小	国衙領
	仁和寺荘	大原郡	舞	神保四郎太郎子	五〇丁	天文一六年(一五四七)日野家

	近松荘	大原郡	舞	神保四郎太郎子	三〇丁	荘園領主不明
			小計	相撲(左)頭	九〇丁	
			小計	相撲(右)頭	九〇丁八反六〇歩	
			小計	舞頭	八〇丁	
			17番総田数	合計	二六〇丁八反六〇歩	5ヶ所
18	加賀荘	島根郡	相撲(左)	土屋右衛門尉子	九四丁二反小	平安末、後白河院、蓮華王院
	林木郷	神門郡	相撲(右)	深栖蔵人太郎跡	八四丁	元久元年（一二〇四）宜秋門院、建長二年（一二五〇）九条家領
	布施郷	仁多郡	相撲(右)	神保二郎	五丁五反三〇〇歩	国衙領
	長田東郷	島根郡	舞	長田蔵人	四五丁六〇歩	国衙領
	枕木保	島根郡	舞	長田蔵人	二三丁七反	国衙領
	布施社	仁多郡	舞	神保小四郎	八丁七反	国衙領ヵ
			小計	相撲(左)頭	九四丁二反小	
			小計	相撲(右)頭	八九丁五反三〇〇歩	
			小計	舞頭	七七丁四反六〇歩	
			18番総田数	合計	二六一丁二反小	6ヶ所、本文は、「二百六十丁二反小」とあり、「二百六十一丁二反小」の誤写ヵ。
19	吉田荘	能義郡	相撲(左右)	佐々木四郎左衛門尉	一四三丁二反小	建長五年（一二五三）近衛家
	万田本荘	出東郡	相撲(右)	万田二郎太郎	二〇丁	荘園領主不明
	知伊社	神門郡	相撲(右)	片山二郎入道	二〇丁五反六〇歩	国衙領ヵ
	国屋郷	島根郡	舞	佐陀神主跡	六〇丁二反	国衙領
	万田新荘	出東郡	舞	万田七郎	一六丁四反大	荘園領主不明
			小計	相撲(左)頭	九一丁二反小	
			小計	相撲(右)頭	九二丁五反六〇歩	
			小計	舞頭	七六丁六反大	
			19番総田数	合計	二六〇丁四反六〇歩	5ヶ所
20	遙堪郷	神門郡	三頭			杵築大社領　天皇家領
	武志郷	出東郡	三頭			杵築大社領　天皇家領
	鳥屋郷	出東郡	三頭			杵築大社領　天皇家領
	大田郷	出東郡	三頭			杵築大社領　天皇家領

出西郷	神門郡	三頭			杵築大社領　天皇家領
伊志見郷	意宇郡	三頭			杵築大社領　天皇家領
（杵築社領）		20番総田数	合計	二八九丁五反	6ヶ所
		総田数	総計	五三一一町六反三〇〇歩	単位所領数一四三ヶ所（杵築大社領を一ヶ所とした場合一三八ヶ所）

一単位所領平均田数
五三一一丁六反三〇〇歩―八〇丁八反
五二三〇丁八反三〇〇歩／一四三ヶ所
三六丁六反

一単位所領平均田数
五三一一丁六反三〇〇歩―八〇丁八反
五二三〇丁八反三〇〇歩／一三八ヶ所
三七丁九反
（杵築大社領を一ヶ所と数えた場合）

二　杵築大社三月会相撲舞頭役結番注文の留意点

1　いくつかの留意点

以上のように、この結番注文には、出雲国内の荘園・国衙領名など所領総数一四三カ所にのぼる単位所領（先述のとおり一部不完全な部分があるのでこれを現状とせざるをえないが）の名称・田数・地頭名が二〇番に編成され記載されている。それを表にしたのが【表1】である。なかには計算が若干あわない部分もあるが事情不明なのでとりあえず備考覧に注記しておいた。また、二十番の各番の下には合計田数が記載されているが、そのうち誤写と思われるもの（18）を補正して総計し、作業仮説的に出雲国内の総公田数を五三一一町六反三〇〇歩としておく。

そこで、まず、この注文のデータの成り立ちについてあらかじめ留意しておくことがある。この注文の末尾にある下知状本文には「仰守護人信濃前司泰清、在国司朝山右衛門尉昌綱」に仰せて「召当国之田数・頭役之注文」と記載されることから、幕府の命令により、守護佐々木泰清からは御家人交名、国衙の実力者である在国司朝山昌綱からは国衙に備え付けの田帳を召し出して作成したものと推察される。少なくとも注文に地頭名が列記されている体裁からも、石井進氏が述べる地頭補任状況の調査・把握の結果であることになる。国衙が保有したであろう個々の田数データのなりたちについては鎌倉時代の出雲における国検の実態が不明なのでよくわからない。先行研究によるならば、注文の田数が過去の立荘時の田数であったり、その後、検田使の入部があった荘郷のほか、居合注文や利田請文の提出で実検が免除された荘々も存在したと考えられるので、個々の荘郷田数データの成立時期・条件は一様ではなかったと推察される(4)。いわずもがなだが、この史料上の数値が、公的国家的賦課の基礎となる制度的数値であったということとには留意しておく必要がある。あくまでも注文中の田数は公文書上の公称公田数であり、これとは別に現状では掌握不可能だが、屋敷地・門田など私領部分や国衙検注不能の部分も含めた実態としての耕作田数があることはいうまでもない。そのような事情を織り込んだ上で、現状では一国規模の荘郷負担の基礎であるがゆえに三月会相撲舞頭役結番注文が鎌倉時代の国内各所における生産基盤の存在傾向を最もよく反映しているであろうとの仮定のもとに分析を進めていくこととする。

また、内容についても、いくつか注意しておく問題がある。

まず、佐草家文書で補った一番・二番の荘郷田数の一部欠落、二番の舞の小計田数の欠落、ならびに理由不明だが一番・二番の相撲（右）の田数総和が小計と若干あわないことである。これが、本史料の使いにくさの原因となっている。しかし、一番総田数（二六五町七反六〇歩）・二番総田数（二六二町七反六〇歩）は三番以下の各番総田数と大差ないことから、正当な数値であるとの仮説のもとに論を進める。また、二番の舞を負担する部分の荘園・国衙領名および地頭名や田数は欠落して不明である。しかし、二番の総田数から左右相撲の田数小計を差し引くと舞の田数小計は八〇町余となる。これは、他番の当該部分と齟齬はほとんどないので、これも概ね誤りのない数値と考えたいと思う。

さらに、他史料にみえて本史料にみえない所領名称もいくつかある。それらがこの結番注文の欠落部分に本来記されていたものなのか、本史料にみえる荘郷名の別称なのか、あるいは諸領の改廃・統合による消滅あるいは名称変更によるのか不明である。また、たとえば杵築大社が所在する杵築郷や出雲国造家の家領神魂社領大庭田尻保など、国（国衙）祭祀権を担った諸社膝下の諸郷については掲載されなかったとみられる(5)。

次に注意すべきは、本文書二十番の杵築社領の諸郷・村名にこの時点ですでに存在していた同社領十二郷・村のすべては記されておらず、名称がみえないものが多いことである。杵築大社領に関するデータは、これとは別に、文永八年の結番注文をわずか十数年さかのぼる康元元年（一二五六）十二月日の国造兼神主出雲義孝と領家物検注使証恵が署判する杵築大社領注進状（出雲大社文書(6)）にはすでに大社領十二郷である遙堪郷・高浜郷・稲岡郷・鳥屋郷・武志郷（同郷新田村・同郷別名村）・出西本郷・求院村・北島村・富郷・伊志見村・千家村・石墓村の諸郷村が出そろっている（第Ⅱ部第二章【表2】参照。一八八～一九〇頁）。文書の公的性格からはむしろ掲載されて不思議はない諸郷村なのだが、そうでないとすれば、まず当時の状況を出発点に掲載されなかった事情を探っておかなければなるまい。

結番注文二十番にみえる名称は遙堪郷・武志郷・鳥屋郷・大田郷・出西郷・伊志見郷の六郷で、田数は二八九町五反となっている。このなかで太田郷は先の社領注文にはみえない。これらは、平安時代末から鎌倉時代はじめころまでに成立した所領群である。建久二年七月の出雲国在庁官人等解[7]によれば、内遙堪郷は治暦の遷宮、外遙堪郷は永久の遷宮、武志村・鳥屋村は久安の遷宮、大田郷は建久の遷宮の際に国司から寄進された所領であるという。また、建久五年（一一九四）三月廿一日付け出雲孝房譲状[8]によれば出西郷は、孝房の父国造出雲宗孝が神領として寄進したものであるとする。また、伊志見郷は後代の記録によれば、安貞二年（一二二八）八月二十五日に鎌倉幕府から寄進されたという[9]。このように、この六郷は社領のなかでは、いずれも古い時期の成立に属する（詳細は第Ⅱ部第一章の【表1】平安時代末～鎌倉時代杵築大社領の推移を参照。一八〇・一八一頁）。つまり、鎌倉幕府寄進の伊志見郷を除けばいずれも建久年間以前から名称がみえる国司・国造ら寄進になる成立期の杵築大社領諸郷であることがわかる。また、結番注文作成の際に用いられた、在国司朝山氏が差し出した国衙の田帳に由来すると推察される杵築大社領の元データには、建久五年頃までのこれら国司寄進の杵築大社領諸郷に安貞二年幕府寄進の郷を加えた本郷部分の諸郷名称が記載されていた可能性が高い。

杵築大社領に関する至近のデータである先の注進状[10]と結番注文相互の田数データ形成の系譜に接点があったかどうかは現在のところ不明である。同注進状は、天皇家領荘園支配の下で領家が派遣した検注使と荘官である神主出雲義孝らによって合意された杵築大社領の諸郷村と田数の内訳が記されたものである。そこには、結番注文にもみえる遙堪郷・武志郷・鳥屋郷・出西郷・伊志見郷など大田郷を除く五郷の名称と個別田数が記載されている。しかし、田数不明の大田郷を除いた五郷の総田数は、本郷部分のみで見積もって約一七〇町で、結番注文にみえる太田郷を加えたとしても六郷総田数二八九町にははるかに及ばないと考えられる。一方、大田郷の名称こそみえないが、杵築大社領注進状の方には結番注文にみえない高浜・稲岡（同新田・同別名）・富・石墓・求院・北島・千家の諸郷村がみえ、これらも含め、いわゆる大社領十二郷の定田部分を合計すると二九六町余になる（一九〇頁参照）。伊志見郷を除き遙堪郷を含む五郷は本郷部分であり、高浜・稲岡以下結番注文に名称がみえない諸郷村は、そこから派生した新規開発地であった（第Ⅱ部第一章【表1】参照。一八〇・一八一頁）ということを今一度想起すると、結番注文二十番記載の六郷の田数二八九町は、新規開発地を含めたこの時期の杵築大社領の定田数と近似しており(11)、結番注文が作成される時点には国衙が社領の公田数の実態を把握していた可能性が高い。

2　結番注文の機能

さて、この結番注文の機能であるが、当初の目的どおり国一宮恒例最大の年中行事三月会の頭役輪番制の基礎台帳として機能したことはいわずもがなだが、それが、国レベルの公事の実施体制であることに伴って、このなかに盛られた情報は正統化され、他の様々な局面でも機能した。

たとえば、正和元年（一三一二）七月七日の六波羅下知状(12)によれば、出雲山間大原郡の淀本荘の地頭職の有無をめぐって争った同領家と中澤圓性の相論にあたっては、同荘地頭であることを主張する中澤氏から出された証拠が、文永八年十一月関東下知状の結番注文の記載であった。「当国杵築大社三月会頭役事、地頭御家人等、令結番、可勤仕彼役之旨、去文永八年十一月一日相別（調番ヵ）当文、被成下関東御教書畢、如彼番文案文者、淀本庄廿四町中津（澤?）次郎（眞直）入道云云、非地頭職者、争可被結番哉、於正文者、守護人所持之上、一国地頭等皆以存知也」とあり、この文永八年十一月の関東下知状案（結番注文）の正文は守護が所持保管し、さらにその内容は出雲国内に地頭職をもつ者に広く知られていたことがわかる。このことからは、出雲国内に地頭職を保持する御家人ほかは、出雲国造家が所持したような案文を所持していたと推測される（第三章第二節5に詳述）。

このようにして、下知状本文にみられるとおり出雲国一宮杵築大社における毎年恒例最大の年中行事三月会の頭役輪番執行体制が組み立てられ実施された。そして、国一宮最大の恒例年中行事という公事の頭役勤仕を通じて、御家人地頭らは、出雲国内の地頭、支配階級として公的国家的に正統化されるという道筋ができていたことになるのである。

さらに結番注文は、鎌倉幕府崩壊後も賦課の根拠として機能していった。

たとえば、室町時代になって、賀茂御祖社が、安来荘の三月会頭役の負担免除を幕府に申請した際、応永二十五年（一四一八）七月づけで、室町幕府は出雲守護京極吉童子に対し「所詮任文永結番帳幷貞和御教書以下証文、可遂其節之旨、可被相触安来荘地下人等之由、所被仰下也」と命じており[13]、やはり文永の結番注文が三月会頭役負担の根拠となっている。

また、他の国家的課役の賦課の根拠にも準用されている可能性がある。

たとえば、応安元年（一三六八）九月九日に室町幕府から杵築大社仮殿の造営が出雲守護に出された次の室町幕府御教書[14]でも造営役賦課の根拠として用いられていたことをうかがうことができる。

出雲国杵築大社仮殿造□事、任先例、所被定壱千貫料足也、早支配当国本田数内五千余町、段別弐拾文宛課之、急速可被遂造功之状、依仰執達如件

応安元年九月九日　　武蔵守（細川頼之）（花押）

佐々木治部少輔殿（京極高秀）

つまり、足利義満期にも本田五千余町に反別二十文、都合一千貫の造営経費などが課されるが、この本田数は、大雑把なものではあるものの、やはり、結番注文所載の総公田数五三一一町余を根拠にしたものと考えられる。

このように、室町幕府体制下でも、結番注文は少なくとも杵築大社関係の国家的課役の根拠として機能した。千家家伝来のこの案文は、南北朝動乱期に出雲国造家が千家家と北島家に分裂した際に千家家に伝えられ、三月会執行の

際の頭役負担の根拠に備えるため伝来したのである。[15]

以上、結番注文の内容・留意点・機能などについて述べてきた。留意点冒頭でも述べたとおり、結番注文が、厳密にいえば算術的・統計的な処理を妨げる欠落部分や計算不一致も一部あるが、内容に大きな矛盾や齟齬はなく、充分に利用できる内容であると考える。ともかくも注文の内容が公的・国家的課役の基準値や根拠となったという根本的な性格は重要であり明確に受け止めなければなるまい。文永八年時点で国衙が把握できている公田数に限られ、実際の耕地面積との間には齟齬があったであろうが、国家体制を支える基盤として、出雲国内の荘公所領の分布・地頭名および、公田数から主要耕地・生産基盤の地域別存在傾向をおよそ網羅的に把握していると考えたい。

注

（1）千家家文書『鎌倉遺文』一〇九二二。

（2）石井進氏の本史料についての評価は管見の限り不明だが、同氏の述べるところによれば内容的には、B型大田文「御家人役や地頭補任状況の調査などを主たる目的として作成されたもの」に相当するであろう。（同『中世国家史の研究』岩波書店、一九七〇年）I第二章。

（3）文永八年十一月日、関東下知状案写（佐草家文書『大社町史』史料編、古代中世上巻、一九九七年）（原文書は、島根県立古代出雲歴史博物館に寄託）。

（4）鈴木哲雄「荘園制下の開発と国判―新たな荘園制論によせて―」（遠藤ゆり子・倉持重裕・田村憲美編『再考　中世荘園制』岩田書院、二〇〇七年）。

（5）神魂社領の国衙祭祀上の位置づけについては、拙著『中世出雲と国家的支配―権門体制国家の地域支配構造―』（法藏館、二〇一四年）第一部補論2「国造出雲氏の身分と大庭田尻保地頭職」。

（6）『鎌倉遺文』八〇六八。

（7）千家家文書『鎌倉遺文』五四三。
（8）千家家文書『鎌倉遺文』七一九。
（9）佐草自清覚書（貞享五年（一六八八）八月『佐草自清旧記』）に「一通　関東下知状案伊志見村国造政孝給所見安貞二年八月二十五日」とみえる。
（10）出雲大社文書『鎌倉遺文』八〇六八。
（11）仮に康元元年の杵築大社領注進状掲載の田数を用いると、田数不明の大田郷を除いた五郷の総田数は、本郷部分のみで最少に見積もって約一七〇町、遙堪郷の沢田と武志郷新田・別名両村まで加え最大に見積もっても二〇二町余で、いずれも二八九町五反にはほど遠い。
　杵築大社領注進状掲載の「武志郷」「同郷新田村」「同郷別名村」という記載に注目すれば、本郷である遙堪郷・鳥屋郷・出西郷などから派生してきた諸村が、本郷の田数に含まれていた可能性がある。また、結番注文にはみえない富郷は年未詳（異筆「建暦三」）八月二十一日、領家藤原雅隆袖判御教書（北島家文書『鎌倉遺文』二〇二〇）では「出西郷・同富」とみえることから、本郷である出西郷に含められていた可能性がある。また、さらに推論をたくましくすることが許されるならば、杵築大社にほど近い外遙堪郷が遙堪郷の東側に広がる高浜郷の前身であると考えれば、結番注文では高浜郷も遙堪郷に組み込まれて記載された可能性がある。
（12）集古文書二十八『鎌倉遺文』二四八二一。
（13）応永二十五年七月八日、室町幕府御教書（出雲大社文書）。
（14）出雲大社文書『南北朝遺文』中四国編三六三九。
（15）千家家と北島家が守護代吉田厳覚の周旋で杵築大社の神事・所領などを折半した康永三年（一三四四）六月五日の千家孝宗・北島貞孝連署和与状（千家家文書『南北朝遺文』中四国編一三三七）では「一、正月七日幷三月会御神事三頭者、孝宗、云出仕云得分、御差符□（判）形等可管領之」とあり、三月会関係の文書類は千家孝宗が継承管轄したことが知られる。

第二章　鎌倉時代出雲における荘園・国衙領の分布

一　東部・西部・南部地域における所領規模の比較

1　先行研究から

結番注文をもとに郡別に所領名・公田数・荘園・国衙領の別を記したのが表1である。すでに井上寛司氏(1)が文永八年の三月会相撲舞頭役結番注文（以下、結番注文）をもとに文永八年頃の出雲国の荘園・国衙領の数・田数、諸権門領を分類している。そこでは、荘園を五三カ所、三〇九八町六反余、国衙領を八四カ所、二一五一町、合計一三七カ所、五二五〇町五反余としている。分類にあたって、井上氏は、荘園として（イ）荘園名を冠する所領、（ロ）結番帳（＝結番注文）には郷保寺社等の国衙領として記載されているが、他の諸史料から荘園であったことが確認できるもの、（ハ）寺社等で権門寺社の末寺末社であったことが確認ないし推定できるもの。一方、国衙領として（イ）郷保村等の国衙領、（ロ）国衙領の寺社、（ハ）文永八年以後荘園化したことの確認できる郷保村寺社等に分類している。しかし、個々の単位所領について一覧が示されていないため詳細が不明で、筆者と所見の相違もあるとみられるので、結番注文のデータから筆者がおおむねこの分類法によりながら改めて表を作成して文永八年頃及び鎌倉時代末ころまでの出雲国内の荘園・国衙領の状況を整理してみた。

同表では、それをもとに、各郡における荘園・国衙領（但し、一部国衙領の可能性はあるが不明としたものを含む）の比率、出雲国内の公田数に占める各郡の公田数の割合などを記載した。なお、ここで用いる出雲国内の総公田数の基本数値は、結番注文の一番から二十番の冒頭にある各番の合計公田数を総計した五三一一町六反三〇〇歩を作業上用いる。(2)

以下、表1によりながら、地域別の所領数と公田数を概観比較するとともに、地域別の荘園の構成割合を一瞥し、先の地域区分と地理的特徴や政治的位置づけから所領構成の特徴をみていきたい。

表1 出雲国内地域別荘園・国衙領（文永八年頃）

所在郡	結番	荘郷名	公田数	備考	文永八年頃 荘園	文永八年頃 国衙領・不明	鎌倉時代末まで 荘園	鎌倉時代末まで 国衙領・不明
意宇郡	2	来海荘	二〇丁	安元二年（一一七六）歓喜光院（八条院）				
意宇郡	3	熊野荘	三八丁	荘園領主不明				
意宇郡	3	意東荘	六三丁	南北朝　賀茂御祖社				
意宇郡	3	揖屋荘	三一丁	平安末　成勝寺、崇徳上皇、天養二年（一一四五）成勝寺領立券				
意宇郡	3	日吉末社	八丁	荘園ヵ				
意宇郡	13	平浜別宮	二七丁二反半	天永二年（一一一一）石清水八幡宮				
意宇郡	20	伊志見郷	（八丁三反一八〇歩）	杵築社領　天皇家領（田数数値は康元元年（一二五六）十二月日、出雲杵築大社領注進状より）（杵築社領は神門・出東と併せ一ヶ所と計算）	—		—	
意宇郡荘園　計			一九五丁六反	郡内公田数比　二七・五％	六		六	
意宇郡	1	湯郷	三三丁六反小	国衙領				
意宇郡	1	拝志郷	二一丁四反	国衙領				

意宇郡	2	佐々布郷	二〇丁（二）反半	国衙領				
意宇郡	2	太守社	四丁一反	国衙領カ				
意宇郡	3	乃木保	二四丁三反三〇〇歩	国衙領				
意宇郡	3	乃白郷	一五丁四反半	国衙領				
意宇郡	5	石坂郷	四三丁五反半	国衙領（一時、石清水八幡宮）				
意宇郡	7	宍道郷	三八丁八反三〇〇歩	国衙領				
意宇郡	8	大草郷	三九丁	国衙領				
意宇郡	8	出雲郷	一〇五丁一反半	国衙領				
意宇郡	8	津田郷	二六丁八反小	国衙領				
意宇郡	8	佐草社	一三丁一反六〇歩	国衙領				
意宇郡	11	山代郷	四七丁四反半	国衙領				
意宇郡	14	竹矢郷	六二丁一反三〇〇歩	国衙領				
意宇郡	17	忌部保	二〇丁九反三〇〇歩	国衙領				
意宇郡国衙領　計			五一六丁三反二四〇歩	郡内公田数比　七二・五％		一五		一五
意宇郡公田数			七一二丁二四〇歩	国内総公田数比　一三・六％				
能義郡	5	利弘荘	三丁	荘園領主不明				
能義郡	5	松井荘	二二丁三反小	荘園領主不明				
能義郡	5	飯生荘	四八丁	荘園領主不明				
能義郡	6	富田新荘比田	三〇丁	荘園領主不明				
能義郡	4	母里郷	六二丁二反三〇〇歩	応保元年（一一六一）左近衛府、乾元元年（一三〇二）以降、室町院				
能義郡	13	富田荘	九九丁四反六〇歩	嘉元三年（一三〇五）摂籙渡荘・平等院				
能義郡	15	安田荘	一二五丁	保元三年（一一五八）石清水八幡宮				
能義郡	15	安来荘	一一〇丁	文治元年（一一八五）賀茂御祖社				
能義郡	16	宇賀荘	二四六丁四反小	嘉元三年（一三〇五）法成寺、攝籙渡荘				
能義郡	19	吉田荘	一四三丁二反小	建長五年（一二五三）近衛家				
能義郡荘園　計			八八九丁七反	郡内公田数比　八七・三％	一〇		一一	

能義郡	2	中須郷	一六丁半	国衙領				
能義郡	5	静雲寺	六丁八反小	不明				
能義郡	5	真松保	一五丁五反大	国衙領				
能義郡	5	田頼郷	一一丁九反半	国衙領				
能義郡	5	舎人保	一三丁四反小	国衙領				
能義郡	5	坂田郷	三三丁一反三〇〇歩	国衙領				
能義郡	8	井尻保	一一丁	(暦応二年(一三三九)頃 領家は東寺)				
能義郡	8	比知良保	四丁五反大	国衙領				
能義郡	16	赤江郷	一八丁三反三〇〇歩	宝治元年(一二四七)掃部寮便補保、延慶三年(一三〇八)六波羅探題料所			〇	
能義郡 国衙領(不明を含む)計			一二九丁九反二四〇歩	郡内公田数比 一二・七%		九(不明一)		八(不明一)
能義郡公田数			一〇一九丁六反二四〇歩	国内総公田数比 一九・四%				
島根郡	1	北野末社	八丁	荘園カ				
島根郡	3	長海本荘	五〇丁	上西門院				
島根郡	7	持田荘	一五丁五反半	天福二年(一二三四)、蓮華王院、水無瀬神宮				
島根郡	8	長海新荘	五一丁五反	正和元年(一三一二) 徳大寺家				
島根郡	8	春日末社	一三丁	荘園カ				
島根郡	12	末次保	七丁三反大	建長二年(一二五〇) 九条家、文永五年(一二六八) 本家職 五辻家				
島根郡	18	加賀荘	九四丁二反小	平安末、後白河院、蓮華王院				
島根郡・秋鹿郡	9	佐陀荘	二八〇丁	康治二年(一一四三) 安楽寿院				
秋鹿郡	1	大野荘	七四丁五反六〇歩	後白河院 嘉禄二年(一二二六) 最勝光院				
島根・秋鹿郡荘園 計			五九四丁一反二四〇歩	二郡内公田数比 五三%	九		一〇	
島根郡	1	朝酌	一〇丁	国衙領				
島根郡	7	法吉郷	一三丁七反小	国衙領				
島根郡	7	法吉社	二三丁	応長元年(一三一一)頃 東福寺領「法喜庄」			〇	
島根郡	7	比津村	一一丁六反六〇歩	国衙領カ				
島根郡	13	美保郷	三四丁一反一八〇歩	国衙領				
島根郡	14	長田西郷	四七丁五反	国衙領				

島根郡	14	生馬郷	四〇丁七反半	国衙領				
島根郡	17	千酌郷	三九丁八反小	国衙領				
島根郡	18	長田東郷	四五丁六〇歩	国衙領				
島根郡	18	枕木保	二三丁七反	国衙領				
島根郡	19	国屋郷	六〇丁二反	国衙領				
秋鹿郡	1	成相寺	七丁	不明				
秋鹿郡	2	秋鹿郷	三〇丁一反半	国衙領				
秋鹿郡	4	伊野郷	二七丁八反六〇歩	国衙領				
秋鹿郡	4	長江郷	二五丁六反大	国衙領				
秋鹿郡	5	巨曽石郷	六五丁九反小	国衙領（のち地頭職を室町院に寄進）				
秋鹿郡	11	岡本保	一七丁六反	国衙領（嘉元四年、昭慶門院庁分）			○	
島根・秋鹿郡国衙領（不明を含む）計			五二三丁六反二四〇歩	二郡内公田数比　四七％		一七(不明一)		一五(不明一)
島根・秋鹿郡公田数			一一一七丁八反一二〇歩	国内総公田数比　二一・三％				
楯縫郡	6	三津荘	三丁	荘園領主不明				
楯縫郡　荘園　計			三丁	郡内公田数比　一・七％	一		一	
楯縫郡	6	楯縫東郷	四五丁九反三〇〇歩	国衙領				
楯縫郡	6	楯縫西郷	三五丁三〇〇歩	国衙領				
楯縫郡	6	小境保	一三丁九反小	国衙領				
楯縫郡	6	多久郷	三六丁七反大	国衙領				
楯縫郡	6	佐香保	一四丁三反大	国衙領				
楯縫郡	7	玖潭社	一五丁	国衙領ヵ				
楯縫郡	15	平田保	一三丁二反半	国衙領				
楯縫郡　国衙領　計			一七四丁三反三〇〇歩	郡内公田数比　九八・三％		七		七
楯縫郡公田数			一七七丁三反三〇〇歩	国内総公田数比　三・三％				
出東郡	3	氷室庄	三〇丁	荘園領主不明				
出東郡	4	美談荘	四四丁三反	建武三年（一三三六）　九条家				
出東郡	10	福頼荘	九九丁五反大	建長五年（一二五三）　近衛家				
出東郡	11	国富郷	一〇〇丁	建暦三年（一二一三）　比叡山無動寺				

出東郡	19	万田本荘	二〇丁	荘園領主不明				
出東郡	19	万田新荘	一六丁四反大	荘園領主不明				
出東郡	20	武志郷	（六郷‐伊志見郷 二八一丁一反一八〇歩）	杵築大社領 天皇家領				
出東郡	20	鳥屋郷						
出東郡	20	大田郷						
神門郡	20	遙堪郷						
神門郡	20	出西郷						
神門郡	2	大田別宮	「五丁」（付箋）	保元三年（一一五八）石清水八幡宮				
神門郡	2	新松八幡	（三丁）	保元三年（一一五八）石清水八幡宮				
神門郡	4	木津御島一向畠地	―	建長年（一二五三）近衛家領				
神門郡	7	神西本荘	五〇丁	寿永元年（一一八二）吉田家				
神門郡	7	神西新荘	八三丁七反	荘園 吉田家				
神門郡	14	伊秩荘	六〇丁四反三〇〇歩	荘園領主不明				
神門郡	18	林木郷	八四丁	元久元年（一二〇四）宣秋門院、建長二年（一二五〇）九条家領				
出東・神門郡荘園計			八七七丁六反二四〇歩	郡内公田数比 六二・七％	一四		一七	
出東郡	1	□賀郷	五二丁二反三〇〇歩	宇賀郷、国衙領				
出東郡	1	福富保	二二丁二反大	国衙領				
出東郡	3	阿吾社	一丁九反半	国衙領カ				
出東郡	3	宇屋新宮	一丁二反	国衙領カ				
出東郡	4	志々墓保	二〇丁七反三〇〇歩	乾元元年（一三〇二）頃 室町院領			○	
出東郡	4	建部郷	三〇丁九反六〇歩	国衙領				
出東郡	10	波根保	二一丁五反六〇歩	国衙領				
出東郡	11	津々志村	一六丁	国衙領				
出東郡	11	漆治郷	八〇丁五反六〇歩	国衙領→侍従三位（弘安四？）→日吉社（永仁四年）			○	
出東郡	14	神立社	―	国衙領カ				
出東郡	15	吉成保	一一丁八反大	国衙領				
神門郡	4	常楽寺	一六丁	国衙領				
神門郡	6	朝山郷	八三丁五反小	国衙領				
神門郡	7	恒松保	一二丁七反三〇〇歩	国衙領				

神門郡	13	塩冶郷	一〇一丁六反三〇〇歩	国衙領・嘉元四年（一三〇六）昭慶門院庁			〇	
神門郡	13	古志郷	二八丁六反半	国衙領				
神門郡	19	知伊社	二〇丁五反六〇歩	国衙領ヵ				
出東・神門郡国衙領　計			五二二丁四反二四〇歩	郡内公田数比　三七・三％		一七		一四
出雲・神門郡公田数			一四〇〇丁一反一二〇歩	国内総公田数比　二六・七％				
大原郡	2	賀茂荘	七七丁八反	荘園　賀茂別雷社（福田荘）				
大原郡	4	淀本荘（牛尾荘）	二四丁	八条院・鳥羽院・昭慶門院・知恵光院				
大原郡	10	三代荘	四四丁	荘園領主不明				
大原郡	10	広田荘	二五丁	建武四年（一三三七）仁和寺				
大原郡	10	淀新荘	一一丁	荘園領主不明				
大原郡	10	大西荘	二二丁	荘園　賀茂別雷社				
大原郡	12	白上八幡宮	三丁	保元三年（一一五八）石清水八幡宮				
大原郡	17	大東荘南北	一二〇丁	荘園領主不明				
大原郡	17	仁和寺荘	五〇丁	仁和寺領　天文一六年（一五四七）日野家				
大原郡	17	近松荘	三〇丁	荘園領主不明				
大原郡荘園	計		四〇六丁八反	郡内公田数比　八四・三％	一〇		一〇	
大原郡	1	佐世郷	二六丁（六ヵ）反	国衙領				
大原郡	2	大竹寺	五丁二反大	不明				
大原郡	10	来次上村	二三丁四反半	不明				
大原郡	10	福武村	五丁一反六〇歩	国衙領ヵ				
大原郡	10	日伊郷	一一丁半	国衙領				
大原郡	12	久野郷	四丁三反半	国衙領				
大原郡国衙領（不明を含む）計			七五丁八反一二〇歩	郡内公田数比　一五・七％		六（不明二）		六（不明二）
大原郡公田数			四八二丁六反一二〇歩	国内総公田数比　九・二％				
飯石郡	12	日蔵別宮	三丁	保元三年（一一五八）石清水八幡宮				
飯石郡	12	飯石郷	一四丁四反半	仁平二年（一一五二）八月一五日～　成勝寺				
飯石郡	12	赤穴荘	五〇丁二反六〇歩	保元三年（一一五八）石清水八幡宮				
飯石郡	14	来島荘	二〇丁	荘園領主不明				
飯石郡　荘園	計		八七丁六反二四〇歩	郡内公田数比　四八・三％	四		四	

飯石郡	12	多祢郷	二五丁一反小	国衙領				
飯石郡	12	三刀屋郷	二一丁	国衙領				
飯石郡	12	熊谷郷	一七丁三反	国衙領				
飯石郡	14	須佐郷	三〇丁三反小	国衙領				
飯石郡　国衙領　計			九三丁七反二四〇歩	郡内公田数比　五一・七％		四		四
飯石郡公田数			一八一丁四反一二〇歩	国内総公田数比　三・五％				
仁多郡	12	横田荘	五五丁	保元三年（一一五八）石清水八幡宮、文保元年（一三一八）内裏供料所				
仁多郡　荘園　計			五五丁	郡内公田数比　三九・三％	一		一	
仁多郡	1	比知新宮	—（一〇丁半）	国衙領ヵ				
仁多郡	2	槻矢村	三反	国衙領ヵ				
仁多郡	12	阿井郷	一一丁	国衙領				
仁多郡	12	馬木郷	三五丁二反大	国衙領				
仁多郡	12	三澤郷	四丁四反半	国衙領				
仁多郡	12	三処郷	九丁五反三〇〇歩	国衙領				
仁多郡	18	布施郷	五丁五反三〇〇歩	国衙領				
仁多郡	18	布施社	八丁七反	国衙領ヵ				
仁多郡　国衙領　計			八四丁九反一二〇歩	郡内公田数比　六〇・七％		八		八
仁多郡公田数			一三九丁九反一二〇歩	国内総公田数比　二・七％	五五	八三	六一	七七
文永八年　荘園総計			三一〇九丁六反	国内総公田数比：五九％　五五ヶ所				
文永八年　国衙領（不明を含む）総計			二一二一丁三反三〇〇歩	国内総公田数比：四一％　八三ヶ所				
鎌倉時代末まで　荘園総計			三三七一丁五反二四〇歩	国内総公田数比：六三％				
鎌倉時代末まで　国衙領（不明を含む）総計			一八五九丁四反六〇歩	国内総公田数比：三五％				
文永八年一単位所領平均田数			三六丁六反	総公田数÷一四三ヶ所				
			三七丁九反	総公田数÷一三八ヶ所（杵築社領を一ヶ所とした場合）				

総田数に占める出雲東・西・南地域の公田数比率　出雲国内総公田数五三二一町余のうち荘郷名がわかる五二三〇町余の国内公田数に占める地域別公田数を比較すると以下のとおりである（二番の舞八〇余町分を構成する荘郷名が不明のため）。まず、出雲東部の国衙所在郡意宇郡と東に隣接する能義郡をあわせた二郡の公田数はあわせて一七三〇町余、国内公田数比三三％に達する高比率である。なかでも能義郡だけで一〇一九町を越え国内公田数比で二〇％近くを占めて圧倒的である。これに意宇郡の北に隣接する島根半島東部の島根郡および秋鹿郡の公田数を加えれば、四郡で約二八五〇町弱、実に国内公田数比五四％に達する。やはり国府域を中心に中海・宍道湖沿岸に位置するこれら出雲東部四郡が出雲における主要な生産地帯で先進地であったといえるであろう。

一方、出雲西部の杵築大社領・在国司朝山領を含む出東郡および神門郡・楯縫郡の公田数は一五八〇町弱、国内公田数比三〇％と、出雲東部意宇・能義二郡に迫る。対して南部山間地にある大原郡・飯石郡・仁多郡三郡あわせた公田数は八〇〇余町、国内公田数比一五％程度である。南部三郡全体の面積は、出雲国の総面積の四割程度であるので、公田数の密度は低い。さらに意宇郡の南に隣接する大原郡を除くと、最も山間奥部に位置する仁多郡・飯石郡の公田数は三二〇余町、国内公田数比わずかに六％にすぎない。山間部地形であることを差し引いても、この比率は極端に低いといわなければならない。

これが、少なくとも十三世紀後半の鎌倉後期に至る中世前半期の出雲国内各地域の社会的生産力を規定したに違いない。このように考えるならば、出雲東部は国衙所在地域で古代から拓けた最も先進的な地域であったと位置づけられよう。それにつぐのが国一宮杵築大社がある出雲西部、それらの対極にある発展途上地帯が南部の山間奥地であったといえよう。

2　地域別公田数比率と地理的条件

次に、各地域の公田数比と地理的特徴の関係について述べると以下のとおりである。

出雲東部能義郡が公田数において出雲国内公田数の二割弱を占め、なおかつ一〇〇町以上の大規模所領を四カ所を数えるのは、中海に流入する飯梨川・伯太川・吉田川など出雲東部を南北に延びる最大の水系と、その両岸に広がる広い平野、背後の小丘陵地帯の谷合・小水系を擁する地理的特徴が前提条件にあると考えられる。

ついで、宍道湖・中海南岸意宇郡と同北岸にある島根・秋鹿郡おのおのが国内公田数の一割強、三郡あわせて一八〇〇町、約三四%を占めえたのもこれら三郡が、宍道湖・中海沿岸の平野とその背後にある低丘陵地とその谷合、意宇川・朝酌川・佐陀川など宍道湖・中海に流入する中小河川とその沿岸平地を多く擁する地理的特徴に由来すると考えられる。出雲西部においては、出雲郡・神門郡をあわせれば一四〇〇町、出雲国内公田数の約二七%（四分の一）を占めて圧倒的であるが、この両郡地域の田数の広大さを規定したのも、斐伊川・神戸川など大河川下流域・神西湖沿岸などラグーンに由来する広大な低地帯とその南北にある山地裾野の微高地を中心にした平野の広さにあったと考えられる。これらに対して、飯石郡・仁多郡・大原郡は、斐伊川・神戸川上流域の一部の盆地を除けば、かなりの部分が険しい山々におびただしい小谷・支流が入り込む山間地であり、これが、狭小な耕地と数多い零細所領を特徴づけたのであろう。とりわけ、飯石郡・仁多郡では公田数四〇町未満の荘郷がほとんどを占め、出雲国内の一荘園・国衙領（＝単位所領）あたりの平均公田数（杵築大社領を一カ所と数えた場合）が約三七町九反（杵築大社領を六郷と数えても一単位所領あたり三六町六反）と比較しても、両郡の平均値は一八町八反余でおよそ半分である。これらは、各地域の自然地理的条件に規定された生産基盤の相違のあらわれであるとともに、それに根ざした地域社会の生産力や領主権力の経済的・政治的実力の相違を規定する主要な要素であったと考えなければなるまい。

　このようにみていくと、宍道湖・中海水系を中心に飯梨川・伯太川水系を含む能義郡と出雲東部に広がる国衙（府中）所在郡意宇郡はじめ島根郡・秋鹿郡など四郡が出雲国内公田数比五割をこえるのに対し、斐伊川・神戸川水系地域である出雲西部の出東郡・神門郡から大原郡・飯石郡・仁多郡もあわせれば、田数比において全体の四割をこえる勢いがある。後者は前者には及ばないものの、出雲国を二分しうる数値を示している。つまり、出雲国を二分しうる地域生産力や両地域社会の経済的・政治的力関係を規定するものと考えられる。

郡別・地域別の荘公単位所領の規模別割合の比較　各郡ごとの荘公単位所領の規模別分布をみてみると、表2のとおりである。なお、便宜的に公田数五〇町未満を一〇町ごとに区分。それ以上を五〇町以上一〇〇町未満、一〇〇町以上二〇〇町未満、二〇〇町以上に区分した。

　一〇〇町以上の最大規模の所領は、四カ所を擁する能義郡、ついで出東・神門郡合わせて三カ所（杵築大社領が両属）、島根・秋鹿郡が合わせて一カ所（佐陀社領二八〇町が両属）、意宇郡と大原郡が各一カ所で計一〇カ所である。基本的に、出雲東・西部が圧倒的である。能義郡・出東郡・神門郡・秋鹿郡では、これら最大規模の所領は、天皇家領・摂関家領・比叡山延暦寺・石清水八幡宮・賀茂御祖社など有力権門領によって多くが占められ、国衙所在郡の意宇郡のみ国衙領にみられる（表2−2）。

　五〇町以上一〇〇町未満の大規模な所領については、東部の能義郡・島根郡・意宇郡・秋鹿郡において一〇カ所、西部の出東郡・神門郡で八カ所、南部の大原郡・飯石郡・仁多郡で四カ所で、これも出雲東・西部が圧倒的で、南部山間部は少ない。これらも、能義郡では天皇家領・摂関家領・中央官衙領・有力権門社領によって占められ、意宇郡・島根郡・秋鹿郡でも、天皇家領・摂関家・清華家領・有力権門社領が約半分強、半分弱が国衙領によって占められる。やはりこのクラスの大規模な所領は、出雲西部・南部の出雲郡・神門郡・大原郡・仁多郡・飯石郡でも天皇家

表2　出雲国内各郡荘園・国衙領公田数分布表（文永８年頃）

	北　部　平　野							南　部　山　間			計（箇所）
	能義郡	意宇郡	島根郡	秋鹿郡	楯縫郡	出東郡	神門郡	大原郡	飯石郡	仁多郡	
田数不明	0	0	0	0	0	1	2	0	0	1	4
10町未満	3	2	2	1	1	2	1	4	1	5	22
10～20町未満	6	2	5	1	4	3	2	2	2	1	28
20～30町未満	1	7	2	2	0	4	2	5	3	0	26
30～40町未満	2	5	2	1	2	2	0	1	1	1	17
40～50町未満	1	2	3	0	1	1	0	1	0	0	9
50～100町未満	2	2	4	2	0	3	5	2	1	1	22
100～200町未満	3	1	0	0	0	1	1	1	0	0	7
200町以上	1	0	*0.5*	*0.5*	0	*0.5*	*0.5*	0	0	0	3
計（箇所）	19	21	18.5	7.5	8	17.5	13.5	16	8	9	138

- 本表は文永８年11月関東下知状案：相撲舞頭役結番注文をもとに作成した。
- ここでは（杵築大社領６郷を１カ所と数え）出雲国内の１荘郷あたりの平均公田数は37丁９反と仮定する。
- 意宇郡の杵築大社領伊志見郷は計算上外した。
- 佐陀荘は島根・秋鹿両郡にまたがっているので各郡で0.5箇所ずつ数えた。
- 杵築大社領（大田・武志・鳥屋・出西・遙堪）は個々の田数不明のうえ出東・神門両郡に所在しているので両郡で0.5ヵ所ずつ数えた。

表2-1　出雲国内各郡荘園公田数分布表

	北　部　平　野							南　部　山　間			計（箇所）
	能義郡	意宇郡	島根郡	秋鹿郡	楯縫郡	出東郡	神門郡	大原郡	飯石郡	仁多郡	
田数不明							2				2
10町未満	1	1	2		1		1	1	1		8
10～20町未満	0		2			1		1	1		5
20～30町未満	1	2				1		3	1		8
30～40町未満	1	2				1		1			5
40～50町未満	1					1		1			3
50～100町未満	2	1	3	1		1	4	2	1	1	16
100～200町未満	3					1		1			5
200町以上	1		*0.5*	*0.5*		*0.5*	*0.5*				3
計（箇所）	10	6	7.5	1.5	1	6.5	7.5	10	4	1	55

表2-2　出雲国内各郡国衙領（不明を含む）公田数分布表

	北　部　平　野							南部山間			計（箇所）
	能義郡	意宇郡	島根郡	秋鹿郡	楯縫郡	出東郡	神門郡	大原郡	飯石郡	仁多郡	
田数不明						1				1	
10町未満	2	1		1		2		3		5	14
10～20町未満	6	2	3	1	4	2	2	1	1	1	23
20～30町未満	0	5	2	2		3	2	2	2		18
30～40町未満	1	3	2	1	2	1			1	1	12
40～50町未満		2	3		1						6
50～100町未満		1	1	1		2	1				6
100～200町未満		1					1				2
200町以上											
計（箇所）	9	15	11	6	7	11	6	6	4	8	83

領や摂関家領、加えて石清水八幡宮領・上下賀茂社領によって占められている。

次に、荘園・国衙領の規模別割合をみると、荘園では四〇町以上が二七カ所で約五割になるが、これ対し国衙領は一四カ所と二割にも達せず数の上では荘園に大規模所領が多い。これに対し国衙領では四〇町未満に集中しており、数で六七カ所、国衙領総数の八割に達する（表2―1・2）。単位所領あたり平均田数は、荘園が五六町五反、国衙領が二五町五反と荘園の方が二倍以上の大きさになる。

以上のように最大規模・大規模所領は、いずれも河川流域の平野部・盆地とその周辺の山裾部が広い場所に立地しており、支配の系統からは天皇家・摂関家・有力顕密寺社など有力な権門勢家の支配によるものがほとんどである。意宇郡のみ、国衙近傍ということによってであろう国衙領に大規模なものを含んでいる。国衙領についていえば、全体に数の上では多いが、ほとんどが一カ所あたりの所領規模では四〇町未満の中小規模のもので占められている。

このように、有力な権門勢家領荘園が突出して大きいことがわかるが、これは、立荘にあたって政治的に積極的な田数設定・領域設定（囲い込み）そして積極的な経営・開発が行われたことを示唆しているのではないか。

3　地域別単位所領の比較

先述のとおり、能義郡・意宇郡・島根郡・秋鹿郡の東部四郡では、公田数は二八五〇町弱で、出雲国内公田数に占める割合は五四％である。また、所領数は、六六カ所で出雲国内の荘園・国衙領数一三八カ所と数えてもその五割に迫る。

また、出雲国内における一単位所領（荘・郷・保など）あたりの平均的公田数を、出雲国内総公田数五三一一町余から、荘郷名の記載を欠く二番の舞八〇町余を差し引いたものから一三八カ所の商を求めると一単位所領あたり三七町九反になる（杵築大社領を六郷で構成すると数えて出雲国内総荘郷保村の単位所領数を一四三カ所として商を求めても、一荘郷あたりの概ねの平均公田数が三六町六反になる）。

この三七町九反を一とすれば、能義郡は平均約五三町六反余で一・四一、意宇郡は平均約三二町三反余で〇・八五、島根・秋鹿郡が平均約四三町で一・一三と、能義郡が突出して大きい。意宇郡が平均値より低いのは、小規模な国衙領が多くを占めることによる。東部四郡で平均すると田数約四二町五反余で一・一二である。

出雲郡（出東郡）・神門郡・楯縫郡の西部三郡は、公田数一五八〇町弱であり、出雲国内公田数に占める割合は三〇％である。所領数は、杵築大社領諸郷を一カ所と数えると三九カ所（意宇郡の伊志見郷を除いて五カ所と数えると四三カ所）で出雲国内の総荘園・国衙領数の三割になる。三九カ所と数えると、出雲郡・神門郡の荘園・国衙領平均公田数が約四〇町五反、出雲国内における荘園・国衙領公田数の平均公田数（三七町九反とすると）の一・〇七でやや多い。楯縫郡が約二二町二反で約〇・六と低いが、これも小規模な国衙領がほとんどを占めることによる。

大原郡・飯石郡・仁多郡の南部三郡では、公田数は八〇三町余であり、出雲国内公田数に占める割合はわずかに一五％であり、うち九％分は、出雲東部の国衙所在郡意宇郡に隣接する大原郡によって占められている。飯石郡・仁多郡など山間奥地二郡はあわせても出雲国内公田数の六％を擁するにすぎない。一方、所領数は、三三カ所と出雲全体の二割強であり、単位所領あたりの公田数が少ない零細所領によってなりたっていたことを示している。すなわち、出雲国内における一単位所領の平均公田数三七町九反を一として、大原郡では平均約三〇町で約〇・八、飯石郡では平均約二二町六反で約〇・六、仁多郡では平均約一五町五反で約〇・四と山間奥地へ行くほど零細である。三郡の平均公田数が二四町四反で〇・六四と出雲国内平均値を大幅に下回る。飯石郡の場合、平均値をかろうじて押し上げているのは五〇町余の公田数を有する石清水八幡宮領赤穴荘の存在であって、これを除けば、平均公田数は一八町七反余で、出雲国内平均値の約〇・五である。同じく仁多郡の場合、平均値をかろうじて押し上げているのは、五五町の公田数を有する石清水八幡宮領横田荘の存在であって、これを除けば平均公田数は一〇町五反余にすぎず、出雲国内平均値の〇・二八と小規模な所領で占められている。(3) このように、山間奥地の郡にいくほどにごく一部を除けば零細な単位所領構成となっていることが読み取れる。(4) 出雲南部最大級の盆地に立地する横田荘や赤穴荘を除けば、仁多・飯石両郡の零細所領は山間奥部の地形的制約による開発の困難さの結果であることが推測できるであろう。

4　荘園・国衙領の地域別存在傾向と規模

文永八年（一二七一）の結番注文記載の荘郷保村に限ってみても、出雲国内の荘園・国衙領数(5)の現状で把握できる一三八カ所のうち、五五カ所が荘園であると考えられるもの、他の八三カ所が国衙領ないし不明な箇所である【表2】。前者の公田数は三一〇九町余、国内公田数に占める割合は約六〇％で、荘園の占める割合が公田数ベースでは大きい（表1以下、表2とあわせ適宜参照）。

東部の能義郡は、荘郷数一九カ所のうち一〇カ所、同郡総公田数一〇一九町余のうち八八九町余が荘園で、荘園の比率が総公田数比八七％に及び、荘園の面積では出雲国内で最も高い。これら諸荘園は、同郡を南北に貫流する飯梨川・伯太川や吉田川などの主要河川中下流域に立地しており、その沿岸に最大の摂関家領群宇賀荘・吉田荘・富田荘があり、中海沿岸に要港を擁する賀茂御祖社領安来荘、また、伯耆国境の要衝安田関付近には石清水八幡宮領安田荘が立地する。能義郡は、国衙所在郡の東に隣接し、中海の要港安来から日本海交通に接続する要港美保関を間近に控えていたこととあいまって、はやくから積極的に荘園設置が行われていたのであろう。

一方、国衙領の比率が高いのが国衙所在郡である意宇郡で、荘郷数二二カ所のうち一五カ所、同郡総公田数七一二町余のうち五一六町余が国衙領で、同郡内総公田数に占める割合は七三％程度である。同郡の場合、在庁官人の給名や国衙関係諸社の料田などが多く存在していたとみられる（後述）。

国衙所在郡意宇郡の北側、中海・大橋川・宍道湖をはさんで隣接する島根郡から秋鹿郡両郡にまたがって出雲国内最大級の所領佐陀荘二八〇町があり、出雲国東部最大の神社佐陀社（佐太神社）を中心に南に宍道湖、北に日本海に接する大荘園を形成していた。両郡をあわせた荘園・国衙領を比較すると、荘園九カ所、国衙領と考えられるもの一七カ所と後者が多い。しかし田数をみると荘園が五九四町余、国衙領が五二三町余で、公田数比率は荘園五三％・国衙領四七％と両者拮抗するが荘園の比率がやや高く、一荘園あたりの公田数も六六町と平均値では高い。また、この両郡には天皇家領荘園が多いという特徴がある。出雲国内において国衙所在地にほど近い位置にあって天皇家領荘園の重要ポイントであったとみられる（後述）。

一方、出雲国西部に目を転じると、杵築大社領を擁する出東郡・神門郡をあわせた荘園・国衙領を比較すると、荘園一四カ所（杵築大社領諸郷をまとめて一カ所として）、国衙領一七カ所である。両郡の総公田数一四〇〇余町のうち荘園が八七七町六反余、国衙領五二二町四反余、比率は荘園が六二％と荘園の占める割合が高い。島根半島西部を含み、斐伊川・神戸川二大河川下流域を擁するこの両郡には杵築大社領を筆頭に天皇家領荘園が比較的多いことに加えて、摂関家領ほか公家領や比叡山・日吉社、石清水八幡宮など寺社権門領も点在する。

出雲南部山間の大原郡・飯石郡・仁多郡の単位所領三三カ所のうち荘園は一五カ所。三郡総公田数八〇三町余のうち荘園は五四九町余、率にして六八％である。三郡のうち出雲北部平野に近く意宇郡・神門郡などに隣接する大原郡に荘園が一〇カ所、四〇六町余が偏在している。とりわけ、斐伊川支流赤川沿いの東西に長く広がる盆地に大東荘（荘園領主不明）一二〇町、賀茂荘（＝福田荘、賀茂別雷社）七七町、仁和寺荘五〇町（仁和寺）・近松荘三〇町（荘園領主不明）など大規模荘園が集中している。この地域に設置された荘園も、積極的な立荘や経営によって、鎌倉時代中後期には、このような傾向を示すに至っていると推察されるのである。

このように、荘園の立荘・経営の積極性がうかがえるが、このことは、出雲国内荘園・国衙領の単位所領あたりの平均田数の違いからもわかる。荘園が平均五六町五反余、国衙領が平均二六町五反余であり、単位所領あたり荘園の規模は国衙領の二倍以上になり、少なくとも土地集積あるいは拡大における積極性をうかがうことができる。

二　権門領・国衙領・守護領配置と国内の要衝

1　天皇家関係荘園

天皇家領は、鎌倉時代末期までの出雲国全体で現時点で把握できるだけでも、一六カ所（杵築大社領諸郷をまとめて一カ所として）、一二二三町九反もの広大な公田数を占めている【図2】。同じく、文永八年頃で十一カ所、九七七町五反余で、出雲国内公田数の一九％、同全荘園の公田数の三一％余に及ぶ（以下九一頁表4参照）。

出雲東部における分布をみると、能義郡では伯太川中流域に鎌倉末期頃に近衛府領から天皇家領に転身した母里郷(6)があるが、六二町余と、同郡公田数一〇一九町余に占める田数は六％でさしたる割合ではない。国衙所在郡である意宇郡内では中海南岸の揖屋荘(7)、宍道湖南岸の来海荘(8)、杵築大社領の一部伊志見郷がある。いずれも三〇町代以下の中小規模の所領であわせて五九町で同郡の総公田数七一一町余に占める割合は八％と低い。これに対して、国衙所在郡北隣にある島根郡内では日本海沿岸にほど近い加賀荘九四町余、その南側で中海北岸の長海本荘五〇町(9)、その西側に持田荘一五町余が連なる(10)。さらに加賀荘の西側の島根郡境から秋鹿郡にかけては佐陀荘二八〇町が続いており、宍道

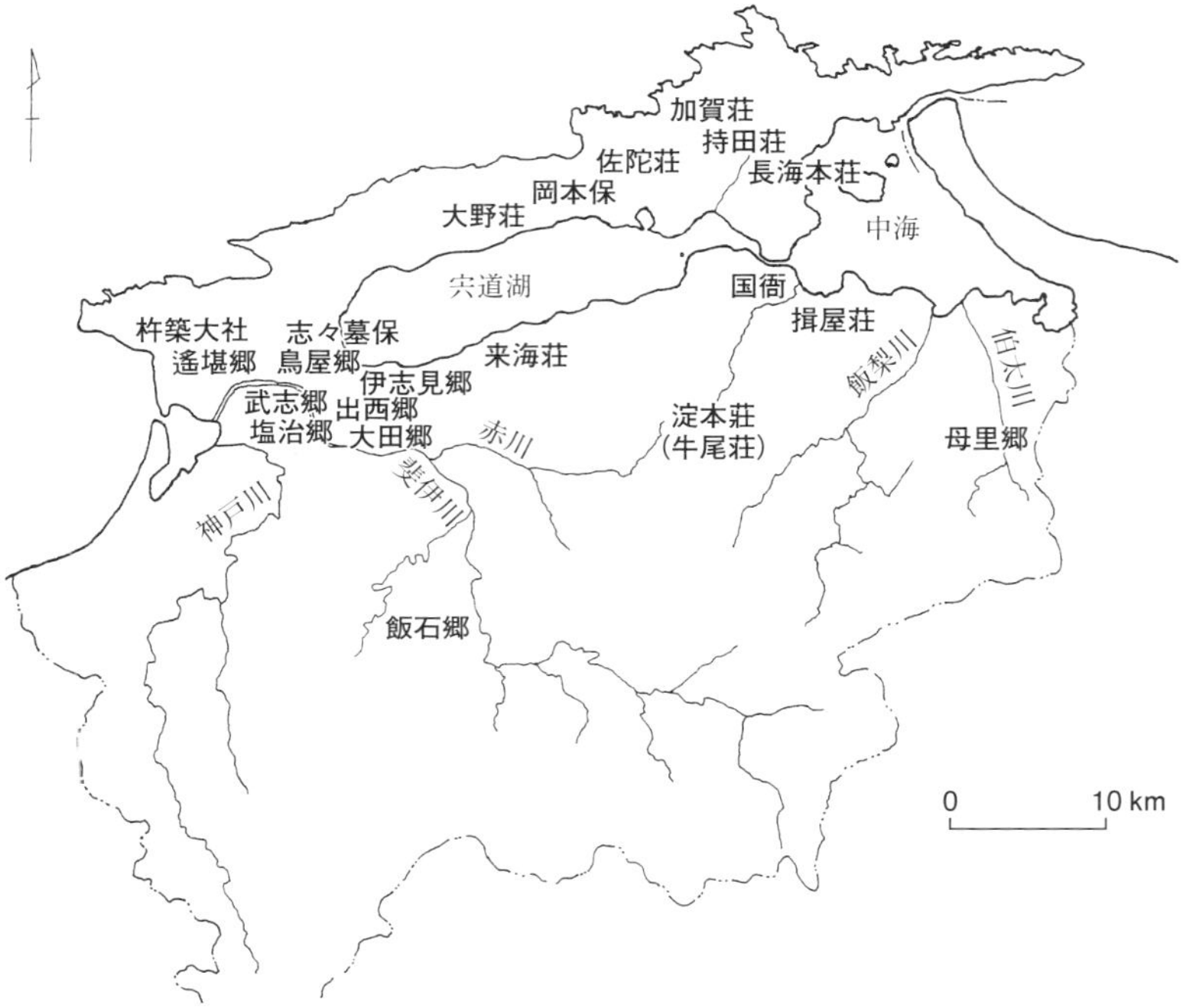

図２　天皇家領荘園分布図（現在判明するもの）

湖北岸（佐太水海付近）から日本海沿岸にまたがる広大な所領が広がっている。これに加え島根郡西隣に位置する秋鹿郡内の宍道湖北岸に大野荘七四町余がある。[11] 島根・秋鹿両郡の単位所領あたりの平均田数を引き上げているのは、これら天皇家領である。このように島根郡から秋鹿郡一帯に天皇家領荘園が集中的・連続的に立地しており、この島根半島一帯総計で五三一町もの広大な所領を構成し、二郡総公田数一一一七町余の実に四八％を占めている。

このなかで、佐陀荘二八〇町は、国一宮杵築大社にも比肩しうる勢力をもった佐陀社（佐太神社）を核にしたもので、佐陀神主（少なくとも鎌倉時代に入ると国衙在庁勝部氏の一族）によって支配されている出雲東部最大の所領である。[12]

一方、出雲西部に目を転じると、斐伊川下

流部の出東郡から神門郡にかけて出雲国内最大の国一宮杵築大社領二八九町余とその東側に林木荘八四町[13]・美談荘四四町余[14]（領家は九条家で、実質的に同家が荘務権をもっている）が広がる。さらに文永八年以降には、その南側の斐伊川・神戸川沿いの塩冶郷一〇一町余[15]、志々墓保二〇町が天皇家領になっており、合計すれば公田数五三八町を数える。これらの公田数を合計すると、出雲西部の出東郡・神門郡の総公田数一四〇〇余町の実に三八%を占めている。

以上のように天皇家領は国衙所在郡北隣の島根・秋鹿郡では圧倒的な位置を占め、これに、出雲北西部出東・神門郡の杵築大社領が続く。これに対して、雲南三郡では、大原郡（淀本荘）・飯石郡（飯石郷）あわせても三八町余と少ない[16]。

また、天皇家領の平均公田数は、鎌倉時代末までで七六町四反余、文永八年頃で八八町八反余であり、出雲国内における一荘園の平均公田数五六町五反余の一・三五倍から一・五七倍と大きい。ここにも、天皇家領に公田が集中する傾向が強いことを読むことができる。

これらのことからは、出雲における天皇家領は、『出雲国風土記』にもみえる出雲四大神（熊野社、所造天下大神＝杵築社、佐太社、野城社）のうちの二つである杵築・佐陀二大神社領をおさえながら島根・秋鹿郡と出雲・神門郡において大きく二つの塊の所領が存在した。つまり、出雲北部の宍道湖・中海沿岸および大原郡東部の国衙所在郡に隣接した地域から斐伊川・神戸川下流域にかけて東西に延びる広大な平野部を軸にした地域にその多くが設置されていた。このように、天皇家領は、政治的にも生産・交通という側面からも有利な条件の場所に多く、かつ大規模に設定・設置されていた。ここに、地域において、天皇家が他の権門に優越した実力基盤を保持したことが明らかである。

2　摂関家関係荘園

摂関家領（攝籙渡荘・近衛家領・九条家領・東福寺領）（図3）も、文永八年段階では、現在把握できるだけで七カ所、公田数六八〇町余、鎌倉時代末頃までには九カ所、公田数七四七町三反を数え、出雲国内公田数の約一四%を占めている。出雲国内摂関家領の平均公田数は、文永八年頃で九七町余であり、出雲国内における一荘園の平均公田数五六町五反余の一・七倍と大きい。ここに、摂関家領にも公田が集中していることを読むことができる。その多くは東部の能義郡にあり、四八九町余と同郡内の公田数の四八%、出雲国内摂関家領の実に三分の二を占める。そもそも能義郡については荘園の占める割合が八七%と高く、単位所領あたりの平均田数が出雲国平均の一・四一倍と他に突出して大きい。具体的には宇賀荘（攝籙渡荘）が公田数二

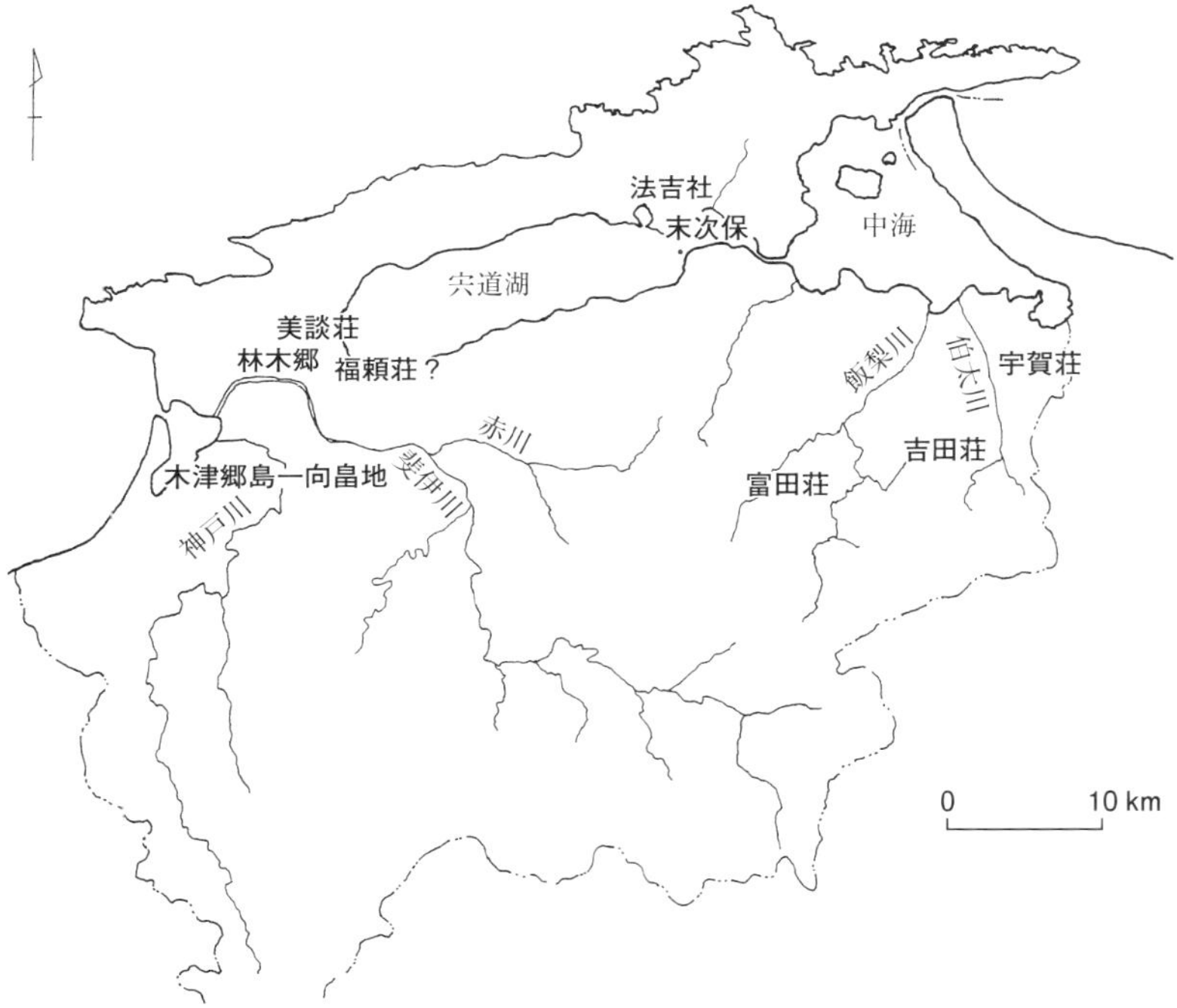

図3　摂関家領荘園分布図（現在判明するもの）

四六町余を数える同郡内最大の荘園であり[17]、続いて吉田荘（近衛家領）一四三町余[18]、富田荘（攝籙渡荘）九九町余[19]が続く。いずれも、能義郡を南北に貫流する飯梨川・伯太川水系に立地しており、両河川から中海沿岸の要港安来津を経て美保関から日本海東西交通に結節する交通路へのアクセスが想定される[20]。このような状況からは、能義郡域が出雲国内における摂関家領経営の重要ポイントであったことは疑いあるまい。

であるならば同郡における摂関家の積極的な立荘を想定しなければならないが、立荘の事情については史料的制約により明らかにできない。立荘論から敷衍するとすれば、出雲において専ら院近臣受領が国守になりはじめる以前の十一世紀末頃より前、摂関家の家司高階重仲が出雲国守であった時期までの、摂関家家司受領が出雲守に補任されていた時期にその可能性が想定できる[21]。また、治承寿永内乱後に平家家人の富田押領使が没落したとみられることや[22]、仁安元年（一一六六）に近衛基実が没した際、平清盛が、自らの娘で基実の妻であった盛子に摂関家領のほとんどを伝領・管領させたことからも、これら摂関家諸領の経営と平氏との深い関係がうかがえる[23]。

また、九条家領として、出東郡内に鎌倉時代はじめ頃には九条家が領家職を保持した宜秋門院領林木荘八四町が、その東隣には鎌倉時代末までには領家職を保持した美談荘四四町余がみえ、いずれも宍道湖西岸近くに立地している。林木荘については、後鳥羽院の后であった宜秋門院任子が九条兼実の娘であるから、荘務権は事実上領家九条家が保持したと推察される[24]。また、出東郡に福頼荘九九町（近衛家領）があるとされる[25]。さらに九条家は、島根郡内では、末次保七町余、その背後（北側）に東福寺領として法吉荘二三町を所領としている。これらは宍道湖・中海を結ぶ水路の要衝で、現在の大橋川の北岸（現在の松江市中心部の一角）に立地している。このように、摂関家領は、能義郡の伯太川・飯梨川水系に所領群の最大の塊が一つ、出東郡・島根郡の宍道湖沿岸付近にそれぞれ一つずつ大小の所領群を擁しており、出雲東部を中心に北部一帯に一定のまとまりをもっている。

大草郷	文書名		所蔵	鎌倉遺文
惣社灯炉田１町	建長３年８月日	出雲国司庁宣	千家家文書	7346
	建長３年８月日	出雲国司庁宣	千家家文書	7347
	建長３年８月日	出雲国司庁宣	千家家文書	7348
５段、	建長５年12月日	出雲国司庁宣	千家家文書	7690
政盛跡屋敷	年未詳３月１日	出雲国宣	千家家文書	—
４段半(大中臣高貞旧領)	建長７年２月日	出雲国司庁宣	千家家文書	7848
１町(元頼引募) 	建長７年２月日	出雲国司庁宣	千家家文書	7849
阿里村内 江原高貞跡畠一所	康元２年２月日	出雲国司庁宣	千家家文書	8077
経田１口	正元２年２月日	出雲国司庁宣	千家家文書	8482
	文永元年10月8日	出雲国司庁宣	千家家文書	9165

このようにして、摂関家は地域において天皇家に次ぐ実力基盤を形成していたことがわかる。

3　意宇郡内の国衙領

国衙所在郡である意宇郡の場合、総公田数七一二町余のうち国衙領が五一八町三反余で約七三％を占め、近隣諸郡に比べ国衙領の占める割合が突出して高い。同郡内には、国衙在庁官人の所領や、国衙関係諸社の財源が諸郷において募られたことも部分的ながら判明する。このことについて鎌倉中期のデータを示したのが【表３】である。

ここでは、建長年間から文永初年までの十年余の間に出雲国造が所轄することとなった国衙関係諸社料田の設置がわかる。府中の伊弉諾社関係では、出雲・竹矢・山代・大草の国衙膝下の四郷に、造営料田二町五反を筆頭に、灯油田一町、供料田七反半、都合四町二反半を引き募ることになっている。同じく、惣社関係では、出雲・竹矢・山代三郷に灯油料田が二町一反、竹矢・山代二郷に御神楽田一町、出雲郷に八朔幣料一町、都合二町が引き募られるほか、大草郷に仁王講経田・安居師免畠が各一所設置されている。これらは国

表3　出雲国衙所在意宇郡内料田・給田

目的	出雲郷	竹矢郷	山代郷
伊弉諾社造営料	御廐田　1町	利田名5段	公田内　5段
惣社八朔幣料	1町		
惣社灯油料	7段	7段	7段
伊弉諾社造営料			
伊弉諾社供料田			3段(大中臣義元旧領)
伊弉諾社灯油田			
惣社御神楽田		5段(元頼引募)	5段(元頼引募)
惣社安居師免畠			
惣社仁王講			
神魂社大般若経田			1口

衙関係諸料田の片鱗に過ぎないと思われるが、造営・仏神事に伴う用途が捻出されている事実の一端を示している。

また、このなかで注意されるのは、伊弉諾社灯油料田・惣社御神楽田を竹矢・大草郷で都合二町「引募」ったのが神祇系国衙官人の大中臣元頼であり、同人が国衙領からの諸用途捻出にあたったことを知ることができる(26)。また、山代・大草郷に設置された伊弉諾社供料田と同安居師免畠には、国衙官人であった大中臣高貞跡・義元跡が充当されているが、高貞・義元跡は小地片ながら、彼らが年来「領知」してきた所領であった。つまり、府中とその近隣の意宇郡内国衙領諸郷に国衙官人への給田畠が散在していた。また、結番注文にはみえないものの、出雲国造家本領の大庭田尻保も意宇郡内に存在する。これらのことからは、少なくとも十三世紀の半ばから後半期、国衙所在地意宇郡内諸郷には、在庁の所領、国衙官人の給田や国衙関係諸社の料田が配置され、それらに共通する経済基盤になっていたことを示している(27)。

4　守護・得宗領の位置

幕府は、出雲生え抜きの国衙在庁層である朝山氏・出雲氏・佐陀

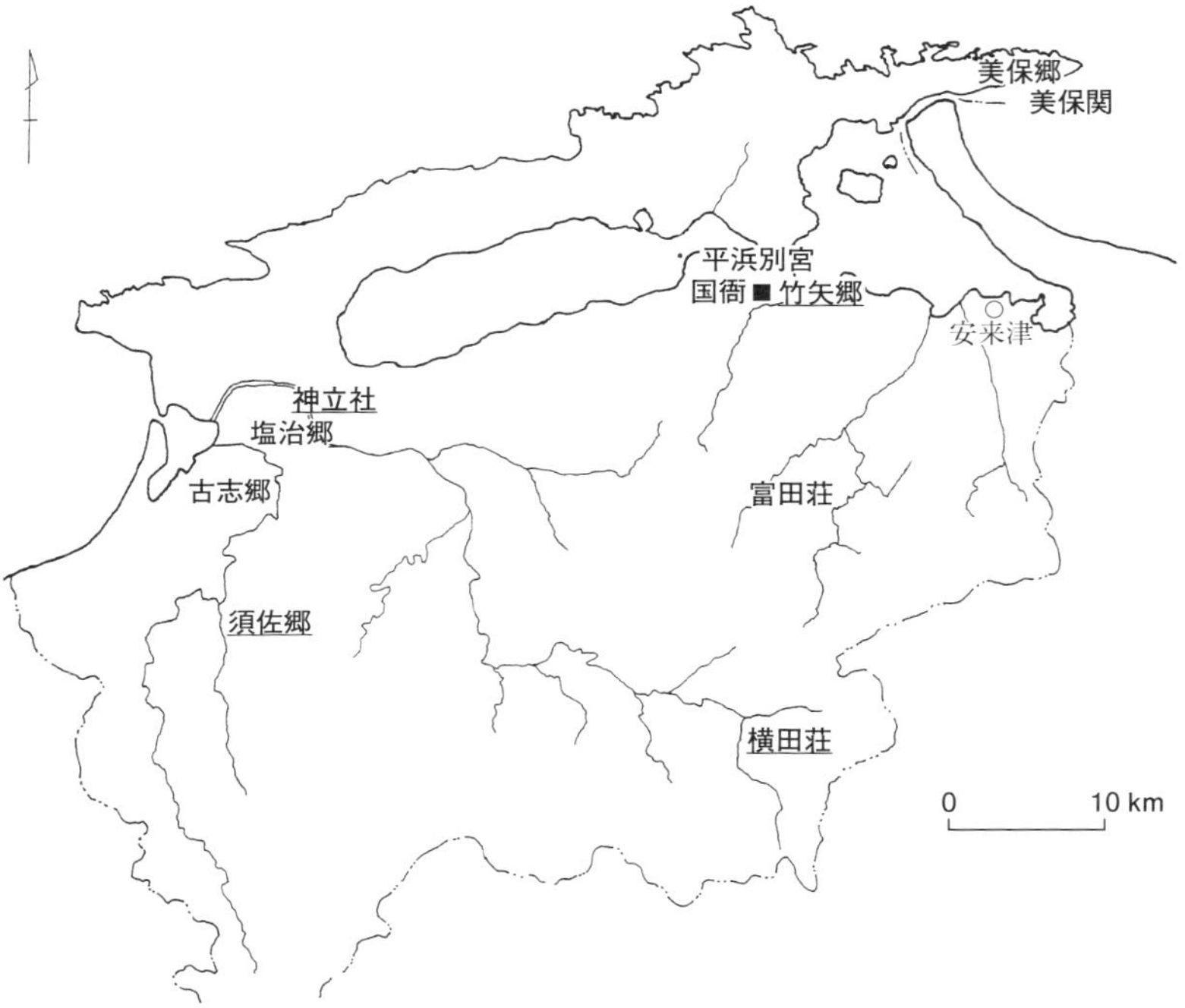

図4　守護領・得宗領分布図（北条一族領を含む。下線は、得宗・北条一族が地頭職を保持する荘郷）

神主勝部氏・多祢氏など国内二大神社や出雲東西南部の諸郷に所領を展開する有力な在来氏族を御家人化するとともに、守護が地頭職を保持するいわゆる守護領を要所に配置している【図4】。

結番注文によれば、佐々木泰清が地頭職を保持する主要な守護領は、出雲東部の能義郡富田荘、島根郡美保郷、意宇郡平浜別宮、神門郡塩冶郷、同古志郷である。富田荘は飯梨川水系の中流部にある摂関家領で公田数九九町余と同郡内でも比較的大規模な荘園である。美保郷は国衙領で公田数三一町余、山陰沿岸最大級の湊である美保関を擁する交通の要衝であり宍道湖・中海水系の出入り口に位置する。平浜別宮は、石清水八幡宮末社で、公田二七町余を付随し、国衙北側の府中の一角で宍道湖と中海を結ぶ水道沿という要衝にある。塩冶郷は、国衙領、のち昭慶門院領で公田一〇一町余、斐伊川下流・神戸川下流にあり、同郷内の斐伊川沿いに大津の地名があることから河川港を擁していたとみられるなど出雲西南部に深く広がる斐伊川・神戸川水系の出入り口をおさえる位置にある。隣接する古志郷も国衙領で公田数二八町余、塩冶郷とともに神戸川水系の下流域にある。これら五つの所領を合計すると総公田数二六一町二反に及ぶ。つまり、守護佐々木氏は、出雲国東・西の出入り口にあたる要衝、国衙に隣接し宍道湖・中海東西交通の要衝にある大規模な荘・郷に地頭職を保持することにより、出雲一国にその政治的影響力を行使しうる配置になっている。守護佐々木氏のこれら諸荘郷への実質的支配は、前守護泰清が鎌倉から出雲へ下向した健治の頃以降、南北朝動乱期にかけて徐々に深化をとげていったと想定される。(28)

同じく結番注文によれば、この守護領の配置に対して、これに割り込むように配置されているのが北条得宗が地頭職を保持するいわゆる得宗領である。得宗領は意宇郡竹矢郷、出東郡神立社、飯石郡須佐郷である。竹矢郷は国衙領で公田数六二町余、国衙北側の府中の一角で中海から宍道湖へつながる水路の入り口付近に位置するとともに、守護が地頭職を保持する平浜別宮に隣接する。神立社は公田数は計上されていないが、斐伊川下流に立地した社であった。須佐郷は石清水八幡宮領で公田三〇町余、神戸川中流域に立地する。これら三つの所領を合計すると総公田数九二町余である。つまり、出雲国西部から南部への出入り口付近の要所、国衙に隣接し宍道湖・中海東西交通の要衝にある諸郷に地頭職を保持することにより、出雲府中付近から西南部地域にその政治的影響力を及ぼしうる配置になっている。これに、さらに石清水八幡宮領横田荘五五町の地頭に得宗一族の北条時輔（のちにその母で隣接する三処氏出身の妙音が地頭職）、同社領赤穴荘（五〇町余）の荘官紀氏が得宗被官であったとみられるなど、伯耆国に接する斐伊川上流部から、石見・備後・安芸方面から出雲南部（神戸川上流部）への出入り口にあたる陸路の要衝に政治的影響力を保持できる体制をとっていたと考えられる。(29)

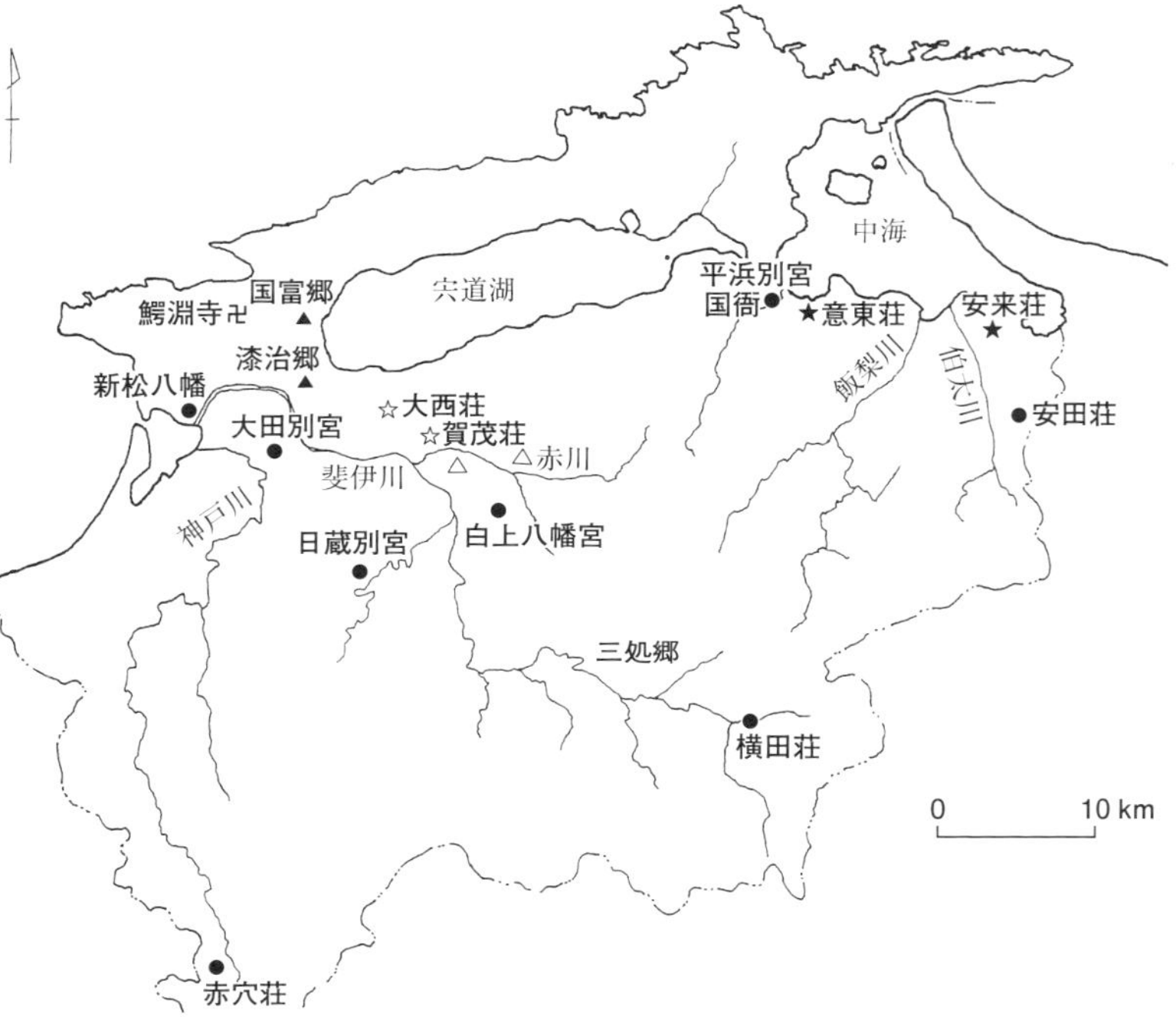

図５　権門寺社領荘園分布図（現在判明するものから）
（●石清水八幡宮・▲比叡山延暦寺関係・☆賀茂別雷社・★賀茂御祖社・△仁和寺）

このように、幕府勢力の中心的な部分である守護・得宗らが、地頭職の諸権限を介して出雲国内の主要水路の要衝となる荘郷に政治的布石を敷くことなどによって地域社会の脈管系統を押さえて、出雲国内へ政治的影響力を浸透させうる条件を整えつつあったといえよう(30)。そして、この条件は、諸権門の荘園立地に対してのみならず、鎌倉時代後半の、とくに文永以降の対蒙古臨戦体制による東国御家人の地頭配置・西国下向土着に対してさらに政治的に重要な意味をもったであろう。

5　権門寺社領

石清水八幡宮領は、出雲八所八幡といわれおおむね八カ所の所領を有する【図5】。意宇郡の国衙周辺にある平浜別宮のほかに、安田（能義郡）・横田（仁多郡）・赤穴（飯石郡）など国境の要衝に公田数五〇～一〇〇町に及ぶ他に突出した大きな所領を構えるほかは零細社領である。能義郡の伯耆国境の安田荘（一二五町）は、伯耆国と出雲国の通路安田関に接する要地に位置する大荘園である。飯石郡では、国境の備後・石見方面への通路上にある赤穴荘（五〇町余）と、零細ながら日蔵別宮（三町）など同社領荘園の公田数が同郡総公田数比三〇％を占めるなど優勢である。さらに仁多郡では斐伊川上流部最大の横田盆地に横田荘（五五町）があり、同郡の総公田数比三九％と一カ所で圧倒的な割合を占めている。(31) このように山間の仁多・飯石二郡においては、公田数が五〇町以上ある二つの荘園は、すべて石清水八幡宮領であり、同社領が圧倒的に優勢である。このことは、石清水八幡宮が、山間の発展途上地帯においてよりよい地勢条件の地を選び、積極的に勢力を扶植しようとしたことをうかがわせている。

また、賀茂御祖社領は中海沿岸に二カ所あり、要港安来津を控える能義郡の安来荘（一一〇町）、その西の意宇郡の意東荘六三町などあわせて一七〇町歩を越える所領がある。とりわけ安来荘は、『吾妻鏡』文治元年（一一八五）正月二十二日条に、「以出雲国安東（来）郷、先日令寄附于鴨祖神領給訖。而可為冬季御神楽料所之旨被仰遣、廣元施行之」とみえる。この荘園は、治承寿永内乱直後に、源頼朝から冬季御神楽料所として寄進されたものである。この寄進の時期や経緯からも、本荘は、もとはいわゆる平家没官領であったと考えられる。

同荘内にある安来津は、能義郡を貫流する飯梨川・伯太川・吉田川の河口近くにあり、能義郡はもとより、中海沿岸域から日本海交通の要衝美保関に通じる水運の要衝である。これは同時に能義郡のこれら河川流域に集中する摂関家領の中海・日本海方面の出入口にあたる場所でもある。したがって、安来荘は滅亡以前の平家が摂関家領の集まる出雲東部能義郡に政治的影響を与え得る要であったとみられる。

また、賀茂別雷社領は山間部の大原郡の斐伊川支流赤川北沿いで本流斐伊川との合流点ほど近くに賀茂荘（＝福田荘）（七七町余）、その北隣に大西荘（二二町）あわせて約一〇〇町に及ぶ大規模な所領を展開している。

延暦寺領関係は、出雲北西部出東郡において出雲最大の天台寺院鰐淵寺を末寺としてその膝下に国富荘（一〇〇町）を配する。関係する日吉社領は、十三世紀末頃に、国富荘にほど近い漆治郷（八〇町五反余）がみられるなど地方拠点の膝下に寺領がある。

以上から、出雲国内では以下のような荘園・国衙領の分布傾向が指摘できよう。まず、国衙所在郡の意宇郡では一単位所領あたり規模の大きな国衙領がみられ、小規模なものもあわせると数・公田面積ともに国衙領が占める割合が高い。一方、荘園については、政治の中心国衙所在郡に接する周辺諸郡を中心に北部先進地に天皇家領・摂関家領系統の荘園の比重が高く、全体に政治・交通の要地に立地する場合が多い。また、石清水八幡宮領、賀茂別雷社・賀茂御祖社領など権門社領は、国境の通路や水上交通の要地に多く立地する。比叡山延暦寺関係の所領は、出雲最大の拠点寺院の膝下にある。これらいずれの権門領も国内一単位所領あたり平均田数をはるかに越えて大規模なものがほとんどを占めるという特徴を指摘することができる。そこに、これら諸権門の荘園立荘や経営の積極性を読み取ることができるとともに、逆に在地側が立荘を受け入れることに積極的になりうる条件があったことも推察することができる。

また、荘園立地状況をこのようにみてくると、これら荘園・国衙領支配の空間的構図を踏まえて、幕府は国内東西の主要水路の要衝に守護・得宗領を配置することにより、幕府権力による地域に対する政治的影響力の強化を進めつつあったと考えられるのである。

注

（1）網野善彦・石井進・稲垣泰彦・永原慶二編『講座日本荘園史9 中国地方の荘園』9（吉川弘文館、一九九九年）の「出雲国」の項。

（2）したがって、一番所載の荘郷の田数の合計が一番冒頭の記載とはあわないことと、二番の舞を担当する荘郷の記載が欠落していることなどから、一四三箇所の荘郷田数の総計とはあわない。

（3）ただし、福頼荘が、竹内理三編『荘園分布図 下』（吉川弘文館、一九七六年）においては、福頼の地名が残る仁多郡福頼の地に比定されているものの、『歴史地名大系三三 島根県の地名』においては、現地は山間部で狭小な場所であることから、仁多郡ではないとする考えが示されている。また、近年の『松江市史』通史編では、出東郡内に比定されており、本論でもこれらにより出東郡に仮置しておく。

（4）そして平野部に比べて冷涼・寒冷で冬季には雪深い気候的厳しさや山林の深さにも大きく制約されたことを想定しなければなるまい。

（5）『日本歴史地名大系33 郷土歴史地名大辞典 島根県の地名』（平凡社、一九九五年）によりかなりの部分が整理されたので、これを参考にしたことをあらかじめお断りしておく。

（6）『山槐記』応保元年（一一六一）九月二十八日条「左近衛府領 出雲国母里庄 莚三十枚」、乾元元年（一三〇二）以後、室町院領目録（八代国治氏旧蔵文書『鎌倉遺文』二一三〇七）など。

（7）年月日未詳、成勝寺年中相折帳（書陵部所蔵祈雨法御書建久二年五月裏文書〔『平安遺文』五〇九八〕）には「出雲国二所、一所揖屋社 下野前司資憲朝臣寄進 年貢 莚五十枚」とみえる。

（8）安元二年（一一七六）二月日、八条院領目録（内閣文庫蔵山科家古文書『平安遺文』五〇六〇）には「出雲国来海」とみえる。

（9）年月日未詳、宣陽門院所領目録断簡（島田文書『鎌倉遺文』三二七四）「新御領 自上西門院被進之、」の内に「出雲国長海庄」とある。

また、隣接する徳大寺家領長海新荘は長海本荘から派生したと考えられるが、後白河院の外戚の徳大寺家の藤原実定が、統子内親王（上西門院）の皇后宮大夫を務めていたことや、実定の父実能は上西門院の母待賢門院の兄であるという縁故により同家が獲得したものと想定されている（『松江市史』通史偏2、中世、二〇一六年、第二章第五節）。その意味で元は、天皇家ゆかりの荘園であるといえよう。

(10)「元弘三年」十一月十二日、後醍醐天皇綸旨（水瀬神宮文書『鎌倉遺文』三二六八八）には「蓮華王院領出雲国加賀庄并持田村事」とある。天福二年（一二三四）九月十日、出雲加賀荘起請田目録写（水瀬神宮文書『鎌倉遺文』四六八九）には「加賀荘持田村」、嘉禎二年（一二三六）三月八日、持田庄所当米注進目録（水瀬神宮文書『鎌倉遺文』四九四〇）には「持田荘注進嘉禎元年所当米目録事」とあり、持田荘は嘉禎の頃に加賀荘から派生したことがわかる。

(11) 嘉禄二年（一二二六）七月二十三日、将軍藤原頼経下文（讃岐三木家文書『鎌倉遺文』三五〇三）。

(12) 鹿島町立歴史民俗資料館編『重要文化財佐太神社―佐太神社の総合的研究―』一九九七年。

(13) 元久元年（一二〇四）四月二十三日、九条兼実置文（九条家文書『鎌倉遺文』一四四八、「出雲国林木荘」「右、堂舎家地荘園等、永所奉付属宜秋門院也」、建長二年（一二五〇）十一月日　九条道家惣処分状（九条家文書『鎌倉遺文』七二五〇）に「家領」とみえる。

(14) 建武三年（一三三六）八月二十四日、九条道教家領目録案（九条家文書『南北朝遺文』四五四）に「出雲国林木庄・美談両庄、領家職」とみえる。

(15) 嘉元四（一三〇六）年、昭慶門院領目録（竹内文平氏旧蔵文書『鎌倉遺文』二二六六一）。

(16) なお、仁多郡においては、公田数五五町と大規模な横田荘が、鎌倉末期になって内裏供御料所となっている（康永元年十一月十日　岩屋寺院主祐円目安状案（東京大学史料編纂所所蔵岩屋寺文書『南北朝遺文』中四国編一二〇六）。

(17) 嘉元三年（一三〇五）、摂籙渡庄目録（九条家文書『鎌倉遺文』二二一九六）に「一、法成寺領」「宇賀庄、田百八十町、年貢米六十石、莚二百枚」とみえる。

(18) 建長五年（一二五三）十月二十一日、近衛家所領目録（近衛家文書『鎌倉遺文』七六三一）に「一、庄無本所進退所々」「出雲国吉田庄、宗成、冷泉宮領内」とみえる。

(19)『兵範記』保元元年（一一五六）十月二十七日条「富田御荘」、（永暦元年（一一六〇）カ）九月十五日、藤原邦綱書状

（陽明文庫蔵『兵範記』仁安二年十月・十巻裏文書）、嘉元三年（一三〇五）、攝籙渡庄目録（九条家文書『鎌倉遺文』二二一九六）に、「一、平等院領」「式部大輔在輔卿、富田荘」とみえる。

(20) 前田徹「播磨国における寺社領・摂関家領荘園の形成」（『史敏』通巻十号、二〇一二年）では播磨国の摂関家領でも河川交通の要路にまとまりをもって摂関家領が設定されていることが明らかにされているから、同様の構図が想定される。

(21) 寛治三年（一〇八九）～永長元年（一〇九六）に出雲守であった高階重仲は、一貫して摂関家家司として藤原師実・師通・忠実に仕えており、重仲の出雲守在任中までに摂関家領が積極的に立荘された可能性が考えられる。なお、重仲の経歴については、大日方克己「平安後期の出雲国司―白河・鳥羽院政期を中心に―」（『山陰研究』第一号、島根大学山陰研究センター、二〇〇八年）に詳しい。

(22)『平家物語長門本』巻一六（藤原美子・小井土守敏・佐藤智広編『長門本 平家物語』四、勉誠出版、二〇〇六年）の一ノ谷合戦には出雲国から「塩冶大夫、多久七郎。朝山、木次、身白、横田兵衞惟行、冨田押領使」とみえる。

(23) 田中文英『平氏政権の研究』（思文閣出版、一九九四年）第二章。

(24) 元久元年（一二〇四）四月二十三日、九条兼実置文（九条家文書『鎌倉遺文』一四四八、「出雲国林木庄・美談両庄、領家職」）。

(25) 前掲註（3）松江市史など。

(26) 大中臣元頼は、杵築大社宝治造営においては大行事代官で、目代に続く要職を務めている。建長元年六月日、杵築大社造宮所注進（出雲大社文書『鎌倉遺文』七〇八九）。

(27) このほか、舞楽を家業とする国衙官人多氏の場合、国衙関係祭祀で喜徳舞を舞う公事を奉仕して与えられる給田として、意宇郡北隣の島根郡国屋郷内に喜徳給田五町を引き募るように国衙から指示されている。貞永元年九月日、出雲国留守所下文（「富家文書」島根県立図書館影写本）、なお翻刻は『古代文化叢書3 富家文書』（島根県古代文化センター、一九九七年）。

□守所下

可早如元引募国屋郷内喜徳給田伍町事

右、件給田、先例雖引募於国屋郷、今依為便宜去寛喜年中、雖引移於小境保、沙汰之次第為不法之間、如本可引募国屋郷之状如件者、沙汰人宜承知勿違失、故下、

貞永元年九月　日

在国司散位（花押）

庁事　散位

散位

散位（花押）

目代右衛門尉（花押）

このように、国衙近隣にある国衙領内に在庁官人らの給田が設定・配置されていたと考えられる。

(28)　健治三年（一二七七）頃の年未詳五月七日、信濃前司佐々木泰清書状（千家家文書）の文面に「杵築大社炎上之後（中略）国方の造営大方ちかく不可事行見之間、適依在国候言上事由候、□□年老耄して持病侵候之間余日不□候」からは、すでに前守護佐々木泰清が、晩年にあたるちょうどこの時期、出雲に下向所在していたことがわかる。また、正和元年七月七日、六波羅下知状　集古文書二十八『鎌倉遺文』二四六二一に「随又依蒙古事、或下向出雲国所領、凶徒寄来者、可御（ママ）参戦之由、文永十一年被成下関東御教書」ので、守護一族も任国に在国するようになってきていることがうかがえる。

佐々木氏の塩冶郷に対する支配の深化については拙論「鎌倉・南北朝期における出雲国内支配と八幡宮」（『日本歴史』七六四、二〇一二年、のち拙著『中世出雲と国家的支配―権門体制国家の地域支配構造―』法蔵館、二〇一四年）第Ⅱ部第三章。

(29)　紀氏は、元弘三年五月の六波羅探題陥落にあたって北条一族と近江国番場まで同行し、その後逐電している（永正二年七月十四日「赤穴郡連置文」〔『萩藩閥閲録』三七―二、中川与右衛門〕）。得宗は石見・備後境の国境の要衝に政治的くさびを打とうとしていたとみられる。

(30)　石井進「鎌倉時代『守護領』研究序説」（『日本中世国家史の研究』岩波書店、一九七〇年）では、守護による国衙機能の吸収について述べるなかで、国支配を実体化する仕掛けとして国衙集中型守護領、交通の要衝に守護領があることを明らか

にしているが、出雲の場合も石井氏の指摘にあたるであろうことが確認できる。ただし、本論では、これが、出雲国内の荘園制のどのような空間的構図のなかに組み込まれているのかが重要であると考える。

(31) 平安末期の出雲八所八幡については保元三年（一一五八）十二月三日、官宣旨（石清水文書『平安遺文』二九五九）にみえる（詳細は第三章第二節参照）。

表4　出雲国内主要領主別荘園（鎌倉時代）

【天皇家】

年代	所在郡	結番	荘郷名	公田数	備考	関係史料
文永八年頃	意宇郡	2	来海荘	二〇丁	安元二年（一一七六）歓喜光院（八条院）	安元二年（一一七六）二月日、八条院領目録（内閣文庫蔵山科家古文書『平安遺文』五〇六〇）
	意宇郡	3	揖屋荘	三一丁	平安末　成勝寺、崇徳上皇、天養二年（一一四五）成勝寺領立券	永万二年□（三）月八日　後白河院庁下文案（吉田黙氏所蔵文書『平安遺文』三三八六）。年月日未詳、成勝寺年中相折帳（祈雨法御書裏文書『平安遺文』五〇九八）
	島根郡	3	長海本荘	五〇丁	上西門院領	年月日未詳　宣陽門院所領目録断簡（島田文書『鎌倉遺文』三二七四）
	島根郡	7	持田荘	一五丁五反半	天福二年（一二三四）水無瀬神宮、蓮華王院	天福二年（一二三四）九月一〇日、出雲加賀荘起請田目録写（水瀬神宮文書『鎌倉遺文』四六八九。「元弘三年」十一月十二日　後醍醐天皇綸旨（水瀬神宮文書『鎌倉遺文』三二六八八）
	島根郡	18	加賀荘	九四丁二反小	平安末、後白河院、蓮華王院	天福二年（一二三四）九月一〇日、出雲加賀荘起請田目録写（水瀬神宮文書『鎌倉遺文』四六八九。「元弘三年」十一月十二日　後醍醐天皇綸旨（水瀬神宮文書『鎌倉遺文』三二六八八）
	島根郡・秋鹿郡	9	佐陀荘	二八〇丁	康治二年（一一四三）安楽寿院	康治二年（一一四三）八月一九日、太政官牒案（安楽寿院文書『平安遺文』二五一九）
	秋鹿郡	1	大野荘	七四丁五反六〇歩	後白河院　嘉禄二年（一二二六）最勝光院	嘉禄二年（一二二六）七月二三日　将軍藤原頼経下文（讃岐三木家文書『鎌倉遺文』三五〇三）

	出東郡	20	武志郷	二八九丁五反	杵築大社領　天皇家領	康元元年（一二五六）一二月日、出雲杵築大社領注進状（出雲大社文書）『鎌倉遺文』八〇六八など
	出東郡	20	鳥屋郷			
	出東郡	20	大田郷			
	神門郡	20	遙堪郷			
	神門郡	20	出西郷			
	意宇郡	20	伊志見郷		伊志見郷は、一二二六年　幕府寄進	
	神門郡	18	林木郷	八四丁	治承四年（一一八〇）皇嘉門院、元久元年（一二〇四）宜秋門院、建長二年（一二五〇）九条家家領	治承四年（一一八〇）五月一一日、皇嘉門院惣処分状（九条家文書『平安遺文』三九一三）、元久元年（一二〇四）四月二三日九条兼実置文（九条家文書『鎌倉遺文』一四四八など）
	大原郡	4	淀本荘（牛尾荘）	二四丁	八条院、鳥羽院、昭慶門院、知恵光院	嘉元四年（一三〇六）六月一二日　昭慶門院領目録案（竹内文平氏旧蔵文書『鎌倉遺文』二二六六一）
	飯石郡	12	飯石郷	一四丁四反半	仁平二年（一一五二）八月一五日寄進、成勝寺領	年月日未詳、成勝寺年中相折帳（祈雨法御書裏文書『平安遺文』五〇九八）
	天皇家領荘園　計			九七七丁二反一八〇歩	総田数比一八・三%、国内荘園比三一・四%	11
文永八年以降	能義郡	4	母里郷	六二丁二反三〇〇歩	応保元年（一一六一）左近衛府、乾元元年（一三〇二）頃まで室町院領	『山槐記』応保元年（一一六一）九月二八日条、乾元元年（一三〇二）以降、室町院領目録（八代国治氏旧蔵文書『鎌倉遺文』二一三〇七）
	秋鹿郡	11	岡本保	一七丁六反	国衙領→嘉元四年（一三〇六）昭慶門院庁分	嘉元四年（一三〇六）六月一二日　昭慶門院領目録案（竹内文平氏旧蔵文書『鎌倉遺文』二二六六一）
	神門郡	13	塩冶郷	一〇一丁六反三〇〇歩	国衙領→嘉元四年（一三〇六）昭慶門院庁	嘉元四年（一三〇六）六月一二日　昭慶門院領目録案（竹内文平氏旧蔵文書『鎌倉遺文』二二六六一）
	出東郡	4	志々墓保	二〇丁七反三〇〇歩	乾元元年（一三〇二）頃まで室町院領	乾元元年（一三〇二）以降、室町院領目録（八代国治氏旧蔵文書『鎌倉遺文』二一三〇七）
	出東郡	4	美談荘	四四丁三反	建武三年（一三三六）　領家九条家	建武三年（一三三六）八月二四日、九条道教家領目録案（九条家文書『南北朝遺文』四五三／四五四）
	鎌倉末まで天皇家領　計			一二二三丁九反	総田数比二三%	5

【摂関家】

	所在郡	結番	荘郷名	公田数	備考	関係史料
文永八年頃	能義郡	13	富田荘	九九丁四反六〇歩	嘉元三年（一三〇五）摂籙渡荘、平等院	嘉元三年（一三〇五）摂籙渡庄目録（九条家文書『鎌倉遺文』二二一九六）
	能義郡	16	宇賀荘	二四六丁四反小	嘉元三年（一三〇五）摂籙渡荘、法成寺	嘉元三年（一三〇五）摂籙渡庄目録（九条家文書『鎌倉遺文』二二一九六）
	能義郡	19	吉田荘	一四三丁二反小	建長五年（一二五三）近衛家	建長五年（一二五三）一〇月二一日、近衛家所領目録（近衛家文書『鎌倉遺文』七六三一）
	島根郡	12	末次保	七丁三反大	建長二年（一二五〇）九条家、文永五年（一二六八）本家職五辻家	建長二年（一二五〇）一一月日、九条道家惣処分状（九条家文書『鎌倉遺文』七二五〇。文永五年（一二六八）五月一四日、後嵯峨上皇院宣（九条家文書『鎌倉遺文』一〇二四二）
	出東郡	10	福頼荘	九九丁五反大	建長五年（一二五三）近衛家領	建長五年一〇月二一日、近衛家所領目録（近衛家文書『鎌倉遺文』七六三二）
	神門郡	4	木津御島一向畠地	—	建長五年（一二五三）近衛家領	建長五年一〇月二一日、近衛家所領目録（近衛家文書『鎌倉遺文』七六三二）
	神門郡	18	林木郷	八四丁	元久元年（一二〇四）宣秋門院、建長二年（一二五〇）九条家領	元久元年（一二〇四）四月二三日、九条兼実置文（九条家文書『鎌倉遺文』一四四八）
	摂関家領荘園　計			六八〇丁六〇歩	総田数比一二・八％、国内荘園比二一・九％	7
文永八年以降	島根郡	7	法吉社	二三丁	応長元年（一三一一）頃　東福寺領「法喜庄」	応長元年（一三一一）七月七日、六波羅下知状（九条家文書）
	出東郡	4	美談荘	四四丁三反	建武三年（一三三六）九条家	建武三年（一三三六）八月二四日、九条道教家領目録案（九条家文書『南北朝遺文』四五三／四五四）
	鎌倉末まで摂関家領　計			七四七丁三反六〇歩	総田数比一四％	2

【一般公家】

	所在郡	結番	荘郷名	公田数	備考	関係史料
文永八年頃	島根郡	8	長海新荘	五一丁五反	正和元年（一三一二）徳大寺家	正和元年（一三一二）七月七日、六波羅下知状写（集古文書『鎌倉遺文』二四六二一）

	所在郡	結番	荘郷名	公田数	備考	関係史料
	神門郡	7	神西本荘	五〇丁	寿永元年（一一八二）吉田家	『吉記』寿永元年（一一八二）八月四日条、延応元年（一二三九）八月一八日、関東御教書（酒井宇吉氏所蔵文書『鎌倉遺文』五四八七）
	神門郡	7	神西新荘	八三丁七反	荘園　吉田家	貞応二年（一二二三）一一月二日、関東下知状（荻野由之氏旧蔵文書『鎌倉遺文』三一六九、延応元（一二三九）年八月一八日、関東御教書（酒井宇吉氏所蔵文書『鎌倉遺文』五四八七）
一般公家領　計				一八五丁二反	総田数比三・五％ 国内荘園比六％	3

【石清水八幡宮】

	所在郡	結番	荘郷名	公田数	備考	関係史料
文永八年頃	意宇郡	13	平浜別宮	二七丁二反半	天永二年（一一一一）石清水八幡宮	天永二年（一一一一）六月二五日、加茂家永日時勘文（石清水文書九九『大日本古文書』家わけ第四）
	能義郡	15	安田荘	一二五丁	保元三年（一一五八）石清水八幡宮	保元三年（一一五八）一二月三日、官宣旨（石清水文書『平安遺文』二九五九）
	神門郡	2	大田別宮	「五丁」（付箋）	保元三年（一一五八）石清水八幡宮	保元三年（一一五八）一二月三日、官宣旨（石清水文書『平安遺文』二九五九）
	神門郡	2	新松八幡	（三丁）	保元三年（一一五八）石清水八幡宮	保元三年（一一五八）一二月三日、官宣旨（石清水文書『平安遺文』二九五九）
	大原郡	12	白上八幡宮	三丁	保元三年（一一五八）石清水八幡宮	保元三年（一一五八）一二月三日、官宣旨（石清水文書『平安遺文』二九五九）
	飯石郡	12	日蔵別宮	三丁	保元三年（一一五八）石清水八幡宮	保元三年（一一五八）一二月三日、官宣旨（石清水文書『平安遺文』二九五九）
	飯石郡	12	赤穴荘	五〇丁二反六〇歩	保元三年（一一五八）石清水八幡宮	保元三年（一一五八）一二月三日、官宣旨（石清水文書『平安遺文』二九五九）
	仁多郡	12	横田荘	五五丁	保元三年（一一五八）石清水八幡宮、文保元年（一三一八）内裏供料所	康永元年一一月一〇日、岩屋寺院主祐円目安状案（東京大学史料編纂所所蔵岩屋寺文書『南北朝遺文』中四国、一二〇六）
石清水八幡宮領　計				二七一丁四反二四〇歩	総田数比五・一％ 国内荘園比八・七％	8
平安末頃	意宇郡	5	石坂郷	四三丁五反半	国衙領（平安末一時、石清水八幡宮）	元暦二年正月九日、源頼朝下文案（石清水文書『鎌倉遺文』四二二七）
鎌倉末まで石清水八幡宮領				三一五丁六〇歩	総田数比五・九％	1

【上下賀茂社】

	所在郡	結番	荘郷名	公田数	備考	関係史料
文永八年頃	意宇郡	3	意東荘	六三丁	賀茂御祖社	（南北朝期）賀茂御祖社社領目録（賀茂社古代荘園御厨『南北朝遺文』一四八七）「筑陽荘」
	能義郡	15	安来荘	一一〇丁	文治元年（一一八五）賀茂御祖社	『吾妻鏡』文治元年（一一八五）一月二二日条、（南北朝期）賀茂御祖社社領目録（賀茂社古代荘園御厨『南北朝遺文』一四八七）
	大原郡	2	賀茂荘	七七丁八反	荘園 賀茂別雷社（福田荘）	文治二年一〇月一日、源頼朝書状（黒川本賀茂注進雑記『鎌倉遺文』一八二）
	大原郡	10	大西荘	二二丁	荘園 賀茂別雷社	貞永元年（一二三二）八月一九日、関東下知状（賀茂別雷社文書『鎌倉遺文』四三六二）
	上下賀茂社領 計			二七二丁八反	総田数比五・一% 国内荘園比八・八%	4

【延暦寺・日吉社】

	所在郡	結番	荘郷名	公田数	備考	関係史料
文永八年頃	出東郡	11	国富郷	一〇〇丁	建暦三年（一二一四）比叡山無動寺	建暦三年（一二一三）二月日、無動寺検校坊政所下文（鰐淵寺文書『鎌倉遺文』一九七五「国富一郷経田百町」）
	延暦寺 計			一〇〇丁	総田数比一・八% 国内荘園比三・二%	1
文永八年以降	出東郡	11	漆治郷	八〇丁五反六〇歩	国衙領→侍従三位（弘安四？）→日吉社（永仁四年）	（年未詳）（文永年間ヵ）七月一三日、亀山上皇院宣（鰐淵寺文書『鎌倉遺文』一四三六六）、永仁四年（一二九六）九月五日、関東下知状（鰐淵寺文書『鎌倉遺文』一九一三四）
	鎌倉末まで日吉社 計			一八〇丁五反六〇歩	総田数比三・四%	1

【仁和寺】

	所在郡	結番	荘郷名	公田数	備考	関係史料
文永八年頃	大原郡	10	広田荘	二五丁	建武四年（一三三七）仁和寺	建武四年（一三三七）八月二八日、光厳院院宣（仁和寺文書『南北朝遺文』六五三）
	大原郡	17	仁和寺荘	五〇丁	仁和寺領 天文一六年（一五四七）日野家	天文一六年（一五四七）五月日、日野家雑掌申状（室町幕府引付史料集成）
	仁和寺領 計			七五丁	総田数比一・四% 国内荘園比二・四%	2

【諸司】

所在郡	結番	荘郷名	公田数	備　考	関係史料
能義郡	16	赤江郷	一八丁三反三〇〇歩	宝治元年（一二四七）掃部寮便補保、延慶三年（一三〇八）六波羅探題料所	年未詳九月二六日、長井貞秀書状（金澤文庫文書『鎌倉遺文』二三五一九）
能義郡	4	母里郷	六二丁二反三〇〇歩	応保元年（一一六一）左近衛府、乾元元年（一三〇二）頃まで室町院領	『山槐記』応保元年（一一六一）九月二八日条「左近衛府領　出雲国母里庄　莚三十枚」

文永八年一一月日　関東下知状案　付、相撲舞頭役結番注文（千家家文書『鎌倉遺文』一〇九二二）をもとに作成。

第三章　諸権門領の生成と展開

先章で明らかにしてきた各権門領荘園の分布・立地の特徴をふまえて、本章では次の二点を主題にする。

まず、地域における荘園支配体制成立期である院政期から鎌倉時代初頭における荘園領主側と在地側が相互に結びつく事情を考察し、立荘の政治的契機や目的を明らかにする。次に、治承寿永内乱から承久の乱・承久の乱から蒙古襲来、蒙古襲来以後から鎌倉時代末までの諸権門領荘園における地頭問題の複数事例から、地頭不設置・下地中分・地頭請所となった諸事情・理由を明らかにしながら、荘園領主と地頭との在地支配をめぐる相互の力関係や、鎌倉幕府勢力の地域における荘園支配体制への浸透を明らかにしていく。そして、蒙古襲来以降、文永八年十一月日の杵築大社三月会相撲舞頭役結番注文がこの体制的変化に応じて果たした機能・役割について考察する。

以下、立荘問題については、院政期の安楽寿院領佐陀荘、成勝寺領揖屋荘、鎌倉時代初頭の比叡山延暦寺領国富荘を具体的にみていく。また、鎌倉時代の荘園領主と幕府・地頭間関係と在地支配については、治承寿永内乱から承久の乱後の賀茂別雷社領福田荘（＝賀茂荘）における地頭不設置に至る過程、承久の乱後から蒙古襲来期の石清水八幡宮領安田荘・横田荘など主要荘園における地頭非法・下地中分・地頭請所問題を、蒙古襲来後の蓮華心院・知恵光院領淀本荘における領家雑掌・地頭間相論の過程と結果を具体的にみていく。そして、地域荘園支配体制への幕府勢力の浸透において文永八年の三月会結番注文体制がもつ意義について考えていくこととする。

一　平安末・鎌倉時代初頭の立荘と在地

まず、鳥羽院政期から承久の乱前までの平安末・鎌倉時代初頭の、出雲国内荘園におけるいくつかの立荘事例から、立荘の契機・条件・経過を明らかにし、中央の荘園領主と在地が結びつき、地域において荘園支配体制が構築されていく事情を考察していく。本節では、国衙所在郡に隣接する天皇家領荘園および、山陰屈指の天台寺院鰐淵寺膝下の延暦寺領荘園を素材に、中央の立荘需要と、在地側が荘園化を求め権門の傘下に入る相互の事情について考察を加える。

1　天皇家領荘園　佐陀荘〈安楽寿院領〉（秋鹿郡・島根郡）

佐陀荘とその立荘　安楽寿院領佐陀荘は鳥羽院政期に立荘された荘園で、当初は「佐陀社」として立荘された出雲国内屈指の有力社佐陀社（現在の佐太神社）を中心にした天皇家領荘園である。領域は、南は宍道湖北岸交通の要衝である佐陀江、北は日本海沿岸に接し、佐太神社の前を流れる佐陀川を挟んで東は島根郡から西は秋鹿郡にまたがる出雲国内随一の大荘園である、文永八年の杵築大社三月会相撲舞頭役結番注文では、佐陀荘として公田数が二八〇町に及ぶ広大なもので、島根・秋鹿両郡の総公田数一一一七町余の実に二五％を占めている。また、佐陀荘の東側にはその後鎌倉時代はじめ頃までには蓮華王院領加賀荘が立荘され、ついで同荘から持田荘が派生[1]、同じく西側には最勝光院領大野荘が立荘されており、それらの総公田数は五一四町余に及ぶ。佐陀荘は両郡の天皇家領の公田数の五割以上を占め、国衙北側の島根郡から秋鹿郡の一帯にまたがって形成された広大な天皇家荘園群の草分け的かつ最大の存在であった。

　佐陀荘は、康治二年（一一四三）八月十九日付の太政官牒案に[2]「太政官牒　安楽寿院、応停止官使検非違使院宮諸司国使等闌入院領荘園末寺末社等四至内幷大小国役事」との太政官からの命令を受けた同院の荘園一四カ所・末寺二カ所・末社二カ所の内の「壱処　字佐陀社　在出雲国□鹿郡恵積郷幷島根郡西條生馬内」とみられるのが初見である。範囲は「四至」が「東限来飯御分戸、南限佐陀江口御分戸、西限奈能海御分戸、北限守津御分戸」と明確に示されている。現在の地名でいえば、松江市鹿島町の佐太神社を核に佐陀宮内・佐陀本郷を中心にして東は講武から加賀荘境、南は上佐陀町・下佐陀町・浜佐田町・西浜佐田町付近、西は巨曽石郷・岡本保・大野荘の境あたりまでに広がる領域であったと推定されている。[3]

　十二世紀中頃、佐陀社からは、安楽寿院と神祇官双方に年貢を納めている。安楽寿院へ納める年貢は、

図６　佐陀荘付近（松江市鹿島町とその周辺）

出雲莚二〇〇枚と鉄一〇〇〇枚で、領家律師円雅を通じて納めることとなっていた[4]。また、神祇官には、米年貢を三〇石納めることになっていた[5][6]。

佐陀荘は、先述のとおり文永八年十一月の杵築大社三月会相撲舞頭役結番注文では単独九番で二八〇町を数える出雲国内屈指の広さの公田を有する荘領である。このきりのよい田数から推測すれば、川端新氏が指摘した、朝廷、院が中心になって政策的に立荘が行われた場合に該当しそうである。つまりあらかじめ相折数に応じた田数が決定され、切りのよい数値の田数をもった荘園が作り出されたとするものである[7]。

しかし、安楽寿院領のうち佐陀社を含む二社は他の諸荘と異なりその立荘過程について、同太政官牒案で次のように特記してある。「件両社者、領知之輩等、且為断後代之妨、且為省当時之煩、寄進一院庁畢、仍以後彼所当之地利、所宛此院家之用途也矣」とある。ここには、佐陀社を知行する領主が経営していた領域を、後代の妨げや現在の煩いを避けるため一院＝鳥羽院（院政、一一二九年〜一一五六年）に寄進したことがとくに示される。そして、その所当之地利が安楽寿院に宛てられることとなったものである。このいきさつからは、この立荘にあたっては、在地からの寄進要請が大きかったことがわかるとともに、立荘手続きの過程でこのような切りのよい田数が上から設定されたことをうかがわせている。一方、この安楽寿院が、鳥羽院によって建立されたのが一一三七年であることからみると、佐陀荘が鳥羽院による家産形成の意図のもとに立荘され皇室領に組み込まれたと推察される[8]。

安楽寿院が建立された直後にあたる時期の出雲国守は藤原光隆（一一二七〜一二〇二年、出雲国守在職一一三八〜一一四五年）で、光隆の実母は近衛天皇（一一三九〜一一五五年　在位一一四一〜一一五五年）の乳母で光隆本人は近衛天皇の乳兄弟であった。したがってその父で鳥羽院近臣であった藤原清隆が同院の信任厚かったことは申すまでもあるまい。つまり、光隆およびその父清隆が、同天皇父の一院＝鳥羽院に対し佐陀社・同社領寄進を仲介し立荘にかかわった可能性が高い。ただし、年齢十歳代で若年の国守光隆本人に代わって、実質的な仲介者は清隆であったろう。そして、さっそくに康治二年（一一四三）八月十九日になって当該太政官牒が出された訳である。(9) この本文部分からは、既に同内容の太政官符が諸国に出されたことが安楽寿院に通知されていることがわかるわけだが、その文面には、それに先立つ同院からの訴えである奏状も引用記載されており、ここで改めて太政官牒が出されるに至った経緯もわかるようになっている。これら太政官符や太政官牒も、鳥羽院やその周辺の意向を受けて出されたものであったことは推測にかたくない。

右、太政官今日下彼国々符偁、得安楽寿院今日奏状偁、謹検案内、当院者為一院之御領、漸経年序、殊凝常住不退之念、偏致天長地久之勤、居諸推遷、薫修屢積、爰件庄園末寺末社等、各注由緒、具載状、右彼所之役夫作料・造内裏役・大嘗会・初齋宮院等召物幷山城国芹河・眞幡木庄野宮垣・河内国鞆呂岐庄同役幷斎宮帰京役、此七箇公事、兼又大小国役臨時雑事、別被下免除之綸旨、永欲断院家之訴訟而巳、若不然者、非思当時之違濫、定有後代牢籠歟、就中所使牒公務入徴荘内者、寺領之費、暗来仏聖之勤自懈歟、望請天裁、因（准脱カ）傍例、被下宣旨、停止官使検非違使院（宮脱カ）諸司国使蘭入件四至内幷国郡課役等者、（停脱カ）将方来之濫吹者、内大臣宣、奉　勅、依請者、国宜承知、依宣行之、院宜承知、牒到准状、故牒、

この文面からは、諸国に対してこれら安楽寿院の諸荘園・末寺末社に対する、役夫工米・造内裏役・大嘗会役・院宮召物から大小国役・臨時雑事を免じ、これら諸役催促の役人である官使・検非違使・院宮諸司・国使らが同院領へ入部することを停止するよう命じることに主眼があったと読み取れる。したがって、佐陀社の立荘も、先述の特記された部分にも端的に示されるとおり、このような在地側のもくろみの下、行われた寄進であったといえる。

立荘の事情と背景

とすれば、この動きは、この太政官牒の日付をわずか五カ月ばかりさかのぼる康治二年（一

一四三）三月十九日付けで発せられた次の官宣旨（北島家文書『平安遺文』二五一〇）、それは杵築大社造営に伴って出雲国で生じていた一国平均役の徴収問題に関する裁決と無関係ではありえまい。

　　左弁官下　出雲国　従各一人

　雑事二箇条

　一、応且各下知本家・本所、遣官使、不論神社・仏事（寺）・権門勢家庄園、任支配令依勤造杵築社材木・檜皮・檜曽・縄・釘等事、

　　　副下材木支配注文一通

右、得彼国守藤原朝臣光隆去二月八日解状偁、得在庁官人去年八月十八日解状偁、彼社者天下無双之大厦、国中第一之霊神也、顚倒之時、非宣旨者無始造営、仍前々造立之時、庄園平均宛下材木、所令勤仕也、世上興復之昔尚以如此（中略）加之近年以来国衰民薄、難叶一境之贔屓、殆可及数国之戮力、何況国内庄家不相叶者、何以遂土木之功哉、弥及近代、在々庄々。或云新立或号加納、恣掠籠土地、令不従国務、然者任先例雖宛下材木、不憚神慮猥致拒捍歟、早経奏聞可致沙汰者、今就解状謹検案内、彼社辺造営者、当境第一之大事也、是以自往代以来、庄園一同致其勤也、敢非当任之結構、已是数代之旧規也（中略）仍守先例、不論庄公、不量一支之余分、無致一物之増加、除往古本免外、加納田畠幷新立庄園神社仏寺等、平均一同所令宛下也、其支配状所副進也（中略）若雖一所被免除、雖一支令遁避者、偏造替闕如之基也、早任宛下之旨、慥可勤仕之由、且各下知本所、且遣官使、可被譴責也、国使之催、不可相叶也（中略）望請天恩、且各下知本所、任支配旨可勤仕由、被召請文、且遣官使、不論神社・仏寺・権門勢家庄園、被令依勤件材木等者、将励営造之勤節者、権中納言藤原朝臣公教宣、奉　勅、依請者、

（中略）

康治二年三月十九日　　　大史小槻宿禰　在判

これは、康治元年（一一四二）八月十八日づけで、当時行われていた杵築大社造営（久安の造営）をめぐって、出雲国衙在庁官人らが一国平均役催徴の困難を国守藤原光隆に訴え出たものを、康治二年二月八日付けでさらに国守光隆が太政官に訴え出て、同三月十九日に同弁官局を通して裁可を得たものである。

文面からは、この当時、出雲国内の各所で、新立の荘園であるとか加納の地であるとか称して荘園周辺の土地が囲い込まれていたことがわかる。これにより各地で国衙の支配に従わず、在庁官人等からの一国平均役の催促にも従わないという事態が生じていた。そこで、太政官は、国衙在庁官人からの要求にもとづいた国守藤原光隆からの訴えを聞き届ける裁定を出した。つまり、本家・本所に下知し、官使を派遣して、往古の本免を除き、加納の田畠・新立荘園・神社・仏寺は例外とせず一国平均にとの裁定を出し、国衙から配分指示されたとおり、「不論神社・仏寺・権門勢家庄園」材木以下の諸役を負担させせよと命じたのである。

しかし、その五カ月後の八月十九日に安楽寿院あて出された先述の太政官牒はこれとは矛盾している。そこに引用される諸国あて出された官符の内容においては、佐陀荘を含む安楽寿院領諸荘は一院御領として役夫作料以下大小国役に至る諸役の免除対象とし、これら国家的課役催促の役人である官使・検非違使・院宮諸司・国使らが同院領へ入部することを停止するとしている。本文書からも、この時期に一国平均役の徴収と加納問題による荘園の境界問題とが衝突して国衙側と在地側（＝荘園現地）との間で厳しいせめぎあいが生じていたことがわかるが、佐陀荘もそれに含まれたということである。

この一見矛盾する三月の官宣旨と八月の太政官牒との間には因果関係があった可能性が高い。

論理的に裏返して考えれば、ともかくも、官宣旨が出されてから太政官牒が出されるまでの、このわずか五カ月の間には佐陀荘においても杵築大社造営用途としての一国平均役を催徴しえた訳である。

しかし、国守の訴えと、安楽寿院の訴えでは、結局は後者のもつ威力は歴然といわなければなるまい。太政官牒の佐陀社の項にことさらに記される「領知之輩等、且為断後代之妨、且為省当時之煩、寄進一院庁畢、仍以後彼所当之地利、所宛此院家之用途也矣」という寄進に至る文言は単なる定型句ではなく、まさに、安楽寿院、それは事実上、一院鳥羽院の威を借りて煩いを避けることを明らかな目的にしていたといえよう。また、佐陀社の四至が「東限来飯御分戸、南限佐陀江口御分戸、西限奈能海御分戸、北限守津御分戸」と、ことさらに明記されているところからは、境界を改めて明示し、在地の荘官・住人ら「領知之輩」による際限のない周辺の囲い込みを抑止する一方、これ以後も国家的課役・国使入部を排除できる範囲を、明確にすることに主眼があったと解することができる(10)。

このような事実をつなぎあわせると、出雲国一宮杵築大社造営の当時（一一四一～四五年）、安楽寿院領佐陀社の「領知之輩」らが、少なくとも杵築社造営の一国平均役を遁避しようと意図していたことがより明らかである。同社寄進時の佐陀社の「領知之輩」が何者であったかについては必ずしも明確ではないが、鎌倉時代はじめの建保二年（一二一二）には、勝部四郎丸が佐陀御領の下司職に任じられており、出雲国生え抜きの領主で国衙在庁を輩出した勝部氏の一族が荘官であったことがわかるので(11)、立荘当時の「領知之輩」も勝部氏一族もしくは同クラスの郡郷司級領主であった可能性が高い。そこから出雲国内の地域二大有力社である杵築・佐陀両社の地位から推測すれば、出雲東部の有力社佐陀社が、国衙在庁として勝部氏と並び立つ出雲氏と関係が深い西部の有力社杵築大社の造営負担をしなければならないことに対して、佐陀社およびその関係者の反発も起こり得たに違いないのである。そして、それと一国平均役の賦課・免除問題および立荘に伴う境界問題とが絡まりあって、問題がより顕在化・複雑化していったと考えられるのである。

とりわけ佐陀社とその社領の場合、出雲国衙北側のほど近い場所にあることから、一国平均役催徴をめぐり、在庁官人らによる国衙権力の手が及びやすかったことは推測に難くない。したがって、それに対する同社側の反発を惹起しやすかったことも、先の太政官牒のなかの「為断後代之妨」という文言から推察されるのである。同社領（二八〇町）の東側に隣接して島根郡に後白河院御願の蓮華王院領持田荘（一五町余）・加賀荘（九四町余）、そして上西門院領長海本荘（五〇町）と連続して広大な天皇家領荘園が成立していったのも、同様の契機や目的からであろう。これらは、およそ十二世紀中頃以降に成立した諸領とみられるが、立荘にあたっては、佐陀荘と周辺地域社会とのつながりによって佐陀荘を起点にこれら隣接地域に立荘が連動していった可能性も想定しなければなるまい[12]。

2　天皇家領荘園　揖屋荘〈成勝寺領〉（意宇郡）

揖屋荘の牓示問題　同じく、国衙の東側ほど近く、意宇郡の中海沿岸には天皇家領〈成勝寺領〉荘園揖屋荘があった。成勝寺は、崇徳天皇御願により保延五年（一一三九）十月に供養を遂げた六勝寺の一つである[13]。文永八年（一二七一）十一月の結番注文では同荘は公田数三十一町とみえる[14]。出雲国内の天皇家領荘園としてはやや小規模である。年月日未詳（元暦二年五月ヵ）成勝寺年中相折帳（書陵部所蔵祈雨法御書建久二年五月裏文書）[15]には「出雲国二所、一所揖屋社　下野前司資憲朝臣寄進　年貢　莚五十枚」とあり、出雲国内にあった成勝寺領二箇所（飯石郷とともに）のうちの一箇所である。

永万二年（一一六六）に後白河院庁から但馬国在庁官人らへ下された蓮華王院領但馬国温泉荘の牓示打直しに関する次の下文案のなかに、成勝寺領出雲国揖屋社（揖屋荘）の先例があげられている。

後白河院庁下文案(16)

院庁下　但馬国在庁官人等

　可早庄官幷国使相共、如本打定温泉庄辰巳方牓示事

　　副下国司庁宣壱通

右、去二月十四日庄解偁、謹検案内、当御庄者宰寄進蓮華王院御領之後、去年十月院使行向地頭、打定牓示畢、而彼辰巳方牓示、爲当国住人礒生丹三郎真近、以同十一月廿日被抜棄已畢、即言上子細之処、件真近被禁固畢、爰考傍例、爲国衙被抜棄牓示之時、重雖不下遣院使、爲国司沙汰、領家使相共、如本打定牓示者例也、近則成勝寺御領出雲国揖屋社去天養二年被立券畢、其後爲国衙依抜棄一方之牓示、領家勘解由次官資憲入道、以庄官如元被打定畢、随当御庄者最亡(ママ)郷也、去年院使下向之時、勤彼祇候雑事之間、已泥御年貢畢、重被下遣院使者、爲御庄民、何致其勤哉、随又傍例多存、望請、任解状旨、依例早仰国司、領家使相共、如本被打定辰巳方牓示者、任庄解幷国司庁宣等状、庄官幷国司使相共、如本可打定彼庄辰巳方牓示之状、所仰如件、在庁官人等宜承知、敢不可遺失、故下、

永万二年□(二カ)月八日　　主典代大蔵権少輔中原朝臣　在判

別当参議左兵衛督藤原朝臣　在判　　判官代下野守藤原朝臣　在判

従三位藤原朝臣　在判　　丹波守藤原朝臣　　在判

右馬頭藤原朝臣　在□

これによれば、但馬温泉荘は、平清盛が後白河上皇のために造営した蓮華王院の所領として寄進されて後、永万元年（一一六五）十月、院使が現地に下向して牓示を打ち定めたという。ところが、同年十一月二十日、この牓示のうち辰巳の牓示が、現地住人礒生丹三郎入道によって抜き棄てられるという事件が発生した。そこで、もとどおりに牓示を打ち直す必要が生じた訳だが、同荘の荘解では、重ねて院使が直接現地に下向して当該杭を打ち直さずとも、国司の沙汰として国衙からの国使と領家使がともに牓示を打ち定めるのが例であると主張している。その傍例として、成勝寺領出雲国揖屋社では、国衙の沙汰により一方の牓示が抜き棄てられた時、領家勘解由次官日野資憲がもとどおり荘官に牓示を打ち直させたことをあげている。

ここで、前例として引用された成勝寺領揖屋社は、天養二年（一一四五）に立券されている。おそらく、揖屋社立荘の時も、当初は院使が現地に下向したのであろう。そして、同上皇の近臣であった藤原資憲が領家となった。この時の出雲国守は、やはり藤原光隆で、同年十二月二十九日に但馬守に遷任されているので、この立荘手続きも光隆の介在、実質的にはその父清隆の介在によるものとみてよかろう。

これら牓示抜棄の事例から、立荘された後、現地の領域・境界をめぐって、荘官らと国衙在庁・周辺領主らとのせめぎあいがあったことを知ることができる。鳥羽・後白河院政期、佐陀荘においてもみられたように、天皇家領荘園立荘に伴い、国使入部を拒否できるという手厚い保護関係が在地勢力にとっては魅力であったであろうが、それが、温泉荘のような周辺領主との境界問題も加わってさらに保護を求めて立荘を誘発する条件となり、天皇家の実力基盤形成の促進要因となったと考えられる。

しかし、そのことによって在地では、牓示周辺地の囲い込みが活発化して境界問題を惹起し、紛争となるという矛盾の連鎖が生じていたことも事実であった。先にみた杵築大社造営用途としての一国平均役の催徴もこのような矛盾を広範に惹起して、催徴遅滞の解決を一層困難にしていたということであろう。

3　比叡山延暦寺領荘園　国富荘〈無動寺・三昧院領〉（出東郡）

国富荘の立荘事情　比叡山関係の荘園で最大のものは出東郡国富荘一〇〇町で、これは鎌倉時代のはじめ建暦三年（一二一四）、後鳥羽院の命によって慈鎮（慈円）らが国衙領国富郷を叡山無動寺領として立荘したものである。その結果、国富荘は山陰屈指の山岳寺院で無動寺の末寺であった鰐淵寺の付属所領となった[17]。同荘は、鰐淵寺がある島根半島西半の旅伏山山塊の東麓に広がる平地に立地する同寺膝下領というべきものである。文永八年の結番注文にも公田数は一〇〇町とみえるので、立荘以後、国検による田数改変を受けることなく、当初の田数がそのまま半世紀以上、国衙（田帳）において継承されている。

そもそも鰐淵寺が比叡山の末寺となった理由は、この山が平安時代から出雲屈指の山岳修行の場となり、すでに寺院としての体裁を整えていたことや[18]、修験者の修行地として『梁塵秘抄』にも謡われ都でもよく知られていたことなどからであろう。また、先学によれば、島根半島の鰐淵寺ほど近くにすでに十世紀末には比叡山延暦寺領三津厨（松江市御津）が存在したことなども足がかりとなっていたとの指摘もある[19]。本荘の立荘については、その前提として、古くは、領主的開発と在地領主支配を想定する井上寛司氏の論考もあるが[20]、まずは、立荘過程を史料に即して見直してみたい。

建暦三年（一二一四）、比叡山無動寺領として立荘された経緯を示しているとみられる史料が次である。

出雲国宣（鰐淵寺文書[21]）

去年十月日解〔状〕、同十二日到来、歳末年始之間、依御忩劇返下于今不付仰之、抑所申上経田、可被免立百町於国富郷之由、国衙令和与之後、僧徒最前可預請之処、不顧身之罪科、剰忘優恕之法、恣任年号之次第、可被免除之由申之、存案之旨甚以自由也、但彼郷者、有便宜之上、田数又百余町也、何嫌一円之義、強可好散在哉、然者早申請取件郷、可致講経之懃者、国宣如斯、仍執達如件、

二月二日　　　　　　　　　　　　　　　　　　　左衛門尉（花押）奉

前後の出来事が不詳であるため本文書の内容が必ずしも明確ではないが、田数百町を明記した一円領形成に関する記事からは、発給時期は国富荘が立荘される直前の建暦三年二月初旬と考えられる。署判者の左衛門尉は、知行国主源有雅の家司であろう。有雅は、後鳥羽上皇の近臣で当時は権中納言・左兵衛督である。同人は、承久の乱後、幕府によって乱の首謀者として誅せられるなど、同院側近中の側近である。[22]このことからも、立荘手続きは順調に進められたと推察される。

この一〇〇町と切りのよい田数と立荘経緯からは、川端新氏が指摘した、朝廷、院が中心になって政策的に立荘が行われた場合に該当する。つまりあらかじめ相折数に応じた田数が決定され、切りのよい数字の田数をもった荘園が作り出されたとするものである。[23]

しかし、本文の文面からは、一円不輸地としての国富荘の立荘を鰐淵寺の僧徒らが強く望んだのを国主が認めたという脈絡が看取されるので、一方的に上からの立荘では片付かない一面がある。つまり、立荘の契機はともあれ立荘

の過程においては、在地からの要求が反映されたと考えられる。その背景には、国富郷が鰐淵寺に程近いことから、郷内社会と同寺僧らとの関係がすでにあったということを想定しなければならないであろう。知行国主や無動寺側も、そのような在地勢力の協力なしに立荘を完遂することはできなかったであろう。このようにして、次の無動寺検校政所下文ならびに同施行下文が出されていったと推察される。

叡山無動寺検校政所下文(24)

無動寺検校坊政所下　出雲国鰐淵寺
　可早任国司庁宣状、領知国富一郷経田百町事、
右、件経田、以国富一郷百町可引募由、任院庁御下文之旨、為一円不輸地、可為無動寺領之由、成国司庁宣畢、於本免百町者、非諸社講経田、一向為寺領、南北長吏、各相分五十町、令領知、可奉祈　聖朝安穏之御願、於年貢莚千枚者、無懈怠、可弁備於本寺之状、所仰如件、寺宜承知、依件用之、故以下、
　建暦三年二月　日　　　　　　　　院司法師珍賢
別当　法橋上人位
　　法橋上人位（花押）

無動寺検校政所施行下文(25)

下　鰐淵寺

可早任政所御下文状、令領知国富郷経田百町事、

副下

政所御下文

右、件経田、於子細者、載于政所御下文、任南北長吏成敗、任僧等各令領知之、御年貢莚伍百枚、定納五仟廷任請文之旨、無懈怠可令進済之状、所仰如件、寺宜承知、勿敢違失、故下、

建暦三年二月　日　　行事大法師（花押）

別当阿闍梨（花押）

そもそもこの立荘は、慈鎮が青蓮院門跡相伝房領を募り、後鳥羽上皇の息朝仁親王（道覚）に門跡を相承するために行われたものである[26]。建暦三年二月日　慈鎮重譲状案（『華頂要略』巻五五）には「譲進　門跡相伝房領等事」として無動寺・三昧院・常寿院・法興院・極楽寺ほか「右、已上寺院・預所・房舎・聖教、併譲進朝仁親王已訖」とあり、鰐淵寺は楞厳三昧院の所轄となっている。井上寛司氏は、国富荘が無動寺領とされ、鰐淵寺が楞厳三昧院領となっている理由は、詳細不明ながら、立荘にかかわった慈鎮が両方の検校職を兼帯し、両院がともに青蓮院の管轄下に置かれたことによるのではないかとしている[27]。

立荘と在地寺院内体制　無動寺検校政所下文からは以下のことが読み取れる。手続きの形式としては、院庁下文が出され、これを受けて国富郷内百町の田を引き募り一円不輸地として無動寺領とするようにとの国司庁宣（事実上、知行国主の指示）が出されて手続きが進められている。先述のとおり注意しておきたいのは、先の国宣の文面からは、僧徒らの要求により一円不輸地とされたと看取できることである。つまりこれは、立荘にあたって、荘園領主側も在地勢力の協力が不可欠であったことを背景に、後鳥羽院の上意による立荘であることを後ろ盾にした在地勢力鰐淵寺

僧徒らの、国衙・国主に対する強力なはたらきかけであったのであろう。さらにそのような経緯を利用して、鰐淵寺南院・北院の長吏がおのおの荘内公田面積の半分五〇町歩ずつを管理し、おのおの年貢莚を五〇〇枚ずつ負担するということにして、これを比叡山無動寺検校の名のもとに固定化したのである。その結果、国富荘内公田数一〇〇町と、鰐淵寺内の南北両院の並立が体制的に正統化されたことになるのである。背景には鰐淵寺山内における僧徒集団間の対立和合を含む複雑な社会関係が想像されるが、つまり、中央の諸権門の主導で行われた立荘を契機に、在地の寺院の寺内体制が整えられ、在地側で年貢負担を果たし続けることにより、寺内体制が維持され続けるというサイクルができることになるのである。

なお、本荘は、後に、国一宮杵築大社の恒例年中行事三月会のなかで、鰐淵寺僧らが務める捧物・酒肴の頭役、五部大乗の講讃などの公的国家的役の経済的基盤としても機能するようになっていく。(28)

小　括

平安末期の事例に関しては、原理的にいえば立荘・寄進の実態に関する従来の見解を大きく出るものではないかもしれないが、立荘をめぐって中央と在地側が結びつく事情や矛盾の構図を天皇家領佐陀荘において確認することができたと思う。

院政期の佐陀荘の立荘事情については、鳥羽上皇による安楽寿院領整備と、国一宮造営役という国家的課役催徴をめぐる諸矛盾という、中央と在地の事情の連動と矛盾の連鎖をみることができた。国家的課役を遁れようとする荘園の在地勢力側は、新立・加納をめぐり国衙や周辺領主同士で境界問題が惹起した。この問題と関係して国衙による実際の一国平均役の催徴と衝突し、中央の太政官を舞台に、役の徴収を求める国守と免除を自明と主張する荘園領主（権門側）との矛盾・競合を生じた。国衙隣接地域における国内最多の天皇家領荘園群の立荘も、距離的に国衙による課役徴収を直裁に受けやすい場所ゆえに、院権力の保護を求めて進んだ可能性が高い。

また、鎌倉時代初頭の後鳥羽院政下の延暦寺領荘園国富荘の立荘では、後鳥羽院・慈鎮ラインによる所領形成を契機に、在地寺院側の要求による一円領の形成や、本所への年貢負担方法による寺内体制の整備と恒常化が行われた。このように、従来、近臣受領らが媒介するとされる立荘の背景には、中央権門・在地側両者が所領形成を意図して結びつく双方の欲求や契機があった。

二　鎌倉時代の地頭支配の浸透をめぐる在地と荘園領主

次に、治承寿永内乱から承久の乱を経て蒙古襲来後に至る鎌倉時代一五〇年の各時期の、出雲国内荘園における国御家人や西遷御家人らによる地頭支配浸透の政治プロセスや条件について、荘園領主と在地の対応をみながら明らかにしていく。そしてさらに、そのような鎌倉幕府勢力の地域への浸透のなかで、地域の荘園支配秩序が変容する過程における、文永八年の三月会結番体制構築の意味について考えることとする。

1　賀茂社領における地頭停止

出雲国内の賀茂社領　文永結番注文にみえる賀茂別雷社（上賀茂社）と賀茂御祖社（下賀茂社）の社領は、現在、把握できるだけで四カ所二七二町余であり、一宮杵築大社領並の規模である。このうち三カ所は五〇町を越える大所領であり、能義郡から意宇郡の中海南岸地域と大原郡山間部の斐伊川支流域に分布している。これらの立荘時期は不明であるが、賀茂社領成立に関する先行研究の指摘によるならば、応徳・寛治年間あたりの立荘であった可能性が高かろう(29)。

文治二年（一一八六）九月五日、頼朝は、賀茂別雷社領の地頭知行を院宣にもとづいて停止するとしている。さらに、同年十月一日には、頼朝は、福田荘ほかについて下文を発し「被遣社家」たとする[30]。これは頼朝の当社に対する帰依が他に異なっていたからだという[31]。

出雲国内賀茂社領の特別な位置づけ　大原郡の福田荘（＝賀茂荘）は、斐伊川支流赤川の北側の盆地に広がる賀茂別雷社領荘園である。その北側の山間に隣接して同社領大西荘（＝猪布荘）二二町が立地しているから、この一帯は出雲国内における同社領支配の重要ポイントであったと考えられる。すでに治承寿永の内乱中の寿永三年（一一八四）四月二十四日の源頼朝下文案（賀茂別雷神社文書[32]）には「可早任院庁御下文、停止方々狼藉、備進神事用途賀茂別雷社御領庄園事」として、鎌倉の頼朝が神事用途備進のため全国二十三カ国四十一カ所の賀茂別雷社領荘園に対する武士らの狼藉を停止した諸荘のなかに、「出雲国　福田荘」とみえている。

福田荘は、文永八年十一月の杵築大社三月会相撲舞頭役結番注文では賀茂荘と記され公田数七七町余に及ぶ大荘園で、当時、数少ない地頭不設置の一円領荘園であった。しかし、正和元年（一三一二）七月七日の六波羅下知状[33]には「被尋下候出雲国杵築大社三月会頭役、（為脱カ）本所一円領令勤仕否事、当国長海新庄徳大寺殿御領、神役勤勿論候、於賀茂社領福田庄者、雖被載結番注文候、依令中子細候、不及勤仕候、」とあり、三月会頭役の輪番を定めた文永の結番体制にも従わない独自の位置を占めていた。

このほか後年になるが、能義郡の賀茂御祖社領安来荘でも同様の動きがみられた。

同荘は、文永八年十一月の杵築大社三月会相撲舞頭役結番注文では公田数一一〇町で、東国御家人の松田氏が地頭職を保持していたが、下地中分によって領家方と地頭方に分かれていた。

安来荘領家方では、南北朝動乱期には杵築大社三月会の頭役の負担を拒絶し[34]、また、室町時代には幕府に同役の免除申請を出している。応永二十五年（一四一八）七月には室町幕府は、出雲守護京極吉童子に対し、安来荘領家方の三月会諸役免除の申請は認められない旨、同荘の地下人らに伝えよと命じている。(35) この時、「彼領家方為鴨社領、不勤仕他社役之旨、捧元暦元年、文永五年下知案、度々御教書等、鴨社権祝光教雖申子細」として、同荘領家方は鎌倉幕府草創以来の元暦（寿永三年四月二十四日源頼朝下文案ヵ）・文永の下知やたびたびの御教書を根拠に他社の役負担免除を申し立てた。これに対し室町幕府は「所詮任文永結番帳幷貞和御教書以下証文、可遂其節之旨、可被相触安来荘地下人等之由、所被仰下也」としている。

この室町期の事例からは、三月会諸役忌避の動きには、同荘地下人ら共同の意思が働いていたことを読み取ることもでき、負担回避に向けて荘園領主賀茂御祖社の政治力と結びつく在地側百姓らの連携した動きをうかがうことができる。

一円領福田荘や安来荘領家方でみられたこのような国一宮に関する一国平均の国家的課役拒絶の動きは、およそ寿永三年（元暦改元）の源頼朝下文以来、国家の宗廟である両社の社領が帯びた位置づけゆえであったと推察されるが、在地の荘民にとって賀茂社領であることの利益はそのようなところにもあったのではなかろうか。そのように考えれば、福田荘が賀茂別雷社領として地頭不設置・一円領である意味は荘民らにとっても大きかったに違いないのである。

福田荘（＝賀茂荘）地頭不設置の経緯　承久の乱の際、賀茂社神主能久が後鳥羽院方であったために、一円領福田荘は、幕府によっていったんは御家人伊北又太郎が地頭とされた。しかし、貞永元年（一二三二）になって、当荘は能久の私領ではなく代々の神領であるとして地頭職が停止されたという経緯があった。(36)

そこで、以下、幕府により地頭職停止が決定されるまでのいきさつを、治承寿永内乱後の頼朝の下文からさかのぼってみてみよう。

関東下知状(37)

可令早任右大将家御下文幷先下知状、停止伊北又太郎時胤知行、賀茂別雷社領出雲国福田荘地頭職事

右、如社解者、右大将家御時、於当社領者、被奉免地頭職之後、代々将軍家任累代之例、無一所之煩、而承久逆乱之時、不慮之外被補地頭之間、有限年貢更無進納之実、無止神事備有闕乏之愁、社家悲嘆何事如之哉、尤任本免、欲返付云々、如時胤陳状者、件地頭職事、依親父胤明之勲功、度々所給御下知状也、而承久之時、始被補地頭職之由、載社解之条、以外虚誕也、文治二年依社家之訴訟、可停止宗遠幷実法々印濫妨之旨、見社家所進（右脱カ）大将家御下知等、仍前々社使之外、別沙汰人知行之条、勿論也、就中名字相違之由、社家訴訟之剋、尋明実説、安貞弐年時胤給御下知状畢、如彼状者、縦雖非大西庄司之跡、依為神主能久之領、入没収注文之条、炳焉也、停止社司之濫訴、可令胤明子息時胤為地頭職之由、被載之、此上不及陳状、□以地頭停止之状、備他人知行例之条、時胤陳□言也、爰如社家所進右大将家文治二年九月五日御下文者、可令停止宗遠知行、勤仕社役出雲国福田庄事、右、依宗遠□神役闕怠之間、以社家申状、所被下院宣也、早□停止宗遠知行云々、又如同年同月廿六日御下文者、可早停止□実法々師濫悪、従社家進止、勤仕神役事、右、押領庄務□（抑留カ）御供米之由、依社司之訴、所被下　院宣也、停止彼濫行宜随社家進止、若違背此旨者、召取其身、可処重過云々、如此等状者、或以公文職、可為社家進止之由被成下畢、而貞応元年被補地頭之間、（如脱カ）社家所進貞応二年七月下知状者、可令早停止胤明毎給出雲国猪布・飯野両庄下文、乱入賀茂社領福田庄致狼藉事、右、胤明初者、以大西庄司跡猪布庄下文、乱入福田庄、申返子細之間、今年又給飯野庄、同濫妨追出社使、抑留御供米、且当庄非大西庄司口入之地、又無庄官罪科、依何可押妨哉、事実者、胤明所行甚不穏便、早可停止彼□云々、如同所進嘉禄二年十二月下知状者、

可令早任貞□□年下文、停止胤明毎給出雲国猪布・飯野両庄下文、乱入大西庄司例（跡）之由被載之間、非彼跡之旨、社司雖申之、所詮、於福田庄者、縦雖非大西庄司之跡、依為神主能久之領、入没収注文之条炳焉也、然則、停止社司濫訴、可令時胤為福田庄地頭職云々、已上略之、如状者、時胤追亡父之跡、已蒙裁許之間、所申聊雖有其謂、如御家人連署状者、為大西庄司跡之由不申之、只依神主能久之科、被没収之旨載之、当庄非指能久之私領、為代々神領之間、付社務令知行之許也、何依能久之罪科、無左右可被没収社領哉者、早任右大将家御下文幷先下知状、可令停止彼地頭職之状、依鎌倉殿仰、下知如件、

貞永元年八月十九日

武蔵守平朝臣（花押）

相模守平朝臣（花押）

賀茂別雷社の解状によれば、そもそも賀茂社領は、源頼朝の時代に地頭の設置が免除されて以降、それが代々の将軍家の例であったという。にもかかわらず、承久の乱の時、地頭が設置された結果、年貢未進に遭い神事に滞りが生じることを憂慮するに至っていると述べ、伊北又太郎時胤の地頭職を停止して欲しいと訴えている。

これに対し時胤は、当該地頭職は時胤の父胤明がたびたびの勲功によって下知状を賜ってきたもので、承久の乱後にはじめて地頭職が補任されたというのは虚偽であると反論している。社家が差し出した文治二年の賀茂別雷社社家の訴訟の際の頼朝の下知にも、すでに、治承寿永内乱後、宗遠・実法法印の濫妨を停止するようにとのことであったのだから、社使とは別の沙汰人が知行していたことは明らかであると述べる。そして、安貞二年（一二二八）に時胤が賜った下知状によれば、たとえ福田荘が大西庄司跡ではなくとも、承久の乱の際、後鳥羽院に与した賀茂別雷社神主能久の所領であり没収の注文にも記載されている所領であることは明確であるのだから、社司の道理にあわない訴

え は退け、胤明子息である時胤を地頭職とするべきであるとしている。

これに対して、賀茂別雷社は以下のように反論する。

文治二年九月五日の右大将家の下文によれば、土屋宗遠（土肥実平の弟）が、賀茂社の神役を闕怠したので、社家の訴えにより院宣が下され宗遠の知行を停止するようにとされた。また、同月の同じく下文によれば、実法法印の濫悪を停止し、社家の進止によって神役を勤めるようにとされている。すでに、荘務の押領や御供米の抑留にかんして社司の訴えにより院宣が下され、違背があれば逮捕・厳罰に処すこと、公文職に社役を付し社家の進止とすることなどが命じられているのだと述べる。

にもかかわらず承久の乱後の貞応元年（一二二二）に地頭職が設置された。賀茂別雷社の社家が提出してきた貞応二年七月の下知状によれば、伊北又太郎時胤の父胤明が幕府から地頭職を給与された猪布・飯野両荘の下文を根拠に、隣接する社領福田荘に乱入し狼藉をはたらくことを停止するようにとされている。胤明は、治承寿永内乱で没収された大西庄司の旧領猪布荘を給与する旨の下文を根拠に福田荘へ乱入、また、同年給与された飯野荘にも同じく濫妨をはたらき賀茂別雷社の社使を追い出し、同社への供米を抑留してしまった。しかし、領家賀茂別雷社としては、福田荘は、大西庄司と関係はなく、荘官に罪科があるわけでもないので、押妨を受けるいわれはないというものであった。

これに対し、地頭側は、たとえ大西庄司の跡地ではないとしても、せんじ詰めるところ、承久の乱で後鳥羽院方に荷担した賀茂別雷社神主能久の所領であり乱没収地のなかに含まれることは明確であるとして、社司の道理にあわない訴えは停止して、時胤を福田荘地頭職とすることが適当であると申し述べている(38)。

これらの訴陳を受けて幕府は、時胤が亡父胤明の跡職継承を裁許されていることにいささかの理はあるが、(同荘周囲のヵ) 御家人の連署状によれば福田荘は大西庄司跡であるとは述べておらず、ただ神主能久の科により没収されたとのことである。しかし、そもそも福田荘は、本来、能久の私領ではなく代々の神領であるので能久の罪科により没収する理由はたたないとして、貞永元年（一二三二）に至り賀茂別雷社の社務に知行させることに決し、頼朝の下文および貞応二年の関東下知状により地頭職を停止するとした。

こうして、幕府法廷において地頭伊北氏側は、福田荘が謀反人跡であることを根拠に地頭であることをもっぱらに主張したものの、年貢抑留に遭遇した賀茂別雷社の必死の法廷闘争によって福田荘は謀反人跡ではないことが証明され、地頭の主張は退けられた。幕府の判断はといえば、福田荘が謀反人跡でないことを確認した上で、寿永三年（一一八四）四月二十四日の源頼朝下文案以来の賀茂社に対する「神事用途備進」の尊重、それと関連して「被奉免地頭職」との政治的いきさつと、伊北胤明の乱入・狼藉の停止を命じる嘉禄の下知状をもとに処理したのである。一方、在地に目を向けると、伊北氏が、この地域に入部して日が浅かったことも理由であったと思われるが、隣荘の社使を追い出して御供米を抑留し、さらに福田荘に侵入するなどの強引な手法自体が、同荘および近隣の在地社会に浸透・定着しえていなかったことを物語っている。こうして賀茂別雷社が法廷闘争によって勝ち取った東国からの入部地頭排除と直務支配の維持は、同社にとって神役の安泰を得るのみならず、社領福田荘在地の安穏を守ることにもなったに違いないのである。そのような同社の努力は、在地の荘民らにとっても同社の支配をより受け入れることができる理由になりえたであろう。

2　出雲国内の石清水八幡宮領の構成

出雲国内八幡宮領の構成

出雲では、十二世紀初頭頃に国内八カ所に八幡宮および附属所領が成立したと考えられている[39]。明確な史料を欠くが、手がかりとして、天永二年（一一一一）六月二十五日の加茂家永日時勘文においてはじめて平浜別宮がみえているので、この頃、八箇所の八幡宮・付属社領も形成されつつあったと推測される。

　出雲八所八幡の初見は、保元三年（一一五八）十二月三日の石清水八幡宮幷宿院極楽寺あての官宣旨(40)においてで、八幡宮寺の別当・極楽寺院主が沙汰すべきとの裁定を受けた諸国の宮寺領のうちに出雲国の横田別宮・安田別宮・赤穴別宮・枚濱（平）別宮・日蔵別宮・新松別宮・白上別宮・大田別宮がみえる。ちなみに、同文書中にみえる諸国の八幡宮寺領・極楽寺領のうち八カ所以上を擁する国々は、最も多い河内国で二五カ所、次いで山城国の一八カ所、そして出雲国・摂津国・但馬国が八カ所と続く。畿内とその近辺の国々に多く分布するなかで、遠隔の出雲国内に分布する八幡宮領荘園数が多い(41)。

　鎌倉時代、文永八年十一月の杵築大社三月会結番注文では、八所八幡宮の総公田数は二七一町余と、全体では出雲国内屈指の杵築大社領や佐陀社領並の規模である。このうち五〇町以上の大所領は、伯耆国に通じる通路上・国境にあり安田関を擁する安田荘一二五町、備後・安芸・石見に通じる国境の赤穴荘五〇町余、備後・伯耆国境の横田荘五五町など国境の交通の要衝に位置する所領群である。また、国衙に隣接し、宍道湖・中海を結ぶ水路の要衝で現在の大橋川沿岸に立地する平浜別宮が二七町余で続く。これに、国内各所に新松（朝山郷、出雲市の朝山八幡宮）・大田（塩冶郷、出雲市塩冶の上郷八幡宮）(42)・日蔵（多祢郷、雲南市三刀屋町乙加宮の日倉神社）・白上別宮（佐世郷、雲南市佐世付近）など五町以下の小所領群が存在している。この四つの小所領は神社に付属した小規模な耕作地とみられる。

　治承寿永内乱終了直後の元暦二年（一一八六）には、次のような源頼朝下文が発給された(43)。

　　八幡宮寺領

　　　御判右大将家頼朝

（中略）

出雲国　安田庄　横田庄　赤穴別宮

救（枚）濱別宮　日蔵別宮　新松別宮

白上別宮　太田別宮　石坂保

右、件庄々者、八幡宮寺往古神領也、而近年之間、依平家追討、守護武士等或猥抑留御年貢、或宛催兵糧米云々、因茲往代之仏神用途併陵遅、返々不便事也、凡神社仏寺領何令成其妨哉、況当宮御領哉、早停止兵糧米幷旁狼藉、任先例随宮寺使下知、可致其沙汰、一天下誰人不仰神徳者、四海之内、何者令忽諸当宮御事哉、武士之濫吹、甚以不穏便也、神慮有其恐者、令永停止件武士等狼藉、可致其沙汰之状如件、宜承知、不可違失、以下

　元暦二年正月九日

平家追討の一応の収束にもかかわらず、八幡宮寺領における、兵糧米徴収を理由にした武士らの狼藉が止まないため、これを停止するようにとしたもので、そのなかで、諸国の八幡宮領のうち出雲国に九カ所の荘園がみえる。

次の成眞置文[44]からは、大所領の安田荘が本荘となって、その下に小規模で出雲国内に散在する吉佐・太田・新松・日蔵・白上などを総括支配するという支配方式が読み取れる。

□□　安田庄可庄務執行郷々事

□□郷内

　安田、吉佐、大田、新松、日蔵、白上

右□□（郷々）者、自昔以安田爲本庄、雖郷々各別、領家更無相違地也、然者預所能心同存其旨、□□（無違）乱可令庄務執行、

但御年貢百石拾貫内、五十石拾貫者領家分、廿石中納言阿闍梨、拾石□（成）眞、拾石成俊、拾石尺迦、如此可配分、

於其外余□□（剰者）随沙汰出、預所可令進退、若天下一同旱水損、并海路々次之煩出来之時者、言上事由於□（武）家、可蒙
御成敗者、爲後代証文、所定置如件、

宝治三年二月　日

権大僧都（成眞）（花押）

また、成真が後継の預所能心に対し、安田荘年貢一一〇石拾貫のうち五〇石拾貫を領家分とし、さらに中納言阿闍梨以下三者に配分し納入する責を負う年貢額を記し置いている。

以上のように、同社領は国内各所に散在して、国境の要衝で出雲南部の横田・赤穴の諸荘もしくは国衙近傍の交通の要衝に位置する平浜別宮の諸領が要で優勢であることを特徴としている。これらと並んで伯耆国境の安田荘も小所領群を束ねる拠点的社領であるところから、石清水八幡宮にとって出雲国内における荘園支配上、重要な位置づけになることがわかる。

3　安田荘地頭問題（石清水八幡宮領）（能義郡）

地頭江戸氏の非法と百姓逃散　出雲国内の主要八幡宮領である安田荘では、承久の乱直後から武蔵国出身の新補地頭江戸氏の侵略問題で揺れている。そのいきさつは、次の文書に明らかである。

石清水八幡宮護国寺祠官連署挙状[45]

□□□（石清水）八幡宮護国寺

□令当宮領出雲国安田庄地頭濫妨間、経沙汰於武家、成眞法印門跡相承事、

右、得彼状偁、当庄者往古之神領、年序久積、而去承久乱逆以後、関東新補地頭恵戸四郎太郎重持、或依殺害公文清村幷神人僧慶尊、□□(庄家)之荒廃暗出来、或依致非法悪行、神戸之民烟悉□(逃)散、然間雖有百六町之田代、於三十二名之百姓者、所残只一人也、地頭之外無人于庄家、田畠又雖段歩、不及耕作之、爰成眞一旦雖有知行之号、其事有名無実也、然而惣官祠官以下所司、若被許容者、経沙汰於関東、□鎮件濫妨、仍優興隆之微功、被許連者之放状者、備之不朽之証拠、於知行所職者、成眞欲令門跡相承、是則内為　吾神、外為微忠哉、事令成就者、有限神事用途幷宮寺年貢不可存懈怠、但於乃貢員数者、落居之後、随有様以別請文可申定也者、当庄務事、彼法印門跡之外、雖向後何時、不可有異議之状如件、

寛喜四年二月　日　　　　権都維那大法師(院俊)

別当前権大僧都法印大和尚位(幸清)（花押）

権別当法印大和尚位(宗清)（花押）

権別当法印大和尚位(棟清)（花押）

権別当法印大和尚位(超清)

修理別当法印大和尚位(宝清)

修理別当法印大和尚位(耀？清)

修理別当法橋上人位(当清)

上座法橋上人位(良範)

権上座法橋上人位（昌範）
寺主法橋上人位（桂暹）
権寺主法橋上人位（琳厳）
都維那大法師（実俊）
俗別当従五位下紀朝臣
神主正四位上紀朝臣（兼範）

この文書では、寛喜四年（一二三二）、石清水八幡宮護国寺の祠官らが、安田荘の地頭の非法を幕府に解決してもらい、成眞法印（法印大僧都、号光明院、紀氏一族）に領知させて門跡の地位を継承させることを申しあわせている。ほぼ同時期の天福元年（一二三三）五月に、全国の石清水八幡宮領のうち安田荘を含む一六カ所における地頭の濫妨・非法問題の解決について聖断を求める訴えが八幡宮寺の所司から出されているので、安田荘の問題も、八幡宮諸領における一連の地頭非法問題の一環であったことがわかる[46]。

さて、この寛喜四年の祠官らの申しあわせによれば、安田荘に配置された新補地頭の恵戸（以下、江戸）四郎太郎重持（重茂）が、安田荘公文の清村や神人僧慶尊を殺害するという事件を引き起こしたため、荘園経営に滞りが生じて荘内が荒廃してきたとする。さらに江戸氏の非法・悪行を恐れた神戸の家々がほとんど逃散してしまった。そのため、荘内には一〇六町の田数があり三二名の百姓らがいたものの、残っている者はわずかに一人のみになり耕作ができなくなったことから知行も有名無実となっているという。この一〇六町が百姓名の総和であるとすれば一名あたりの田数は平均して三町三反余になる。荘内が三二の名に編成されこれを基礎に庄園全体の経営が成り立っていたということであろう。名主の直接経営の下には家族や下人などの家内労働力がおり、名主経営とは別に名内に編成された小百姓らの経営も存在したであろうから、かなりの数の名主・小百姓ら農民が耕作地を離れた大規模な逃散であったと想定される。その結果、荘内には一人しか残っておらず、田畠は耕作を放棄され知行が有名無実になっているとしている。文書にもことさらに取り上げられる、この残留者が一人のみとの記事は、裏返せば、農民等のよく連携した大規模な実力行動をうかがわせており、このような動きは、名主層をはじめとした農民ら相互の共同体的結びつきと荘園領主石清水八幡宮側の荘官との連携による行動であったと考えざるを得ない。

このように、八幡宮の直務支配が行われていた安田荘では、江戸氏が東国から西遷入部していまだ十年も経ていないこの時期において、早速に東国からの新規外来の地頭対八幡宮側荘官・農民層という対立構図が生じたのである。

下地中分　しかし、天福元年（一二三三）の八幡宮寺の所司の訴えにみえる「一、出雲国安田別宮訴事、右、為地頭江戸四郎太郎重茂郎従、嘉禄年中殺害数輩神人、令汚穢別宮社殿畢、古今未曾有狼藉也、此事無沙汰之間、地頭弥張行、近年当庄滅亡如無云々」の文言からは、この問題の解決困難な状態が長引いていたことを知ることができる。

このような新規入部の東国出身地頭と荘官・百姓らとの厳しい対立のなかで、本荘は、その後十数年にわたって成眞が知行し続けていたことが、次の成眞処分状(47)からわかる。

処分　出雲国安田庄

本件安田庄者、爲宮寺往古神領、年序久相続之処、去承久兵革以後、地頭江戸四郎太郎重茂寄事於左右、令忽緒(諸)宮寺間、爲興行神領、□□成眞可門跡相伝由、申賜　宣旨状者也、然間、触申事由於関東、令中分畢、□亀一御前爲□□□間、限永代所譲与也、向後更不可有他妨、且子細具于貞永元年　宣旨幷宮寺神官連署状、但当庄者、以権寺主能心、爲預所職、令庄務執行、可相伝領掌者、爲後代亀鏡、相副調度文書、所譲与如件、

宝治三年二月　日

法印権大僧都（花押）

ここからは、江戸氏の非法のなかで、石清水八幡宮は朝廷から宣旨を得て神領興行のため成眞に門跡を相伝する一方、幕府にも理由を申し入れて安田荘の下地中分を行って領家方一円化をはかり成眞の預所支配を確保していることがわかる。

これに先立つ寛元元年（一二四三）八月の関東下知状によって、同荘は、下地が領家方と地頭方に折半されることとなり、翌二年に中分が成立していた。[48]そして、成眞が宝治三年（一二四九）二月になって同荘（領家方）預所職を権寺主能心に相伝したのがこの処分状である。[49]

ともあれ、承久の乱後、東国から入部早々の地頭江戸氏の濫妨に対して荘民百姓層と領家荘官らが猛反発し、荘園領主と在地側農民層らとの共通利害として東国御家人地頭支配の拒否が明確となった。また、安田荘が、出雲国内の石清水八幡宮領のなかでも、五カ所の小所領を束ねる要所であり、公文や神人を用いた直接支配が浸透していた。その結果、相互不可侵を目的とする下地中分で対処することとなったのであろう。

そのように考えた場合、先にみた賀茂社領福田荘の場合とは異なり、江戸氏の支配部分が正統化された論理があったのであろうが、残念ながらその部分は史料的に明確ではない。ただ、安田荘の田数は、寛喜四年（一二三二）には一〇六町とされているが、文永八年（一二七一）の結番注文では公田数が一二五町と増加しているので、一二〇〇年代半ばの四〇年ほどの間に公式には一九町歩、率にして一八％の田数増加をみていることがわかる。ここに同荘内における開発の痕跡がみられるが、その内に地頭江戸氏の経営・開発の進捗を考えることは不可能ではあるまい。

中分の結果、江戸氏による八幡宮支配に対する妨害はひとまず制約されて、領家方部分の安泰は得られたに違いない。また、幕府の側に立っていえば、出雲東部の要衝の一角に幕府勢力に属する地頭江戸氏の独立した武家領が営まれることになり、総じていえば幕府勢力の地域浸透が一歩進むことになったといえよう。

4　横田荘（石清水八幡宮領）（仁多郡）

地頭三処氏の年貢未進問題　横田荘も、天福元年（一二三三）五月の、全国の石清水八幡宮領における地頭の濫妨・非法問題の解決について聖断を求める訴えが出された一六カ所の八幡宮寺領の一つである。以下、横田荘の地頭問題については、杉山巌「光厳院政の展開と出雲国横田荘―東京大学史料編纂所所蔵『出雲国岩屋寺文書』を中心に」（『東京大学史料編纂所紀要』第一六号、二〇〇六年）にすでに詳細に述べられているので、多くこれに依ることをお断りしておく。

本荘の地頭問題に至る概略は以下のとおりである。

立荘は他の出雲国内主要八幡宮領と同様十二世紀前半の成立と考えられる。治承寿永内乱期にはこの荘内には横田兵衛[50]が勢力を張っていたが、乱後、没落していったとみられる。

乱後には、隣接する三処郷の領主で国御家人の三処氏が地頭となっている。本荘の地頭問題の詳細を知ることができるのが次の年月日未詳（文永十年）の石清水八幡宮雑掌祐範申状[51]である。

□（八幡）宮寺雑掌所司法橋祐範申

□（欲）早言上関東、預中分御成敗、当宮神領出雲国横田荘間事

□（副）進

一通　関東御下知状案　寛喜元年七月廿六日

公事料銭春五十貫・秋五十貫慥可済事

一通　同御下知状案　貞永元年八月廿九日

停止地頭請所、可為本所進止事

一通　六波羅殿御返事案　付前地頭御代官景長陳状案

一通　景長出宮寺返状案　文永六年六月廿四日

二通　前地頭御代官実綱返状案　同八年三月十八日 同月廿五日

一通　神用鉄幷公事料銭等年々未進注文

一通　関東御教書案　今年正月廿九日

一通　当地頭御代官実直請文案

□庄者、宮寺根本之神領、重役異他之地也、因茲、当社神用無懈怠、□(而)前地頭三処左衛門尉長綱捧請文於宮寺、令懇望預所職之間、□(被カ)補此職畢、長綱知行之時者、無懈怠之処、後家尼知行之後、追年致□(未進カ)懈怠之間、任彼請文之旨、自本所雖可荘務、先令訴申子細於関東□(処、公)事料幷鉄等、慥無懈怠可令致沙汰之由、寛喜元年被成御下知□(畢、任)彼御下知、宮寺致沙汰之処、背請文、猶致懈怠之間、請所之儀者、□(地頭)之和与也、止之如元、自宮寺成下預所、可致其沙汰之由、重令訴申□(関東カ)処、如貞永元年八月廿九日御下知状者、請所事、可為本所進止□自宮寺成下預所、令所務畢、而長綱後家尼無年貢未進之由□(依令カ)掠申、糺明進未、可被注申之由、去貞永元年十二月一日、被進関東□(御教)書於六波羅殿之間、擬被尋決之処、彼尼令懇望于本所天、公事料□(銭年)貢鉄等、不可致懈怠之由、重請申之畢、仍無懈怠者、猶可為請所□(由仰)下之間、御年貢鉄幷公事料銭、任長綱請文、致其沙汰処、自去□(々カ)年、云御年貢銭、云公事料銭、年々未進莫太之間、度々就訴申」

□状猶以不進済、仍被改易景長、雖被宛補舎弟同七郎左衛□（門尉カ）実綱、無沙汰之条、又以同前、仍宮寺度々令訴申之上、直相触実綱□（處、未カ）進承伏之条、具両度状歟、自文永二年至去々年、云御年貢鉄、云□（公事）料銭、未進已以莫太也、早被懸地頭御代官、可弁償之由、可蒙御□（下知カ）之旨、去年令言上之處、今年正月廿九日被下御教書云、八幡宮領□（出雲）国横田荘雑掌申年貢未済事、検校宮清法印状副解状、具書□（如此）相尋子細於当地頭、可令注進云云、就之去二月廿一日、六波羅殿御□（教書）云、八幡宮領出雲国横田庄雑掌申年貢未済事、去正月廿九日□（関）東御教書副具書如此、早召出代官、可被弁申候云云、以此御教書□付当地頭御代官之處、去五月五日請文云、出雲国横田御庄雑掌□（訴申カ）八幡宮御年貢未済□（由カ）事、去正月廿九日関東御教書案文幷三月□（一日カ六）波羅殿御教書、同四月廿九□（日）到来、畏拝見仕候畢、此条自去年四□（月之カ）比、当荘者当地頭殿御給之間、同秋分御公事料銭伍拾貫文、令□（進済）候畢、御年貢鉄幷春分御公事料銭伍拾貫文、去三月之頃運□（上候カ）畢、此上者、全無未進候、当御知行以前事者、不知子細候歟云云、□

すでに、最初の関東御下知状が出た寛喜元年（一二二九）以前に、横田荘は、請所となっていることが知られるが、そもそも、その起こりは、隣接する三処郷の地頭で国御家人であった三処左衛門尉長綱が、当荘の預所職を懇望したので、これに補任したことにはじまる。治承寿永内乱後の横田氏の没落後の状況は明らかではないが、近隣の有力領主三処氏が地頭職も得て本荘の荘務に介在することになったのであろう。

三処左衛門尉長綱の時代には、請文のとおり闕如なく八幡宮に貢納が果たされていた。ところが同人没後、その後家尼が未進・懈怠を続けるようになった。そこで、本所八幡宮寺としては長綱時代の請文を論拠に直接荘務にあたろうとしたが、その前に、まず子細を関東に訴えたところ、寛喜元年（一二二九）七月二十六日の関東御教書で、幕府から後家尼に対し公事料・鉄を慥《たし》かに納入するよう下知が出された。これにもとづき、八幡宮寺が納入を求めたところ、後家尼は請文の旨に背き、なお懈怠を続けた。そこで、もとのとおり、八幡宮寺が預所を任命して荘務を行う旨、幕府に訴えたところ、貞永元年（一二三二）八月二十九日、関東御教書で、幕府の命により請所を停止し、いったんは本所である八幡宮寺の進止としたというのがことのいきさつである。

その直後、後家尼は年貢未進の事実はないと申し出て糺明を求めたので、貞永元年十二月一日、関東御教書を六波羅殿に提出し尋決されようとした時、後家尼は本所八幡宮寺に懇望して、公事料銭・年貢鉄を懈怠なく納入すると重ねて請け負った。しかし、長綱の請文により本所が沙汰をするも、後家尼は二年にわたって未進を続けた。このように、石清水八幡宮側としては後家尼に何度も裏切られながらも、その都度、後家尼の申し出を受け入れ、公事料銭・年貢鉄の納入を請け負わせようとしたのである。

しかし、天福元年（一二三三）五月日の八幡石清水宮寺申文[52]には、後家尼の非法が以下のように述べられる。

（前略）

一、出雲国横田庄公文良仙法師同役闕如事

右、為神領庄官職、任先例、同年令差之處、為地頭長綱後家尼、求吹毛之科、以無道、良仙以下親類所従等住宅廿余宇、皆悉追捕之、依令捜取資材雑物・数千石用途、良仙侘傺之間、不勤之、有罪科者、神事勤仕之後、可致沙汰之處、無指其科、無左右令行追捕之条、付冥顕有恐無謂、仍令違例神事畢（以下略）

とみえ、石清水八幡宮側の言い分では、八幡宮から派遣された荘官良仙とその親類所従以下の邸宅が、さしたる科もないにもかかわらず、地頭後家尼によって追捕を受け、資材雑物はじめ数千石の用途を差し押さえられたという。ともかくも、後家尼としては、八幡宮の直務支配を排除し、何としても地頭請所を維持したかったのであろう。

地頭北条時輔時代の年貢未進　その後、三処氏の本荘への関与がどのようになったかについては不明だが、文永の頃になっても、八幡宮寺は本荘地頭からの年貢鉄や公事料銭の未進に悩んでいる。文永二年（一二六五）から同九年春頃にかけて、やはり地頭代官景長およびその改易後の代官で同舎弟七郎左衛門尉実綱の未進が続き、その累積が莫大なものになっていた。

文永八年（一二七一）十一月の三月会相撲舞頭役結番注文では、この横田荘の地頭職を保持していたのは北条時宗の異母兄で六波羅南方にあった北条時輔である。杉山氏は、「自文永二年至去々年」の年貢鉄未進が問題になっているところに注目し、時輔が横田荘の地頭職を得たのは、文永元年（一二六四）十月に六波羅探題に就任した翌年の文永二年のことであると推測している。時輔の母は、横田荘に隣接する三処郷の地頭三処氏の出身で執権北条時頼の側室であった讃岐局（出家して妙音）である。この母の出自から時輔は本荘の地頭職を保持することになったとみられる。時輔は、文永九年（一二七二）二月の二月騒動で時宗の命で殺害されていることからも、「自去年四□（月之カ）頃、当荘者当地頭殿御給」は文永九年の春のできごとであろうと考えられる。したがって、年未詳の本文書も、杉山氏の述べるとおり『鎌倉遺文』が比定する文永九年ではなく、文永十年のものであろう。そして、文永九年二月以降のいずれかの時期から母妙音が横田荘地頭職を継承したとみられる。

このようにみていくと、貞応年間前後に地頭の改易がなかなかできないために請所の停止ができず、また、文永年間に三処氏の血筋をひく北条時輔が地頭となり、その後は、その母で隣接する三処郷の三処氏出身の妙音（北条時頼側室）がこれを継承するなど、本荘の支配と八幡宮寺への年貢の貢進責任は、三処氏の関係者によって担われ続けている。おそらく、実質的にその責を果たす地頭代官も、在地の事情に詳しい同氏関係者であったのであろう。八幡宮としては、横田荘在地に対する三処氏関係者の浸透を排除することが事実上できなかったものと考えられよう。年月日未詳（文永十年）の石清水八幡宮雑掌祐範申状(53)では、「（前略）云前司御時之未進、云新司去年春分之未進、連々宮寺雑掌所司□（訴申カ）子細之条、往複非無其煩、然者、以当荘欲被中分者也、地頭所出之□（状注カ）進六波羅殿畢、相待彼御注進之左右、雖可令言上子細、於今度者、□□處、左衛門尉長綱之請文、自本所可令所務之由、不望申之、只可令□（中分カ）由ヲ令申之許也、然間、不相待六波羅殿御注進、直所令言上、可□（令中カ）分之由也、所詮、云御年貢鉄、云公事料銭、年々未進之間、及神用□（闕如カ）畢、争不言上其子細乎、然者任長綱之請文、不及荘務之沙汰（以下略）」とみえるように、年貢未進に耐えかねた八幡宮寺側も往復の煩いを避けるため下地中分を試みようとしている。すでに三処長綱の時代に同人は八幡宮寺の直接の所務を望まず下地中分を望んでいたという。地頭側にとっては八幡宮の所務から遁れられ、八幡宮寺側にとっては、合法的に地頭の関与を排除し直務支配を行える部分を確保する手段として下地中分が浮上してくる。しかし、その後、下地中分が実施された確証はみられない。

このように、承久の乱後から蒙古襲来前の横田荘支配は、国衙から遠隔の山間奥地にあって、実質的には三処氏一族ら在地・近隣の生え抜きの領主層・国御家人やその血族によって地域の地縁関係に根ざして行われたと考えられる。安田荘のように八幡宮寺荘官らによる直務支配が浸透していたのとは様子が異なる。同荘の五五町余にわたる広大な公田数も、荘園支配下にあって彼ら在地領主一族らによって開発・形成されていったと推測される。さらに、後には、三処氏が幕府中枢の北条氏と姻戚関係をもつに至ったこととともかかわって、石清水八幡宮は直務支配を実現できず、得分取得権にとどまったのであろう。そのことにより、正和二年（一三一三）妙音の没後、正和四年（一三一五）には鎌倉鶴岡八幡宮仮殿料所、正和五年（一三一六）には六波羅北方造営料所となり、文保元年（一三一八）には内裏供領所として寄進され、そして再び建武二年（一三三五）、石清水八幡宮に寄進されるなど頻繁に荘園領主権が移動することとなったのではなかろうか。(54)

5　天皇家領荘園　淀本荘〔蓮華心院領・知恵光院領〕（大原郡）

淀本荘と地頭問題　淀本荘（＝牛尾荘）は、現在の雲南市大東町潮温泉付近の山間にあった天皇家領荘園である。文永八年十一月の杵築大社三月会相撲舞頭役結番注文では公田数二四町で、地頭は信濃国出身の御家人中澤氏である。本荘は山間郡の大原郡に所在するものの、国衙所在郡意宇郡の南側にほど近く立地している。蒙古襲来以降の鎌倉時代後期、蓮華心院領・知恵光院領であった本荘では本所一円領か地頭設置の荘園かをめぐって領家雑掌経範と地頭中澤圓性との間で相論があった。その詳細が以下の六波羅下知状からわかる。

六波羅下知状(55)

出雲国淀本庄号牛尾庄、雑掌経範与中澤式部房圓性幷眞継・眞景・昌直・覚賢相論当庄地頭職有無事

右、就訴陳状、召出引付座、相尋之處、両方宇伺(申詞カ)雖多枝葉、所詮、雑掌経範則当庄者号牛尾庄、本所一円進止之地、寺役重色料所也、而彼圓性以下(輩カ)事、為住人之身、忘恩顧、俄号地頭、剰称請所、抑留所務幷年貢検注之上者、如元為本所進止、可全寺役之旨訴之、圓性等亦当地頭職者、圓性祖父中澤太郎眞―氏字有憚、為承久勲功之賞、令拝領以来、至為・(眞脱カ)眞直・圓性等知行、于今無相違、且御下知等厳重之處、或当庄住人之由載之、或為本所恩顧之旨、称之条、雑掌悪口之咎、難遁之由陳之、爰如圓性所進嘉禎三年四月十七日関東御下知案者、眞直圓性父就兄為眞譲状、可為出雲国牛尾庄地頭之由、所被成下也、彼御下知幷承久御下文等正文、共以永仁二年二月十一日私宅炎上之時焼失畢、可下賜紛失御下知之旨、於関東圓性就申子細、被召出伯父眞光所帯嘉禎三年四月十七日御下知、被写下畢、如嘉元四年九月七日御下知状者、為眞以牛尾庄、譲与弟眞直之上、以中曽蔵村三分二、同可領知之旨

所見也、而嘉禎御下知状者案文也、於嘉元御下知者、牛尾庄事、不被載下篇目之間当庄已本所進止之条、無異儀之旨、経範雖申之、眞光所帯御下知状者、限于中曾蔵村三分一、依被成下之、不被載牛尾庄名字之条勿論也、雖然、以嘉禎御下知状之文章、悉被引載嘉元御下知畢、圓性父眞直帯為眞譲状、可為牛尾庄地頭職之由、嘉禎・嘉元両通御下知分明也、何称不被載下嘉元御下知篇目、可掠申子細哉之旨、圓性等陳謝、不背理致歟、加之、当国杵築大社三月会頭役事、地頭御家人等、令結番、可勤仕彼役之旨、去文永八年十一月一日相別(副番カ)当文、被成下関東御教書畢、如彼番文案文者、淀本庄廿四町中津(澤)次郎(眞直)入道云云、非地頭職者、争可被結番哉、於正文者、守護人所持之上、一国地頭等皆以存知也、且被召出守護代、云番文之次第、云地頭職之有無、可被尋問之旨、圓性等申之處、於件役者、相交本所領之間、一向不限于地頭領之由、経範同就称之、守護代義任適当参之間、尋問畢、如義任請文者、被尋下候出雲国杵築大社三月会頭役(為脱カ)、本所一円領令勤仕否事、当国長海新庄徳大寺殿御領、神役勤勿論候、於賀茂社領福田庄者、雖被載結番注文候、依令申子細候、不及勤仕候、但件両庄不被載本所名字於注文候、其外諸庄園・郷・保等皆以就地頭名字、神事勤仕之条、結番帳分明候哉云云、両(方脱カ)被相交之由、義任雖捧請文、於牛尾庄者、為地頭職之旨、於引付座、義任令申畢、当庄人非本所一円領之条茂、義任請文顕然也、随又依蒙古事、或下向出雲国所領、凶徒寄来者、可御(ママ)参戦之由、文永十一年被成下関東御教書、或伊勢太神宮神宝御訪幷丈六堂造営用途等事、就同所領、可致沙汰之由、被仰下之上、圓性相伝牛尾庄惣領職否、尋問庶子等、可注申旨、付守護人、被成関東御教書畢、就中、前領家能登前司尚経之時、雑掌与地頭及相論之刻、永仁三年十二月所被下六波羅御下知也、地頭職之支証繁多之旨、圓性等載陳状之處、永仁御下知状者、就両方和与状、被成下歟、不足信用、御公事以下事者、其身縦雖為御家人、以本所恩補之地、称地頭、不被知本所、竊掠給御教書、雖令勤仕其役、被糺明地頭有無之日、無御下文者、被棄捐之条定法也、争以彼御教書等、可備所見哉之旨、経範同雖称之、圓性等勤仕所役之条、経範自称之間、可謂承伏歟、其上、就地頭之名字、下知先畢、旁非無潤色歟、然則、於雑掌之訴訟者、棄捐之、圓性等為当庄地頭職、任先例、可致其沙汰、次年貢員数多少幷検注等事、地頭職有無治定之後、可申子細之由、雑掌申之上、訴陳状不分明歟、尋究之、追可有左右、次以圓性等、為本所恩顧之旨、経範載状之上者、可被處悪口之咎之由、圓性等雖申之、為枝葉之間、非沙汰限之状、下知如件、

正和元年（一三一二）七月七日

越後守（北条時敦）平朝臣　判

武蔵守（金澤貞顕）平朝臣　判

ことの起こりは、本所雑掌の経範からの以下の訴えであった。

そもそも牛尾庄は本所一円進止の地である。住人中澤圓性がにわかに地頭を号し、本荘を請所と称している。中澤氏が所務・年貢検注を抑留している上は、元のごとく本所進止の地として寺役を全うするのが妥当だという趣旨である。

これに対し、中澤圓性の陳弁では以下のように反論する。当庄の地頭職は、圓性の祖父中澤太郎が承久の乱（一二二一年）の勲功として拝領したものである。その後、為眞・眞直・圓性らが代々知行してきた。さらにその旨、幕府の御下知も厳重である。にもかかわらず、雑掌が圓性らを住人と称し、本所の恩顧（による荘官）だと訴状において称するのは悪口の咎にあたるとする。

やはりここでも、西遷御家人地頭（新補地頭）による荘務の抑留が問題となり、本所側は、問題を幕府法廷に持ち込み地頭を排除することで解決をはかろうとしている。

これを受けてたつ中澤氏側では、圓性が差し出した嘉禎三年（一二三七）四月十七日関東御下知案は、圓性の父眞直を兄の為眞の譲状により、出雲国牛尾庄地頭とするように、幕府から成し下されたものであった。しかし、当該下

知状ならびに承久の御下文等の正文は、ともに永仁二年（一二九四）二月十一日の私宅炎上により焼失してしまっていた。そこで、紛失の下知を賜るよう圓性が幕府に子細を申し立てたところ、幕府は圓性の伯父眞光の所持する嘉禎三年（一二三七）四月十七日の下知状（案文）を召出し、その写を作成交付してくれたとする。また、同じく眞光所帯の嘉元四年（一三〇六）九月七日の下知状は、為眞が牛尾庄を弟眞直に譲与の上、中曽蔵村三分二を領知するようにとの所見であると主張する。しかし、雑掌経範は次のように反論する。嘉禎の下知状は案文であること。つまり、そもそも圓性の伯父眞光が所有していた案文をさらに写したものであるとして、言外に根拠としての真実性が乏しいことを述べる。また、この嘉元の下知状には、牛尾荘の事は篇目に載せられていないので、（この時点で）当荘が本所進止であったことに相違ないと述べる。これに対し中澤氏側は、眞光所帯の下知状は、中曾蔵村三分一のことに限って下知されたものなので、牛尾荘の名字が篇目に載せられていないのは当然であると反論した[56]。そして、嘉禎の下知を嘉元の下知にすべて引用したのであるから為眞の眞直に対する譲状により牛尾荘（淀本荘）の地頭であることは明白であるとして、圓性の父眞直が祖父為眞から与えられた譲状を根拠に牛尾荘地頭職を主張した。

さらに中澤氏が、地頭職を証する根拠として持ち出したのが、文永八年（一二七一）十一月日、関東下知状の杵築大社三月会相撲舞頭役結番注文であった。そこには中澤次郎（眞直）の名が頭役の地頭として淀本荘二十四町のところにみえること。このことは、国中の地頭が周知していることであり、正文は守護のもとにあると述べる。つまり、関東下知状案文が中澤氏にも所有されていることを示唆しており、千家家に伝来するような同案文があった可能性が高い。したがって出雲国内に地頭職をもつ他の御家人ほかにも同様の案文が所有されていたであろうと推察できる。そして、圓性は幕府に対し、守護代を引付に召し出して結番注文の内容次第・地頭職の有無について尋問することを求めた。これに対し本所雑掌経範は、三月会の相撲・舞頭役の負担は地頭に限ったことではなく本所一円領でも負担をしていると主張する。

そこで、幕府が守護代に直接尋問すると以下のような回答であった。たしかに本所雑掌もいうとおり徳大寺家の一円領である長海荘（＝長海新荘）は負担をしている。また逆に、一円領である賀茂社領福田荘は結番注文に掲載されているが子細を申し出て役を負担していない[57]。一方、結番注文には、本所一円領の場合、本所の名は記載していないが、地頭が設置されている荘・郷・保などは地頭名が記載され、彼らが役を勤めていると述べている。これにより、守護代義任は、淀本荘（牛尾荘）が本所一円領ではなく、中澤圓性が同荘地頭であると証明した。また、当荘の人も本所一円地ではないとの証言であった。さらに、すでに文永十一年に出された関東御教書により対蒙古戦に参戦させるべく御家人地頭らを出雲国の所領に下向させたとする。このことからは、中澤氏が、文永の結番注文にその名がみえる「次郎入道」（圓性の父眞直）の時代頃に、地頭職を保持する同荘に下向してきたと推察される。このほか、伊勢神宮神宝の御訪や丈六堂の造営用途も淀本荘に沙汰するよう中澤氏が命じられている上に、圓性が牛尾荘惣領職を相伝しているかどうかについて、庶子に尋問せよと幕府が守護に指示する関東御教書が出ている。また、すでに以前、前領家能登前司尚経の時代に雑掌と地頭が相論を起こし、永仁三年（一二九五）十二月づけで六波羅からの下知が出された際に、地頭職に関する支証が繁多であったことを圓性が陳状に載せていると主張した。しかし、領家方の経範は、本所により恩補された住人の身でありながら本所が知らないところで竊《ひそか》に幕府からの御教書を受け、（伊勢太神宮神宝御訪ならびに丈六堂造営用途等の）公事を勤めても、本来の地頭職補任の下文がなければ、関係する御教書を差し出しても地頭職であることの証拠としては無効であると主張する。

幕府は、結局、地頭職の補任文書や相伝文書などを直接の根拠とはせず、単純といえるほど明快に、圓性が地頭役を勤めていることを領家雑掌自身も認めていること、文永八年の関東下知状の三月会相撲舞頭役結番注文ですでに淀本荘の地頭として名があがっていることなどを根拠に、中澤圓性が淀本荘地頭職にあることを正当として、領家雑掌経範の訴えを退ける判決を出した。つまり、結番注文と公事遂行の実績を論拠としたのである。

大山鳴動してあっけない判決であった観があるが、この淀本荘の領家・地頭相論の判決の背景には、文永十一年以降、蒙古襲来を契機に幕府の命令で東国御家人の一族が、多く惣領や一族の所在地である東国を離れ、地頭として西遷して西国に土着するに従い生じうる通有の問題があったと考えられる。幕府中枢は、地頭らが西国の荘郷在地に定着するにつれ、荘園領主側との対立を惹起して幕府法廷を舞台にしたこのような相論を生む蓋然性がますます高まっていることを認識していたのであろう。

中澤氏にみられたとおり、東国から地頭としてはるばる西国出雲国へ下向土着する一方、この相論の頃には地頭職補任の正文はすでに焼失していたことなど、承久の乱直後の地頭職補任から長く時日を経て補任の下文正文を根拠として持ち出し地頭職の資格を証明すること自体が煩瑣で難しくなっていたことがうかがえるのである。しかも、対蒙古臨戦態勢下にあっては、御家人地頭の地位はともかくも維持し御家人制度の根幹を守らなければならないというのが、幕府の体制論理であったと推察されるのである。そこで、地頭職補任以来の由緒以上に、地頭としての公事遂行の資格と実績を重視することとしたのであろう。

そして、これらの事情を織り交ぜて用いられたのが、文永八年に作成された関東下知状の杵築大社三月会相撲舞頭役結番注文で、出雲国内の荘郷に地頭職をもつ者たち周知の文書であった。

この淀本荘の本所雑掌が地頭排除を企てた相論の判決文書からは、この文永八年の三月会結番体制のしくみや意義が改めて読み取れてくる。まず、三月会実施の経済的負担は本所一円領・非一円領を問わず公田という全領主階級の共通基盤に対する公的国家的賦課であること。これを財政的基礎に三月会で行われる相撲・舞に伴う頭役は当該荘郷保の地頭が責任をもつこと。そしてその実施を通じて、何よりも結番注文は、地頭らにとっても、出雲国内荘郷における地頭職の所在（＝地頭にとっては自らの地位身分）を確認する根拠として共有できる汎用性が高い位置を占めていたことである。このような脈絡から、幕府は、本来、国衙・社家の機能であった三月会執行を、結番注文をもとに補完することを通じて、出雲国内の荘園支配体制のなかに地頭御家人制を広範かつ明確に位置づけ直し、ひいては出雲国に対する実質的支配機能を深化させようとしているのである。

小括　以上、いくつかの事例から鎌倉時代の出雲国内荘園における地頭問題をみてきた。事例数も少なく、それぞれ事情を異にしているので、共通の土台に立って一様に問題の性質を整理することは難しいが、通観すると次のように考えられよう。

まず、承久の乱から蒙古襲来以前の事例では以下のように整理されると思う。

賀茂別雷社領福田（賀茂）荘の場合、承久の乱直後、いったんは設置された地頭が停止され、社家による直務支配が回復する。地頭側が主張した福田荘問題の争点は、同荘が謀反人跡であるかどうかであったが、謀反人跡ではないことが証明されると、治承寿永内乱直後の源頼朝による賀茂社に対する特別の崇敬や同社領への地頭不設置など過去の政治的いきさつと、同社の「神事用途備進」の尊重なども理由に地頭職停止の処理が行われた。このような結果については、すでにこの問題が起きる以前から、福田荘には賀茂別雷社による直務支配が続いていた一方、この地域に入部して日が浅い新補地頭の支配が在地社会に浸透しえていなかったことも背景にあったと考えられる。これに対し、石清水八幡宮領横田荘の場合、地域在来の国御家人三処氏やその姻戚関係にある北条一族が地頭で、実質的に三処氏一族の支配が在地に浸透していたと考えられる。八幡宮寺は、地頭の年貢抑留を幕府に訴え出て直務支配を試みるも、結局は八幡宮寺の直接的支配が入り込むことはほとんどできなかったとみられる。そのため、実質的には在来領主の地域支配に根ざした地頭請所が続いたと考えられる。また、安田荘では、同荘が石清水八幡宮による出雲国内荘園経営の要であり、領家方の庄官・神人による在地の直接的支配が浸透していた。それにより、外来地頭の非法に直面しながらもその解決法として、地頭の動きを制約し本所の一円支配が確保できる下地中分が用いられたと考えられる。いずれも当該期よく起こった問題で、治承寿永内乱から承久の乱を経た在地での地頭による本所荘官に対する狼藉や年貢抑留などが紛争の原因になっている。これらの問題に直面して地頭不設置・中分・請所などの対応策がとられるが、それを決する根拠として、権門間関係をはじめとした体制的論理のほかに、先行する支配関係にも規定された荘園領主・地頭双方の在地における実質的支配の浸透度や力関係が重要な要素になったことも読み取れる。このようななかで、承久の乱以降、出雲国内荘園への幕府勢力の浸透が進んでいく。

蒙古襲来以降になると、臨戦態勢のなかで多くの東国御家人が幕府の命令によって体制的に西遷し荘園内部に来住してくる。その支配が在地に浸透するに伴い、本所との間に軋轢が生じるリスクがますます高まったと考えられる。淀本荘の相論からは、地頭役勤仕の事実と国一宮祭祀役の結番注文への地頭名記載によって、地頭の地位が制度的・体制的に守られる条件が整ってきていることがわかる。すでに承久の新補地頭の補任から半世紀以上・数代を経て地頭職補任文書にさかのぼりこれを根拠にした地頭職の確認が困難なものになっていたことが背景にあったとみられる。幕府は、公的国家的課役の共通基盤である公田を経済的基礎にした国一宮恒例祭祀役に荘郷地頭を頭役として位置づけ、その執行にあたらせることにより、荘園・国衙領に地頭御家人を明確に位置づけた。このように、本来公家方の機能であった恒例公事杵築大社三月会の執行を結番注文をもとに補完する体制を整えることを通じて、幕府は出雲国内の荘園支配体制のなかに地頭御家人制を広範かつ明確に位置づけ直し、ひいては、出雲国内に対する支配機能を深化させているのである。

以上第Ｉ部第一章から第三章では、中世前期の出雲国内諸地域全体を見渡して荘園支配体制の成立と構図をみながら、地域における諸権門の実力基盤の形成を明らかにしてきた。

鎌倉時代中後期において、出雲国内における所領構成を公田数からみると、総公田数五三一一町余のうち、出雲東部四郡・西部三郡・南部三郡の公田数比率がおよそ四対二対一の割合である。自然地理的条件からいえば、宍道湖・中海水系とその沿岸地域、斐伊川・神戸川下流地域を中心とする出雲北部七郡の東・西に長く伸びる平野・山麓地帯が田数において八割以上を占めている。

地域別に総公田数と所領をみると、古代以来国府の所在郡である意宇郡とその周囲にある出雲東部四郡（能義・意宇・島根・秋鹿）が二八〇〇余町、国内総公田数比五割以上を占める。東部四郡では国衙所在郡の意宇郡において国衙領が七割を占める他は、天皇家領・摂関家領・上級公家領・石清水八幡宮領・賀茂社領など王権とこれに連なる公家権門や国家の宗廟の大中規模の所領が集中している最先進地域である。またこれに次ぐ出雲西部三郡（出東・神門・楯縫）も、公田数は一五八〇町弱、国内総公田数比三割、天皇家領・摂関家領をはじめ出雲東部に次いで大中規模の諸権門領が分布している先進地域である。これに対して出雲南部山間三郡（大原・仁多・飯石）は公田数は八〇〇余町、国内総公田数比一割五分程度、石清水八幡宮領・賀茂社領などが他に突出した公田数の所領を保持するが零細所領が多く、北部に比べると発展途上地域である。この出雲国北部地域七郡が出雲国一国に占める面積の割合が六割、南部山間部の三郡が占める面積の割合が四割であるのに対し、公田数比にすると六対一となることを考えあわせても、北部（にある東西地域）が量的には圧倒的に拓けた主要生産地帯であったことが明白である。

荘園・国衙領について、両者の数を正確に把握することは難しいが、現在おさえられる限りでは、文永八年（一二七一）頃の出雲国内荘・郷・保・村総数一三八カ所（杵築大社領諸郷をまとめて一カ所として）のうち、五五カ所が荘園、他は国衙領ないし不明な箇所である。荘園部分の総公田数は三一〇九町余、国内公田数に占める割合は、六割程度で、荘園の占める割合の方が国衙領よりも大きい。

出雲国内の荘園の形成を権門勢家による支配という観点から考えれば、とりわけ天皇家領が、現状で把握できるだけでも（杵築大社領諸郷をまとめて一カ所としても）文永八年頃で一一カ所、九七七町余、鎌倉末期まで総計すると一六カ所、一二二三町もの広大な公田数を占めており、出雲国内公田数の二割前後、全荘園の公田数の三分の一以上に及ぶ。また、出雲国東西の二大神社領（佐陀社領二八〇町、杵築大社領二八九町）の本所となり出雲西部の中世都市杵築や宍道湖北岸交通の要衝佐陀をおさえている。さらに、佐陀社領東側・国衙所在郡の北側近隣地域を中心に大規模荘園群を有するなど、出雲における先進的な生産地帯の三割にも及ぶ所領を占めたことによって、その量的な面からも卓越した政治的実力が出雲国内に認知されたと思われる。このような構図が地域側からみても天皇家が最高の権門として君臨しえた理由であったのであろう。

また、摂関家領（攝籙渡荘・近衛家領・九条家領・東福寺領）も、鎌倉時代末までで把握できるだけで九カ所、公田数七五〇町弱を数え、出雲国内公田数の約一割四分を占め天皇家に続く。その多くは東部の能義郡に集中しており、あわせて五一九町余と同郡の総公田数の五割以上を占める。同郡内だけでも出雲国内の摂関家領全体の三分の二を占めている。能義郡域の飯梨川・伯太川・吉田川水系が出雲国内における摂関家領経営の重要ポイントであったことがうかがえる。このことからは、同郡における摂関家の積極的な立荘と経営を想定しなければならないだろう。また、九条家領として宍道湖西側の神門郡・出東郡内に林木荘・美談荘（領家職）など、および島根郡内の宍道湖・中海を結ぶ水路の要衝（末次保・法吉社）を所領としている。このように、摂関家領は、能義郡に所領群の最大の塊が一つ、神門・出東郡と島根郡にそれぞれ一つずつ大小の所領群をもつなど、やはり出雲北部一帯に一定のまとまりをもって天皇家に続く所領を形成しているところから、その政治的実力が出雲国内においても認知されたに違いない。

一方、比叡山延暦寺（無動寺・三昧院）は、出雲最大の山岳寺院として地域で優勢な鰐淵寺を末寺として拠点にし、その膝下に荘園を形成している。また、国家の宗廟である石清水八幡宮は府中の主要河川沿岸や伯耆国境、石見・安芸・備後に通じる国境など交通の要衝に大規模な荘園を立地させ、上下賀茂社領も、摂関家領が集中する能義郡の要港安来津やその近隣、斐伊川支流赤川水系の出入り口付近など、やはり交通の要衝に立地している。つまり、これら権門社は、地域の水陸交通の結節点や出入り口に所在することによって地域においても重要な地位を占めえたと考えられる。とくに出雲南部の国境に二カ所ある石清水八幡宮領は、同地域にある他荘園に比して大規模であるところから、天皇家領や摂関家領がほとんど立地しない発展途上地帯でなおかつ国境の通路がある地域に意図的に設置されたとみられる。

このような権門領の空間的構図に対し、文永八年頃には、出雲北部要衝の荘園・国衙領に守護佐々木氏・得宗が地頭職を保持した。守護は東部の要港美保関を擁する美保郷、国衙近傍の平濱別宮、西部の斐伊川・神戸川下流部の塩冶郷・古志郷などの要地に地頭職を確保した。これを牽制するかのように得宗は、国衙近傍の竹矢郷、斐伊川下流の神立社、神戸川中流の須佐郷に地頭職を確保し、さらに南部の横田荘に北条時宗の兄北条時輔を地頭に配した。すでに守護・得宗が競合するかのように、十三世紀後半には、出雲国内の動脈ともいうべき宍道湖中海水系・斐伊川神戸川水系の要衝や産部国境に政治的布石を敷いて、出雲一国に対する政治的影響力を扶植しつつあったことを読み取ることができる。

さて、出雲国内荘園は総じて国衙領と比較して大きな所領が多い。単位所領あたり平均田数は、荘園が五六町五反、国衙領が二五町五反と荘園の方が二倍以上の大きさになる。これも立荘にあたって荘園領主側が積極的な土地集積を行う一方、在地側もその動きに積極的に呼応し結びついた結果であろうと推察される。そこで、そのような観点から、荘園領主を異にする複数の荘園を事例に、平安時代末から鎌倉時代にかけて、出雲国内荘園の立荘経緯と立荘後の諸問題から、中央の荘園領主と在地が結びつく背景・理由についてみた。

院政期、出雲国内最大の天皇家領荘園群で出雲東部の国衙所在郡近隣に集中していた諸荘のうち、中核的で最大のものが佐陀荘である。同荘は、出雲国一宮杵築大社と並ぶ佐陀社を中心にした荘園であった、この佐陀荘の事例からは、鳥羽院領および御願寺安楽寿院領の形成を目的に、院近臣受領で出雲国守であった藤原光隆の一族の立荘関与が想定された。一方、この立荘にあたっては在地勢力側にも、役夫工米・造内裏役・大嘗会役・院宮召物から大小国役・臨時雑事の免除や、官使・検非違使・院宮諸司・国使らの入部停止など、臨時に課せられる国家的課役の回避を目的にした強い要請があった。そのようななかで、出雲国一宮杵築大社造営をめぐる一国平均役の催徴にあたっては、新立・加納などによる荘園の境界問題が絡み、荘園現地の荘官・住人らと国衙在庁官人らとのせめぎあいが生じた。平安時代末までに佐陀荘を先鞭にその周囲に持田・加賀・長海そして大野など、国衙所在郡に隣接した地域に多く天皇家領諸荘が形成されている理由も、国衙にほど近い揖屋荘において在庁による牓示抜き棄て事件が起きたように、国衙権力の手が及びやすかったという事情からであろう。また、この催徴問題が国守と荘園領主から次々と太政官に持ち込まれると、太政官は、在庁らの訴えを背景に催徴を主張する国守と、荘園現地の負担忌避を背景に免除を主張する荘園領主に対し、おのおの相反する裁定を出すなど矛盾した対応を示した。このようなさまざまな矛盾が、この時期に天皇家領荘園の盛んな立荘を生み出す要因であったと考えられる。

鎌倉時代初頭の寺領荘園の形成については、後鳥羽院政期の比叡山無動寺領国富荘一〇〇町の立荘がみられた。同寺は、出雲国最大の山岳修行の霊場である歴史を背景にした天台寺院の拠点であった。後鳥羽院の子息朝仁親王の出家後の所領形成のため、後鳥羽院―（天台座主）慈鎮のラインで立荘が進められており、国富荘の立荘もその一環で行われた。同荘は、院宣にもとづいて近臣知行国主による立荘が進められた。しかし反対に、立荘プロセスにおいては、在地の鰐淵寺側の要求が反映されて一円領化が進められたことがうかがえた。また、荘内の知行ならびに年貢負担を同寺の南院・北院で分担することによって南北両院からなる寺内体制が正統化され固められた。このように、中央の意向による立荘を契機として、その手続きの過程で在地側の意向が反映されて支配体制が整えられ、権門寺院領が形成されていった。

このようにして、平安時代末から鎌倉時代初頭においては、中央と地域側との要請や思惑の接点に荘園が立荘・形成され諸権門の地域的基盤が形成されていたことがわかった。

鎌倉幕府成立以降になると、荘郷における地頭設置と地頭との相論をめぐる荘園領主・幕府と在地の荘民らの動きが活発になってくる。そのようななかで、鎌倉幕府勢力が、出雲国内荘園支配のなかに浸透していく過程について考察した。

十二世紀末から十三世紀前半、治承寿永内乱から承久の乱を経ると、諸荘園内部では西遷御家人の新補地頭による非法が問題となってくる。領家側はいずれも地頭を忌避し、一円的支配を達成しようとする点で共通の動きを示している。

承久の乱後の賀茂別雷社領福田荘（＝賀茂荘）では、新規入部の西遷御家人伊北氏の侵略にさらされた。同荘は文永八年の結番注文では公田数七七町を有し、斐伊川支流赤川北岸に沿って立地した出雲国内屈指の社領であった。この問題に対して賀茂別雷社は、幕府における法廷闘争を繰り返して、当荘が謀反人跡地でないこと、同社領に対する頼朝以来の地頭不設置の前例を訴え、新規入部地頭の排除を勝ち取った。後に、福田荘は、杵築大社三月会への参画を拒否するなど出雲国内荘園における数少ない本所一円領として特別な位置を占めた。

この三月会の負担回避の動きは、後に室町期の賀茂御祖社領安来荘領家方においてもみられる。同社が幕府に負担免除を訴えた際、同社の政治力と結びつく在地側百姓らの動きを知ることができるが、在地側には同社領である利点が認識されていたに違いない。

出雲国内の石清水八幡宮領支配の要ともいうべき安田荘では、承久の乱後、西遷御家人の新補地頭江戸氏の非法により地頭と荘官との衝突・名主層以下荘民の逃散など、対立・軋轢が生じた。同社は、最終的に幕府にはたらきかけて下地中分を実現し一円支配部分を確保した。この動きのなかでは、荘民の逃散などから百姓層の共同体的連携や八幡宮荘官と荘民らとの結びつきがうかがえ、荘園領主側と在地の荘民らの間に外来地頭支配の排除という共通志向があったことがわかる。

一方、同社領横田荘の場合、治承寿永内乱以後、平氏に与同して没落した領主横田氏に代わって近隣を本拠とする国地頭三処氏や、その一族を母とする北条時輔ら地頭の請所となったが、八幡宮側は長年にわたって年貢未進に悩み続けた。当初、八幡宮は幕府に訴え、地頭請所を廃して直務支配を目指したが、地頭三処氏側の度重なる対処の前に失敗し、文永年間に至って八幡宮は、下地中分を試みたが地頭請所を脱することができず、一円支配部分の確保を実現しえなかった。その理由は、国地頭三処氏の地縁的支配がすでに横田荘在地に深く浸透していたと推察されること、さらにのちには同氏と姻戚関係にあった執権北条氏一族が地頭職を保持したことなどが考えられる。

限られた事例であるが、賀茂社・石清水八幡宮いずれも国家の宗廟としての地位を背景に幕府法廷で争った。地頭不設置・下地中分・地頭請所いずれの結果も、当該荘園支配をめぐる領家・地頭間のそれまでのいきさつや権門間交渉によって左右されたことが読み取れる。しかし、その背景には、荘園領主側・地頭側と在地との結びつき、支配の浸透度による判断もあったと推察された。

蒙古襲来を経た十四世紀の鎌倉時代末期、天皇家領荘園淀本荘では、領家方が幕府における法廷闘争を通じて西遷御家人地頭を排除し、本来地頭は存在しない一円領であることを明確にしようとした。しかし、この試みは、文永八年の杵築大社三月会相撲舞頭役結番注文と地頭役の実績を根拠にして、逆に地頭の資格が証明されて失敗に帰した。

十三世紀後半の蒙古襲来を境に、東国御家人地頭の西国所領への下向土着と臨戦態勢のなかで、当該期の荘園では領家・地頭間の相論が多発する蓋然性が増していたと考えられる。そのようななかで、杵築大社三月会相撲舞頭役の結番体制が、国一宮における公事執行を通じて、出雲国内の荘園・公領に配置された地頭らの地位を一律に証明・保証し、彼らを組み込んだ形で荘園支配体制を整序する役割を果たすことになったと考えられるのである。

そして、ここで改めて文永八年十一月の関東下知状本文で、幕府が主導して、各荘郷の杵築大社三月会の負担を二十年に一度の輪番制とし、京相撲の下向を停止して国相撲を用いることとしたことを想起しなければなるまい。つまりこれらにより、三月会の経費節減に努め、国内地域社会全体の負担を均分・軽減することを通じて、幕府の威令を出雲国内社会に広め、これを受け入れさせるコンセンサスを形成しようとしたのであろう。

如上の意味で、文永八年十一月、関東下知状の杵築大社三月会相撲舞頭役結番注文は、本来、公家方の果たすべき機能であった出雲国一宮の恒例祭祀三月会の実施機能を幕府勢力が補完することを通じて、同勢力の出雲国内荘郷への浸透と定着を進めるものとして機能したのである。つまり、幕府が出雲国内の荘園支配体制のなかに地頭御家人制を広範かつ明確に位置づけ直し、ひいては出雲国に対する実質的支配機能を深化させようとしているのである。

注

（1）天福二年九月十日、加賀荘持田村起請田目録案（水瀬神宮文書『鎌倉遺文』四六八九）。「元弘三年」十一月十二日、後醍醐天皇綸旨（水瀬神宮文書『鎌倉遺文』三二六八八）。加賀荘については、平清盛が後白河院のために実施した蓮華王院造営とそれにともなう同領設置という過程からすると、後白河院近臣であった出雲国主藤原朝方による立荘の可能性が高い。

（2）安楽寿院文書『平安遺文』二五一九。

（3）『日本歴史地名大系　郷土歴史地名大事典』三三　島根県の地名（平凡社、一九九五年）。

（4）『松江市史』通史編、第二章第六節では、花山院家の藤原兼雅の子である可能性が高いとしている。

（5）年月日未詳、荘々所済日記写（安楽寿院古文書）。

（6）永万元年（一一六五）六月、神祇官諸社年貢注文（永万文書『平安遺文』三三五八）。

（7）川端新『荘園制成立史の研究』（思文閣出版、二〇〇〇年）、はじめに。

（8）上島享「庄園公領制下の所領認定」（『ヒストリア』一三七、一九九二年）では、当該太政官牒は、安楽寿院領に一括して不輸権を与える一括免除の文書であるとする。そこでは、様々な経緯で集積された安楽寿院の所領を同院領として確定する目的があったことを指摘する。王家領荘園が立荘の際に院庁牒・院庁下文で官物・臨時雑役はすでに免除されており、御願寺が所領の一括免除を求める主たる目的が一国平均役の免除獲得にあるとする。つまり、院政期に天皇家や摂関家に荘園寄進が集中するのは一国平均役免除の獲得と関係があることを論じる。そのことは、この時期の出雲国守をみればより明確に浮き上がってくる。

（9）安楽寿院古文書『平安遺文』二五一九。

（10）後に、久寿三年（一一五六）三月日、鳥羽院庁下文（安楽寿院古文書『平安遺文』二八三四）では、「将来国司放入使者於庄家、致其煩、或又権門勢家庄園、打取寺領、企狼藉歟、若如然濫行出来之時、捧御記文経奏聞、可蒙裁許也、雖向後、違犯本願叡慮之輩、争不被行其科、守此状、毎年無懈怠、究済御年貢、可勤仕寺役」として、安楽寿院領に対し将来国使が煩いをなしたり他の権門勢家領が寺領を侵犯し狼藉を企て濫行に及んだ際には記文を副えて院に訴え裁許を蒙り違犯の輩を処罰し年貢を究済し寺役をつとめるように命じられている。

(11)　建保二年七月二十五日、神祇官下文（朝山文書影写・京大『鎌倉遺文』二一一七）。
(12)　前田徹「播磨国における寺社領・摂関家領荘園の形成」（『史敏』通巻十号、二〇一二年）でも、播磨の摂関家領などで近隣地域で連続して立荘される過程が想定されている。
(13)　『百練抄』保延五年十月二十六日条など。
(14)　約一世紀後の正平十四年（一三五九）二月八日、揖屋荘総田数注文写（千家古文書写丙）では、総田数三八町一反三〇〇歩となっており、七町余の田数増加になっている。
(15)　『平安遺文』五〇九八。
(16)　吉田黙氏所蔵文書『平安遺文』三三八六。
(17)　『出雲国浮浪山鰐淵寺』浮浪山鰐淵寺、一九九七年。
(18)　鰐淵寺伝来の石製経筒には、仁平元年から三年（一一五一〜五三）にかけて僧円朗ら四名の写経衆が妙法蓮華経一部八巻を書写阿し、経筒に納めて鰐淵山蔵王宝窟に安置したと刻まれていることから、すでに平安時代末期には写経衆を擁しており、寺院としての体裁が整っていたことをうかがわせている。
(19)　天禄三年五月三日「天台座主良源遺告」（廬山寺文書『平安遺文』三〇五号）。前掲注（17）『出雲国浮浪山鰐淵寺』。
(20)　なお、開発寄進論にもとづいた本荘の立荘に関しては、井上寛司氏の「中世出雲鰐淵寺領の成立と展開（上）」（『山陰史談』一四、一九七八年）。同「中世出雲鰐淵寺領の成立と展開（下）」『山陰史談』（一五、一九七九年）。
(21)　鰐淵寺文書研究会（代表久留島典子）編『出雲鰐淵寺文書』（法蔵館、二〇一五年）。
(22)　『尊卑分脈』。『松江市史』通史編2中世（松江市史編纂委員会、二〇一六年）第一章第三節。
(23)　川端前掲注（7）書、はじめに。
(24)　鰐淵寺文書『鎌倉遺文』一九七五。
(25)　鰐淵寺文書『鎌倉遺文』一九七六。
(26)　門跡相承に関する経緯については、稲葉伸道「青蓮院門跡の成立と展開」、平雅行「青蓮院の門跡相承と鎌倉幕府」（ともに河音能平・福田榮次郎編『延暦寺と中世社会』法蔵館、二〇〇四年）所収。

(27)『出雲国浮浪山鰐淵寺』浮浪山鰐淵寺、一九九七年、第一部第一章。
(28) 宝治元年十月日、杵築大社神官等連署申状（鰐淵寺文書『鎌倉遺文』六八九四）。
(29) 川端新『荘園制成立史の研究』（思文閣出版、二〇〇〇年）第一章　院政初期の立荘形態―寄進と立荘の間―（初出は『日本史研究』四〇七号、一九九六年）では、寛治年間に賀茂社領立荘や便補保の形成にみられるような神社保護政策が行われるなど朝廷が荘園を国家的給付として認定するようになる政策的転換があったことが指摘されている。また、網野善彦『日本中世土地制度史の研究』（塙書房、一九九一年）第一部第二章第二節。
(30)「賀茂別雷社領事、院宣到来之間停止地頭知行、被付社家之由、令下知給」（『吾妻鏡』文治二年九月五日条）。「賀茂別雷社領出雲国福田荘、石見国久永保、参河国小野庄等、成御下文、被遣社家、当宮事、二品御帰依異他之故也」（『吾妻鏡』文治二年十月一日条）。
(31) 治承寿永内乱直後の賀茂社領については元木泰雄「源平争乱期の上賀茂社」（大山喬平監修、石川登志雄・宇野日出生・地主地彦編『上賀茂のもり・やしろ・まつり』思文閣出版、二〇〇六年）。
(32)『平安遺文』四一五五。
(33) 集古文書二十八『鎌倉遺文』二四六二一。
(34) 貞和三年三月十九日、室町幕府御教書（出雲大社文書『南北朝遺文』一五二三）。
(35) 応永二十五年七月八日、室町幕府御教書（出雲大社文書）。
(36)「叛逆衆事、追有沙汰「御」分配流、所謂刑部僧正長賢陸奥国、賀茂祢宜大夫甲斐国、同神主鎮西云々」（『吾妻鏡』承久三年九月十日条）、「賀茂禰宜祐綱幷神主能久、於六波羅令預武士」（『承久三年四年日次記』承久三年七月二十七日条）。
(37) 賀茂別雷神社文書『鎌倉遺文』四三六二。
(38) 後鳥羽上皇と神主能久との親密な関係と上賀茂社の承久の乱への参戦については、杉橋隆夫「承久の兵乱と上賀茂社」（『上賀茂のもり・やしろ・まつり』思文閣出版、二〇〇六年）。
(39) 石清水文書九九『大日本古文書』家わけ第四。
(40) 石清水文書『平安遺文』二九五九。

(41) 石塚尊俊『出雲国神社史の研究』(岩田書院、二〇〇〇年)。
(42)『松江市史』通史編2中世(松江市、二〇一六年)第二章第五節。
(43) 源頼朝下文案(石清水文書『平安遺文』四二二七)。
(44) 石清水文書『鎌倉遺文』七〇四九。
(45) 石清水文書『鎌倉遺文』四二八二。
(46) 天福元年五月日、八幡石清水宮寺申文(宮寺縁事抄『鎌倉遺文』四五一二)。
(47) 石清水文書『鎌倉遺文』七〇五〇。
(48) 建武五年八月二十七日、足利直義下知状写(石清水文書『南北朝遺文』七八七)には「石清水八幡宮領出雲国安田荘雑掌行宗申、当庄北方地頭江戸孫次郎清重、同小三郎重長神領押領事、右、当庄者、清重等曩祖重茂之時、雑掌及相論令中下地(中分ヵ)之候、寛元々年八月九日関東下知状分明也、仍於神領者□南方、至地頭分者号北方(中略)如去八日清重状者、任寛元二年中分状、於南方者不可相続(以下略)」とある。なお、本荘の下地中分について島田次郎『日本中世の領主制と村落』(吉川弘文館、一九八五年)の「六、下地分割法の形成」(稲垣泰彦・永原慶二編『中世の社会と経済』東京大学出版会、一九六二年所収「在地領主制の展開と鎌倉幕府法」の一部を増補)では、新補地頭を相手に、領家の幕府への一方的な申請により中分が行われた例であるとしている。
(49) なお、曽根地之「出雲国安田荘の一考察―新補地頭及び下地中分について―」(『島根史学　創刊十周年記念号』島根大学教育学部内　史学研究班、一九六〇年)では、、安田荘南方が領家分で、安田宮内・安田関・安田山形・未明・安田中・横山・服部がそれにあたり、同北方が地頭分で、北谷・長田・上清瀬がそれにあたるとしている。とすれば、伯耆国境の陸路安田関につながる荘内の主要部分はすべて領家方がおさえ、地頭方は同荘北側の谷間・山麓から伯太川に接する一部地域を占めたことになる。永仁六年(一二九八)五月四日、執行法印聖観譲状(石清水文書『鎌倉遺文』一九六七四)では「譲進出雲国安田荘在安田以下六ヶ村并横川村」とある。
(50)『平家物語長門本』巻一六(藤原美子・小井土守敏・佐藤智広編『長門本　平家物語』四、勉誠出版、二〇〇六年)の一ノ谷合戦には出雲国から「塩冶大夫、多久七郎。朝山、木次、身白、横田兵衛惟行、冨田押領使」とみえる。

(51) 逢左文庫所蔵金澤文庫本斉民要術巻十裏文書『鎌倉遺文』一一一七五。文書の原態は、三つに分れている。鎌倉遺文はこれをつなぎあわせたものである。

(52) 宮寺縁事抄『鎌倉遺文』四五一二。

(53) 逢左文庫所蔵金澤文庫本斉民要術巻十裏文書『鎌倉遺文』一一一七六。

(54) 康永元年十一月十日、岩屋寺院主祐円目安状案（東京大学史料編纂所所蔵岩屋寺文書『南北朝遺文』中四国、一二〇六）。

(55) 集古文書二十八『鎌倉遺文』二四六二一。

(56) 嘉元四年九月七日、関東下知状案（集古文書『鎌倉遺文』二二七二一）の事書「可令早神眞光為信濃国伊那郡中澤郷内中曽村参分壱地頭職事」のことを指すヵ。

(57) 後に（35）文書で「彼領家方為鴨社領、不勤仕他社役之旨、捧元暦元年、文永五年下知案、度々御教書等、鴨社権祝光教雖申子細」とみえることや、背景に、かつて「二品御帰依異他之故也」（『吾妻鏡』文治二年十月一日条）などの事情があったとみられる。

補論1　長元の杵築大社顚倒詐称事件―一国平均役前史―

この長元四年（一〇三一）に、出雲国守橘俊孝によって引き起こされた杵築大社の顚倒および同社の託宣詐称事件については、すでに大日方克己氏が論究している[1]。氏によれば、この事件は一国平均役による同社造営体制への過渡期に位置づけられる事件であるとしている。それは、以下の諸理由による。まず、同社の顚倒により、朝廷から出雲国に対し賦課されていた八省院造営の国宛が他国に抽んでて特別に免除されたこと。俊孝が同社造営のために調庸租税等免除や但馬・伯耆などからの工夫徴発の要求を申請し、自らの重任を望んだこと。ほぼ同時期に、八省院・豊楽院など内裏の大規模造営が進められるなか、その負担を科せられた諸国・受領のなかで尾張国の一国平均役の申請が認められるなど、国家的な財政・負担体系の転換につながる動きがみえたのが長元四年の顚倒の年であったことなどである[2]。また、顚倒後に次々と出された杵築社の託宣が天皇にかかわるものであり、これが顚倒直前に起こった伊勢斎宮神託事件における神託とも類似していることから、朝廷では両者連関して衝撃をもってむかえられたとしている。そして、この詐称が杵築大社神官や出雲国衙在庁官人らとのかかわりなしには考えにくいなど、中央からの負担を忌避する在地社会側の利害ともかかわっていることを指摘する。

これらは、諸国一宮制成立の指標の一つとして、造営財源における一国平均役の成立が重視されていることと関連して重要なプロセスである。出雲国杵築大社では、治暦三年（一〇六七）の遷宮になる造営事業（一〇六一〜一〇六七年）から一国平均役の催徴がはじまるとされているが[3]、その前史にあたる。

一方、一国平均役の成立については、藤原頼通の摂関時代一〇三〇〜四〇年代頃に、内裏造営などの財源捻出のために臨時目的税として成立したと推測されている。その背景に、十一世紀における中央の官舎・内裏などの造営の増大があったとする。その財源として諸国所課が求められるようになると、それが地方財源を圧迫したため、国家的な造営事業の新たな財源として一国平均役が創出されたとされている[4]。なお、神社造営では、たとえば、国家の宗廟伊勢神宮造営の役夫工米の史料初見が寛治七年（一〇九三）であったというから、杵築大社造営に一国平均役が適用されるのは比較的早い例であったといえるであろう[5]。

そこで、本稿では、杵築大社修造に対する一国平均役の適用に注目しながら、顚倒詐称の過程とその内容を再検証し、十一世紀前半のこの時期に出雲国守橘俊孝が杵築大社顚倒詐称を引き起こさざるをえなかった当時の神社修造と国司の修造責任をめぐる制度的事情について考察を加えたい。

一　杵築社顚倒

1　顚倒の報告と朝廷の対応

出雲国杵築大社の神殿が高大なものであったことは、十世紀後半に源為憲により成立した『口遊』に、当時の高大な木造建築を順に「雲太・和二・京三」として「雲太　杵築大明神」としていることによりよく知られている。同様に貴族子弟の教養書であるというこの文献の性格からは、十一世紀頃、杵築大社の神殿が高大であったことが京都の貴族社会でも広く知られたことであったと推察される。また、寛仁元年（一〇一七）に諸国に発遣された天皇一代一度の大神宝使は、山陰道では熊野社・杵築の二社に派遣されているので、山陰道でも杵築社が最高級の社格をもっていたことは朝廷でも周知のことであった(6)。

ところが、長元四年（一〇三一）十月十七日、この杵築大社に異変が起こったとの報告が朝廷に上がってくる。

「今朝頭弁於殿上被示云、出雲国杵築社無風顛倒之由、奉国解、守俊孝朝臣語云、兼両三度有光、次震動顛倒、材木一向自中倒臥、唯乾角柱一本不倒、此社中以七宝作宝殿、安置七宝筥於宝殿中、是称御正体云、而其筥、露居顛倒材木上、仍禰宜等為奉移仮（殿）・奉礼（取カ）件箱、五寸許不及、仍構路立雖奉取、常五寸許不及、仍禰宜等、度々忽沐浴・潔斎、深致慎奉取、奉移仮殿了云々、仰云、前年顛倒云々、可令問彼例者」（『左経記』長元四年（一〇三一）十月十七日条）

とみえ、本記録の筆者正四位下右大弁源経頼が殿上において頭弁（蔵人頭権左中弁藤原経任）から聞いた話が記されている。その内容は、出雲国杵築大社が風もないのに倒壊したとの国解が差し出された。出雲国守橘俊孝が語っているには三度光って社殿が震動倒壊したという。（九本ある柱のうち）西北隅の柱一本のみ倒れずに残り、倒壊した材木の上に御正体入りの七宝箱が乗っていたという。この箱を回収しようとするもわずかに手が届かないという不思議な現象が起こったので、祢宜らが沐浴・潔斎の末、ようやくこの箱を回収し仮殿に安置したとするのである。これを受けた朝廷は、以前の顛倒の例を調べるようにとの指示を出している。したがって、それまでに顛倒したことがあったことを知ることができるが、それ以前の顛倒について史料は残っていない。そのようなところからすると、それまでの同社修造は、出雲一国で問題なく実施されていたのであろう。

さて、『左経記』の記事以外にみえる、この顛倒に関する記事は以下のとおりである。

『百錬抄』長元四年八月十三日条

十三日、出雲国杵築社顚倒。

『百錬抄』長元四年十月十七日条

十七日、出雲国言上去八月十三日子刻、杵築社無故顚倒之由。

『日本紀略』長元四年十月十七日条

十七日辛卯、出雲国言上、杵築宮无故顚倒之由。

これら後代編纂史料の記事には、八月十一日ないしは十三日子刻（深夜）に理由もなく顚倒したと記されている。殿上において顚倒の報告があってから半月後の閏十月三日、中宮権大夫（権大納言藤原能信カ）が神祇官・陰陽寮の官人を召し出し宮中軒廊において、杵築社顚倒のことについて卜筮させた。

「天晴、風聞、中宮権大夫、於左仗座、召神祇・陰陽等、於軒廊被令卜筮出雲国杵築社顚倒之由、神祇官申云、恠所非（兆カ）、奏兵革。有疾疫事歟、陰陽寮申云、自艮巽方非（兆カ）奏兵革事、天下為疾疫事歟云々。仰云。出雲并艮・巽方国々、可慎疾疫・兵革事之由、可賜官符云々」（『左経記』長元四年（一〇三一）閏十月三日条(7)）

神祇官は兵革の兆しと疾疫を奏し、陰陽寮は艮から巽の方角に兵革、また天下疾疫の疑いあることを奏している。そこで、朝廷では、出雲と艮・巽の方角にある国々に「可慎疾疫・兵革事之由」太政官符を発するようにと指示する(8)。この神祇官や陰陽寮の奏上内容は、すでに一〇二八〜一〇三一年　房総半島で平忠常の反乱事件が勃発し、甲斐守源頼信が追討・鎮圧したことや、一〇三〇年春、疾疫が流行し、死者が多く出たことなどを背景に作文されたとみられる。

これを受けて、朝廷は神祇少祐大中臣元範らを奉幣使として杵築社へ派遣することとし、同年閏十月十五日、奉幣使が進発した(9)。ただし、このような奉幣については前例がなかったようで、準備にあたっては「件御幣先例不見、仍仰神祇官令勘社数幷幣物色目等、任勘申、於侍従所被裏備云々、杵築社幷具社十八社幣也」（『左経記』長元四年閏十月十五日条）、とみえる。この時、神祇官と侍従所の共同作業で諸準備が実施されている。

ともかく、この後、派遣されたはずの奉幣使からは、杵築大社転倒が事実ではなかったとの報告があがってきた記録はない。したがって、ともかくも社殿倒壊は事実であったのであろう。

それでは、これがのちに国守橘俊孝の佐渡配流の裁定にまで発展する理由が何であったのかが問題になる。

年が明けて長元五年（一〇三二）正月十二日、右大臣藤原実資は、天皇より内密に「出雲託宣」のことについて諮問を受けている（『小右記』同日条）。その詳細はわからないが、『小右記』同年正月二十三日条に「□□《(去カ)》年出雲杵築明神託宣中、有可改元□事」とあるところからは、すでに託宣中に改元すべしとの内容があったことを読み取ることができる。また翌月の二月には杵築社からの託宣が届き「廿六日、丁卯、来月十一日主上御慎可重之由、又有出雲杵築宮託宣云々」（『小右記』長元五年（一〇三二）二月二十六日条）、三月十一日には主上の御慎みを厳重にするようにとの託宣であった。そしてその三月十一日には、右大弁源経頼が中宮において聞いた情報が「明日依出雲杵築社託宣、可有御物忌云々、仍関白幷近習上達部被籠候云々、又日来於内裏、被修北斗熾盛光不動等法、幷有大般若不断御読経、是皆主上御慎之故也云々」（『左経記』長元五年（一〇三二）三月十一日条）とあり、翌十二日には出雲杵築社の託宣により一条天皇は御物忌で、関白、天皇の近習、上達部らも籠居するとのこと、また、日来、北斗熾盛光・不動等法、大般若不断御読経などを主上御慎のために修しているとの伝聞を記している。

つまり、顛倒から年が明けて、急に杵築大社の託宣が頻出するようになり、それが、改元や天皇の物忌による天皇権力の停止など、いわば王権の根幹に大きな影響を及ぼしていることや、関白はじめ公卿らの籠居も含め、朝廷の中核の政務運営に悪影響を及ぼすことになっていることが問題であった。

2　俊孝の要求と朝廷の対応

杵築大社から託宣が続いた直後の長元五年（一〇三二）六月初旬、出雲守橘俊孝は、杵築大社正殿再建のために朝廷に対して次のような要求を出す。

「此次有除目叙位等、此間出雲守俊孝申請、被定重任、幷被免四箇年調庸租税等、兼給但馬国伯耆等工夫、造立杵築社幷其内宝殿事」（『左経記』長元五年（一〇三二）六月三日条）。

俊孝の要求の概要は、俊孝の出雲守への重任。出雲国に対する調・庸・租税を四年間免除されたい。但馬国・伯耆国から工夫（労働力）を出してほしい。これにより、杵築社とその内の宝殿を再建したいというものであった。

これについて宮中の仗座において審議したところ、反応は次のようなものであった。「同有此定、彼此共被申云、件社去年顚倒、為復旧基可造立之由、所申請也、而所募申之事等、不似先例、、可被裁許之旨、輙難定申、先遣使者、注社屋丈尺、幷宝殿有無、兼日尋前々司忠親、任顚倒造立之例、追可被量行歟」（『左経記』長元五年（一〇三二）六月三日条）。つまり、俊孝の要求は、あまり前例のない内容で、その裁許の内容をにわかに判断しがたい。まずは実検の使者を現地に派遣して社殿の規格や宝殿の有無を調査し、以前、出雲国司であった源忠親（＝長保三年（一〇〇一）頃、出雲守）に尋ね、顚倒・造立の前例を調べ、それによって裁量すべきだ、との判断が出されたのである。

さらに、「又遣出雲之使可定申者、右府被示云、官吏可任其人、大弁定申者、左大丞共議挙右大史広雅、仰依請、右府、加木工之官人等、可遣之由被仰左大弁」（『左経記』長元五年（一〇三二）六月三日条）として実地調査のため、都から出雲現地に使者を派遣することとし、太政官から右大史広雅を派遣することが定められた。これに右府（＝右大臣藤原実資）の指示で、土木関係の官衙である木工寮の官人を加えることになった。なお、この時の木工寮の官人派遣が、後代の前例となったとみられる[10]。

このような大騒ぎとなった再建問題の根幹には、杵築大社の大神殿を造営するための経済的負担の過大さがあったと推察される。

出雲国の前々司源忠親時代の頃の杵築大社造立経費の莫大さについては、「主税寮出雲国正税返却帳」（九条家本延喜式巻一〇裏文書）からうかがい知ることができる。「太政官長徳四年（九九八）十二月十八日符、造立出雲神殿玉垣料、穎玖万参仟参佰拾弐束参把壱歩壱毛捌厘（中略）天徳元年（九五七）（中略）造熊野天神宮料、稲弐仟柒佰捌拾壱束柒分壱毛玖厘」[11]とあり、出雲神殿（＝出雲大社）の玉垣造営料が穎九三三一二束三把一歩一毛八厘に対し、それより少し前の熊野天神宮（＝熊野社）の造営料が稲二七八一束七分一毛九厘であるという。そこからは、当時、出雲国府所在郡意宇郡にあり出雲国内でも最も社格が高かった熊野社の造営経費に対し、杵築大社の玉垣の造営料だけで三〇倍以上の経費がかかっていることがわかる。また、その財源は、国衙正税によって賄われていた。

このように考えると、橘俊孝が杵築大社の造営を実施するにあたっても、国衙正税を財源に莫大な経費を必要とすることになるのは容易に推測がつく。俊孝が、その負担を回避しながら造営責任を果たしたい場合、先にみたように、朝廷に対し国守任期中の「調・庸・租税」の免除や、近国からの労働力徴発など法外な要求も出てきうる訳である。

俊孝個人の国守としての資質に問題があるのかもしれないが、そこからは、少なくとも、三〇年前の前々司源忠親時代と比べて、杵築大社の莫大な造営経費を出雲一国で捻出することがきわめて困難になっている財政状況を読み取ることができるのである。

二　「詐称」の露見とその正体

1　詐称の露見と俊孝処分の理由

こうして、実検のための官使が派遣され、調査が進められ派遣決定二カ月後には太政官に報告が出された。その結果は、「左少弁経長朝臣、持来出雲国杵築社文等、先日、所下給文幷問注、社司・在庁官人文等也、国司解文与社司申無託宣之由」（『小右記』長元五年（一〇三二）八月七日条）というものであった。派遣された官使右大史広雅らは、出雲国衙の在庁官人らや杵築大社の神官に接触して調査を実施し、内容を文書にして差し出させている。その結果は、国解と託宣とが事実ではなかったという。ただ、巨大神殿の倒壊という現地に行けば誰の目にも歴然とわかるみえすいた嘘を国解にするとは考えにくいし、すでに顚倒直後に派遣されていた杵築社奉幣使、神祇少祐大中臣元範等神祇官の使者から倒壊無実の報告があったという記事も見当たらないので、「出雲国杵築社無風顚倒之由、奉国解（中略）兼両三度有光、次震動顚倒、材木一向自中倒臥、唯乾角柱一本不倒」（『左経記』長元四年（一〇三一）十月十七日条）以下の不思議な話が俊孝の作り話であったことを意味していると思われる。

これを受けた朝廷では「事□《（已）》不軽、先可令上達部定申歟、答云、諸卿僉議、寂可然事也」（『小右記』長元五年（一〇三二）八月七日条）、と、関白藤原頼通の指示で、この事件のことが重大であることに鑑みて、公卿らによる詮議にかけることとしている。その結果、俊孝は佐渡に流罪と決せられる。このことを後代の編纂史料では以下のように記す。

『扶桑略記』長元五年（一〇三二）九月二十七日条

長元五季壬申九月二十七日、出雲守橘俊孝配流佐渡国、可造杵築宮宝殿虚誕託宣、奏聞公家、依事無実、勘罪名所配也。

『十三代要略』長元五年九月二十七日

配流出雲国橘俊孝于佐渡国、言上称杵築神託、可作宝殿之事之故也。

『百錬抄』長元五年（一〇三二）九月二十日条

出雲守橘俊孝勘罪名、配流佐渡国。是杵築社顚倒幷有神託由奏聞、仍遣実検使之処、皆無実之故也。

『日本紀略』長元五年（一〇三二）八月二十日

仰明法道、令勘申出雲守橘俊孝言上杵築社顚倒幷託宣事無実之由。

『日本紀略』長元五年（一〇三二）九月二十七日

出雲守橘俊孝配流佐渡国、依杵築宮無実也。

これらはいずれも同時代史料ではないこともあってか記載内容はおのおの微妙に異なっておりいずれが正確な内容であるかわからない。「杵築社顚倒無実」を記す『百錬抄』『日本紀略』などもあるが、しかし先述のとおり、無風顚倒の報告が朝廷にもたらされた直後、長元四年閏十月十五日、杵築大社に派遣された神祇官奉幣使からは、顚倒無実の報告はあがってきていない。問題が明らかになるのは、託宣や俊孝の要求が出された後、官使らによる現地関係者らへの直接調査が行われて後ようやくであって、無風顚倒の報告からほぼ一年も経過してのことである。

顚倒時の状況を俊孝が詐称したとすれば、前掲の『百錬抄』長元四年（一〇三一）十月十七日条の記事からは、倒壊が八月十三日子刻（＝午前0時前後）という深夜の事件であったことに注意を払うべきである。この記事を用いるならば、人が寝静まった宵闇に紛れて顚倒が起こっているということである。だれもみていなかった可能性が高い時刻であり。「守俊孝朝臣語云、兼両三度有光、次震動顚倒」という顚倒時のミステリアスな状況は俊孝によっていかようにも語ることができたであろう。

ともあれ、俊孝が報告した時点で、杵築大社の神殿が倒壊していたか、あるいは大破していたと考えなければならない。実際、後任の藤原登任により一〇四〇年頃には造営が完成している。このことについて、（年未詳）杵築大社造営遷宮旧記注進（北島家文書）[12]には「近則藤原登任・同章俊等、各賜延任官符、造進杵築社」とあり、また、だいぶん後代の史料になるが、『師守記』康永三（一三四四）年正月十日条に「神社造国司、募賞加階例、藤原登任、長久元年正月五日叙正五位下　出雲守、修造杵築社功」とみえる。これは、長久元年（一〇四〇）、橘俊孝の後任出雲守藤原登任が、杵築社を修造した功績により、正五位下に昇叙されたという記事である。「顚倒詐称」露見から数えて八年後には社殿の修造が完成していることになる。昇叙まで受けていることからは、まず正殿の再建を完遂したということに他なるまい。

つまり、橘俊孝の報告する自然倒壊「無風顚倒」「故なく顚倒」はじめ奇怪な内容が作り話であったことと、さらに、それと連動して次から次へと架空の託宣を詐称し、王権と国政の中枢に与えた悪影響を重大な罪としてとがめられたのであろう[13]。

2　「詐称」の理由と背景

「詐称」の理由を考える上で重要なのは、九九八年頃に行われたと考えられる源忠親による造営から詐称の時点ですでに三十余年が経過しているということである。それは、次に示すこの後四回の造営事業の間隔をみれば、納得ができると思う[14]。

治暦の造営　造営期間6年
国守　藤原章俊
康平四年（一〇六一）十一月二十九日　顛倒
（任出雲守　?～治暦三年（一〇六七））
康平五年（一一六二）四月二十二日　仮殿遷宮
治暦三年（一〇六七）二月　一日　正殿遷宮

永久の造営　造営期間5年
国守　藤原顕頼
（任出雲守　天仁元（一一〇八）～永久二年（一一一四））
天仁二年（一一〇九）　三月　五日　顛倒
同年　十一月十五日　仮殿遷宮
永久二年（一一一四）十月二十六日　正殿遷宮

久安の造営　造営期間4年　知行国主　藤原清隆
国守　藤原光隆
（任出雲守　保延四年（一一三八）～久安二年（一一四六））
保延七年（一一四一）　六月　七日　顛倒

康治元年（一一四二）十一月二十一日　仮殿遷宮
久安元年（一一四五）十一月二十五日　正殿遷宮

建久の造営　造営期間18年　知行国主　藤原朝方
　　　　　　　　　　　　　国守　藤原朝定
　　　　　　（任出雲守　嘉応元（一一六九）～途中欠～寿永二年（一一八三）没）
　　　　　　　　　　　国守　藤原朝経
　　　　　　（任出雲守　寿永二（一一八三）以前～文治五年（一一八九）以降）

承安二年（一一七二）十月十日　顚倒
安元元年（一一七五）十一月十九日　仮殿遷宮
建久元年（一一九〇）六月二十九日　正殿遷宮

まず、正殿が遷宮から顚倒するまでの耐用年数であるが、治暦遷宮の正殿が四〇年余、永久遷宮の正殿が三六年、久安遷宮の正殿が二七年であるから、俊孝の詐称時点ですでに遷宮から三〇数年を経過していたと考えられる正殿が、倒壊もしくは大破しても不思議ではないだろう。

また、出雲国守橘俊孝の要求には、第一に出雲守への重任という項目がある。平安時代末期の三回の造営（治暦・永久・久安の造営）をみればわかるとおり、神殿の顚倒から仮殿遷宮を経て正殿遷宮に至る造営には、四年から六年の期間を要しており他はさらに長い。最短期間の久安の造営でも四年を要しており、少なくとも国守の任期を四年と考えれば、造営のためには重任が必要であったこともわかる。これが、国守の任終近くになって顚倒が起こると任期中には修造が終了しないことになる。俊孝の場合『小右記』長元二年（一〇二九）閏二月二十五日条に出雲守とみえるので、詐称がはじまった長元四年十月時点で、すでに一年から二年に満たないうちに任終が見込まれていたとみられる。このことからも、国守俊孝が杵築大社の正殿再建を実行するとすれば、出雲守の重任が必要であったことになる。

しかも、杵築大社造営の場合、莫大な経費が見込まれたことは先にみたとおりで、同社の瑞垣の造営経費でさえ熊野社の造営経費と比べ莫大なものであった。いわば、出雲国におけるそのような特殊事情の下、めぐりあわせが悪かった俊孝はその責を負わなければならなかった訳である。

次に、「詐称」の背景を考えるならば、当時の、国司の管国内神社の修造責任について考える必要があろう。(15)すでに、源忠親の杵築大社造営が行われた時期になるが、長保元年（九九九）七月二十七日の太政官符（『新抄格勅符第十巻抄』神事諸家封戸）の第二条に「応重禁制神社破損事」「国司毎年屢加巡検、若禰宜祝部等、不勤修理令致破損者、並従解却（中略）国司不存検校、有致破損者、遷替之日、拘其解由（中略）奉　勅自今以後、国司屢以巡検、令勤修理、兼致守護」として国司巡検による修理責任を明示している。

また、『類従符宣抄』（第一、被奉公郡於神社）長保四年（一〇〇二）十月九日に諸国の神社修造に関する以下のような記事がある。（以下抜粋）「而近代以来、遠近諸社、或破壊・損失、或顛倒無実（中略）今須国司専当、毎年巡検、有封之社令神戸百姓如旧繕修、無封之社令禰宜・祝等同以営造、毎有小破、随以修之、不致大破、以厳祭場、国宰無勤、随状科祓、遷替之日、拘其解由、社司致損、従以解却」。

つまり、すでに俊孝の時代から三十年ばかりさかのぼる十一世紀初頭には、諸国の神社の修造がおろそかになっていたことが問題になっている。有封の社は神戸の百姓らに修繕させ、無封の社は禰宜・祝の責任で営造させること、少破あるごとに修理し、大破に至らないようにすること、国司や社司への引き締めが命じられている。[16]そして、国司が国内社の修繕監督を怠った場合、祓を科し、後任国司への職務引き継ぎがとどめられることになっている。もし、突然の大破に見舞われていたとすれば、これが、任終間近の俊孝の「詐称」につながった可能性が高い。

ちなみに、ここでいう大破・小破であるが、『貞観交代式』天長二年（八二五）五月二十七日（定官舎雑物破損大小事）に「新案、惣計一屋、以為十分、四分以下為小破、五・六分為中破、七・八分以上為大破」とあるからこれが準用されたに違いない。想起すると、俊孝が語るところの顚倒の様子は「兼両三度有光、次震動顚倒、材木一向自中倒伏、唯乾角柱一本不倒」（『左経記』長元四年十月十七日条）とみえる。俊孝が報じた顚倒では乾の柱一本のみが残り、他の柱が倒壊していることになっている。杵築大社の本殿の柱は、九本であるから、この顚倒は七・八分以上が倒壊した大破に分類されよう。つまり、この条文の適用が可能である。

そこで、改めてなぜ俊孝が謎めいた顚倒劇を述べ、朝廷に様々な要求をしていったのかを考えてみる必要がある。『類従三代格』巻第一（神社事）、弘仁三年（八一二）五月三日　太政官符に、「国司不存検校、有致破壊者、遷替之日拘解其由、但遭風・火・非常等損、難輙修造者、言上聴裁」とある。つまり、大風・火災・そのほか非常の損壊に遭遇し、すぐに修造しがたい場合は、国司から（朝廷に）言上して裁可を仰げとある。俊孝の説明によれば、「風・火」によるものではないが「非常損」で大規模かつ不測の倒壊があったことになる。したがって、この規定を適用することは不可能ではないだろう。さらにその後の杵築明神の託宣を効果的につないでいこうとするならば、そこに俊孝の述べる謎めいた顚倒状況詐称上申の意図があったと考えられるであろう。さらに、杵築大社修造のために前例にない特別な要求をするとすれば、朝廷をゆるがせるような様々な託宣が必要であったに違いないのである。

このように、俊孝の詐称をめぐる動きを、その制度的背景も含めてみていくと、この時期の管国内神社修造の責任をめぐって国守が置かれた厳しい状況が読み取れてくる。とくに杵築大社の場合、巨大な神殿の造営が莫大な修造経費と時間を必要とさせたことが、橘俊孝のような下級貴族出身の受領らの国支配の請負にとって過重負担になりえた。しかも、巨大神殿の耐用年数がおおむね造営から三十年という周期の神殿損壊期に国司任終があたると、その負担は、再建事業にかかる年数の長さもあいまって国守にとってはきわめて厳しい現実となる。

この詐称事件の背景に、従来いわれるように、十世紀末から十一世紀はじめ頃を境に、内裏や中央官舎の造営経費が各国に充て課され、地方財政が窮乏してきていた[17]ならばなおさらであろう。つまり、この再建事業は出雲国衙をはじめ出雲在地社会にとっても過重負担になりえたことになる。にもかかわらず、従来どおり国司任中の管国内神社の修造責任が厳しく問われた。このように国家の制度と任国出雲在地との板挟みに遭った国守俊孝は、法の網の目をくぐる一方、謎めいた顛倒劇と託宣を次々に繰り出して、朝廷から他国の援助を含めた造営経費捻出と自らの出雲守重任を引き出すことにより対処せざるをえなかったという事情があったと推察される。

一〇三〇年代から一〇四〇年代頃にかけ、内裏造営の財源として一国平均役が設定されるとされるが、杵築大社造営ではその負担の大きさからか、それに続く比較的早い時期、治暦（一〇六七年）の遷宮になる造営事業において、これがはじめて適用されるようになる。このようにして、十一世紀半ば過ぎに出雲国内で熊野社についで高い社格をもつ杵築社の中世的造営体制が逐次整えられ、国一宮としての地位が形成されていくのである。

注

（1）　大日方克己「長元四年の杵築大社顛倒・託宣事件―平安時代の出雲、杵築大社と受領をめぐって」（『出雲文化圏と東アジア』勉誠出版、二〇一〇年）。

(2)『小右記』長元四年九月十四日条。

(3)大社町史編集委員会『大社町史　上巻』（大社町、一九九一年）。

(4)小山田義夫「造内裏役の成立」（『一国平均役と中世社会』岩田書院、二〇〇八年、〔『史潮』八四・八五合併、一九六三年初出〕）。

(5)『後二条師通記』寛治七年二月二十四日条。小山田前掲注（4）書「伊勢神宮役夫工米制度について」（初出『流通経済大学論集』二―二、一九六七年）。

(6)『左経記』寛仁元年十月二日条。

(7)このほか『日本紀略』長元四年閏十月三日条に「三日丁未、軒廊御卜、去八月十一日出雲国杵築社神殿顚倒之事也」。

(8)『左経記』長元四年閏十月三日条。このほか『日本紀略』同日条。

(9)『日本紀略』長元四年閏十月十五日条「十五日己未、発遣出雲国杵築社奉幣使、神祇少祐大中臣元範等也」。

(10)久安の造営（一一四一〜一一四五年）の際、顚倒実検の官使が杵築大社現地に下向するにあたり、その構成員のなかに「木工長上一人　大初位上藤井宿禰近宗」が含まれている。

(11)『平安遺文』一一六一。

(12)『鎌倉遺文』七〇一七。

(13)大日方氏が述べるように、俊孝と現地の禰宜らとの結託が背景にあったとすれば、整合的に理解できるであろう。大日方前掲註（1）論文。

(14)（年未詳）杵築大社造営遷宮旧記注進（北島家文書『鎌倉遺文』七〇一七）、（年月日未詳）大社遷宮・顚倒次第旧記（千家古文書乙）を参考に作成。

(15)摂関政治期以前の国家的な寺社修造体制については、山本信吉「神社修造と社司の成立」（山本信吉・東四柳史明編『社寺造営の政治史』思文閣出版、二〇〇〇年所収）。

(16)有封神社における神戸の課丁を用いた修理については弘仁二年（八一一）九月二十三日、太政官符（『類従三代格』巻一、神社事）で「応令神戸百姓修理神社事、右奉　勅諸国神戸例多課丁、供神之外、不赴公役、宜役其身修理神社、随破且修莫致大損、国司毎年巡検修造、若不遵改更致緩怠者、随状科祓」と命じられている。

(17)　小山田前掲註（４）著書。

第Ⅱ部

中世前期の出雲地域における開発と所領形成

―平野部と山間部の開発と支配体制から―

序言

第Ⅱ部は、第Ⅰ部でみた出雲国内各地域における公田数や権門領の所領構成をふまえながら、平安末期から鎌倉時代・南北朝時代を中心に、出雲地域の天皇家領荘園、一般公家領荘園、寺社権門領荘園における自然地理的条件に規定されながら行われた開発から、荘園制下における地域の生産基盤の形成や拡大を明らかにし、それが地域支配体制の変化にどのように影響していくのかについてみていく。

かつて黒田日出男氏は、開発の真の意義について、政治・社会体制やその他もろもろの事柄に、どのような変革・変更をもたらし、どの程度の影響を与えたのかによってはかられるとした(1)。本論も基本的にこの視角を支持するとともに、逆に開発が政治・体制的動きや当該地域の先行生産基盤にどのように規定されながら進んでいくのかも含め、相互規定的に考えていきたい。また、本稿では、出雲北部の沼沢・河川下流域における低湿地開発と、南部山間奥地の小河川・谷地・山畠開発など、地域による地理的特質をふまえた開発のありようをみていきいたいと思う。

中世出雲における開発については、一九九〇年代初頭の杵築大社領の成立過程に関連した研究がある(2)。出雲国鎮守杵築大社の社領形成過程については、井上寛司氏によって以下のように明らかにされてきている。まず、十世紀に古代氏族であった出雲国造が出雲東部の国府域から出雲西部の杵築に西遷して周辺荒野を開発することにより中世領主へと転生する。続いて、大開発時代を背景に、国司からの所領寄進も交えながら、出雲国造が自らの努力によって現在の出雲平野一帯において杵築大社領の開発を進めて実力を形成したとする。そして、その所領が十二世紀半ば過ぎ後白河院に寄進され天皇家領荘園としての杵築大社領が成立するとする。その過程で、十三世紀初頭には同社が出雲国鎮守の地位を確立するという筋道を述べる。つまり、大開墾時代論と開発寄進論を敷衍しながら説明が明快に組み立てられている。さらに、この斐伊川下流一帯の厳しい自然に対する開発行為によって、同社の祭神が大国主命から荒ぶる神素戔嗚尊へと転化するという。

この井上氏の所論は、戸田芳実氏が述べる「古代から中世への移行期における広範な耕地開発」と「その担い手自身の意識変革」との指摘、十一・十二世紀に大開発がピークとなるという、いわゆる後に大開墾時代といわれる説に依っており、在地領主制の発展プロセスと密接に結びついている(3)。つまり、郡郷制の再編、領主制の成立・発展、そして荘園制の成立が主要な論題として述べられた。

戸田氏に続く稲垣泰彦氏は、中世初期を「大開墾の時代」にも比定すべき積極的開発の時代として、畿内近国の場合、国衙領における在庁官人や郡司の開発、荘園領主による荘域の拡大により領主支配の確立に努めたと特徴づけた。しかし、比較的大規模な開発は中世初期にのみみられるもので、中央国家権力・国衙機構が実質的に解体すると、領域支配が割拠する領域を超えた大規模開発は不可能となり、開発の様相は農民的開発にもとづく領域内の満作化にとどまるようになるとしている。一方、鎌倉時代前半の東国の関東御分国では、幕府の主導によって地頭に水便のよい荒野の開発を命じて大規模な開発が行われているとも述べており、地域により一定の時代的偏差や開発事情に相違があったことを指摘している(4)。これらのことからは、まず、その地域に即して、体制的条件も加味しながら、開発の盛んな時期や実態をみるところから出発する必要があることがわかる。

そこで、本書では、出雲において関係史料がみられるようになる十二世紀半ば以降についてみていきたい。つまり、荘園制がおおむね成立して以降、院政期から鎌倉期における出雲地域の開発とその特徴について、当該体制内でいかに開発が進められ地域の生産基盤・支配の基盤が整えられていったのかという観点から明らかにしてきたいと考える。

さて、戸田氏にはじまる諸論は、永原慶二氏の谷田・迫田小規模開発論と、これによった中世前期社会の生産力の低位性にもとづいた過渡的経営体論[5]に対する批判を込めて展開されたものであった。

その後も、同じく永原氏の開発論を批判する立場から、石井進氏[6]や海津一朗氏[7]は、永原氏と同じフィールドから沖積地開発を主要な開発とした。また、木村茂光氏は大開墾時代における田地開発の前提として、畠地開発に代表される未開地開発を積極的に評価して水田単作史観を批判し、中世前期の社会的生産力や小農経営の生産力基盤を積極的に評価すべきであると主張した[8]。同様に、黒田日出男氏は、十一・十二世紀の大開墾時代における畠地・黒山開発、中世後期を含む河川河口部低地開発など高地から低地まで幅広い開発対象・開発形態を明らかにした[9]。一方、鈴木哲雄氏は、大開墾は耕地・不安定耕地の安定化・満作化（再開発）のことをいっているにすぎないと述べ、大開墾時代自体を否定する所論を展開している[10]。

永原氏・戸田氏以降、多くの諸先学は生産力と開発主体・経営主体の問題を主軸に様々な立場で多様な開発形態を明らかにしている。これらは、開発が盛んな時代＝ピークとなる時期や開発の対象・主要形態が、地域の政治的条件やそこから生じる主要な開発主体の違い、所与の自然条件の違いなどによって異なっていることをいみじくも教えている。

これら先学の様々な業績に導かれながら、本論では、主に十二世紀から十四世紀の荘園制下の西国出雲において、第一に、開発が、出雲各地の地域における自然・地理的諸条件の違いに応じて、水田・畠地・山林を含めて多様な形態でどのように進められたのかを明らかにする。具体的には、出雲北部（東西）の大河川下流部・湖水を擁する平野・低湿地地帯と、出雲南部の大河川上流部・山間奥地の開発事例を分析し、この地域全体が地域偏差を伴いつつも、いかに生産基盤を形成し生産力を高めていったのかを明らかにする。第二に、政治状況の変化や体制的状況に規定されて様々な政治主体によって開発がどのように行われたのかを明らかにする。具体的には荘園支配下の地域寺社勢力や西遷御家人らによる開発と所領の拡大形成を事例に分析を進め、それが支配体制のありかたにどのような影響を与えていったのかについて明らかにしていく。

注

（1）黒田『日本中世開発史の研究』（校倉書房、一九八四年）一三頁。
（2）大社町史編纂委員会『大社町史　上巻』（大社町、一九九一年）第三章、井上寛司氏執筆。
（3）戸田芳実『中世領主制成立史の研究』（岩波書店、一九六七年）第6・9章。稲垣泰彦「中世の農業経営と収取形態」（『岩波講座　日本歴史』中世2、岩波書店、一九七五年、のち『日本中世社会史論』東京大学出版会、一九八一年に再録）。以下これによる。
（4）稲垣前掲注（3）論文。
（5）永原慶二「中世村落の構造と領主制」（稲垣泰彦・永原慶二編『中世の社会と経済』初出一九六二年、のち『日本中世社会構造の研究』岩波書店、一九七三年に再録）。
（6）石井進「地頭の開発」（『鎌倉武士の実像―合戦と暮らしのおきて―』平凡社、一九八七年）。
（7）海津一朗「鎌倉時代における東国農民の西遷開拓入植」（『中世東国史の研究』東京大学出版会、一九八八年）。
（8）木村茂光「大開墾時代の開発―その技術と性格―」（三浦圭一編『技術の社会史』第一巻、有斐閣、一九八二年。のち『日本古代・中世畠作史の研究』校倉書房、一九九二年第二部に再録）に、十二世紀の氾濫原開発・塩入荒野開発を指摘している。
（9）黒田前掲注（1）書。
（10）これについては、鈴木哲雄『中世日本の開発と百姓』（岩田書院、二〇〇一年）序章の整理に詳しい。

第一章　杵築大社領形成からみた出雲北西部の開発

一　社領成立論をめぐる問題の所在

杵築大社の出雲国一宮化の条件である同社の実力形成＝社領形成について、井上寛司氏は、古代には意宇郡司をはじめ出雲東部諸郡の郡司を輩出した出雲国造の、十世紀における杵築への西遷と開発領主化を最も重要な契機としている。井上説では、十一世紀半ば頃が全国的にも中世所領の一般的な成立時期にあたっていることを基礎に、社領の成立を国司寄進（遙堪・阿午・鳥屋・武志・大田郷）によるもの、鎌倉幕府の寄進（伊志見郷）によるもの、そして国造出雲氏自身の手で開発（高浜・稲岡・出西・富・石塚郷ほか千家・北島郷）したものに分類した(1)。しかし、一貫して出雲国造の在地領主化による出雲西部開発＝社領成立であるとの理解に立っており、後白河院政期に寄進により成立したとする杵築大社領の天皇家領荘園化も、いわゆる開発寄進論的な展開になっている。

これに対し筆者は、前稿において以下のことを指摘した(2)。十世紀の国造西遷は史料上明確ではなく、出雲国造は出雲国衙在庁として中世前半期でも出雲東部意宇郡の大庭田尻保を本領とした在庁系領主であったこと。社領成立は、十一世紀半ばから十二世紀までの造営を契機にした国司の国衙領の寄進によるものであり、国造は寄進の奉行を通じてその知行体系に入ったこと。それ以後、十二世紀半ばの後白河院政期に同院の側近であった藤原朝方が知行国主時代に社領が立荘されたと想定されること[(3)]。この荘園化を挟んで社領の開発拡大が進められ、十三世紀半ば康元元年十二月の領家検注使証恵と国造兼神主出雲義孝の連署になる杵築大社領注進状（出雲大社文書[(4)]）により杵築大社領十二郷が成立し社領がほぼ確立したこと。鎌倉御家人身分を兼帯していた国造が、府中における国衙祭祀権を吸収して国衙の司祭者としての地位を確立して杵築大社領の出雲国造家領化を進め、十四世紀初頭にはこれを完成したことを述べた。

井上説では、まず、十世紀における国造の西遷・開発領主化と十一世紀半ば以降の社領開発・成立とどのようにつながっているのかは実証的に説明されているとはいえない。たとえば、大開墾時代も十世紀の国造が西遷したとする時期から一世紀ばかり後である。さらに後述するが、国造出雲氏による開発についていえば、国造が大社に寄進した私領出西郷は別として、稲岡・富・石墓・千家・北島郷・求院村の史料初出に至っては十二世紀後半以降十三世紀の、社領確立時期のことであり、国造西遷とされる時期からは遙か後で、いわゆる大開墾時代といわれる時代のピークからも時期的に一世紀程度後にずれている。つまり、少なくとも杵築社領成立・開発拡大の直接的な過程を、大開墾時代論・領主制成立発展と、それをふまえた荘園成立＝開発寄進論を敷衍する方法でよいのかどうかを考え直してみなければならない。むしろ、所与の史料に即して、荘園支配下における杵築大社領の開発とその意義をとらえ直してみる必要があるのではないか。

そこで、本節では前稿を受けて、十一世紀半ばから十二世紀までの造営を契機にした国司の国衙領寄進を社領成立の第一段階、十二世紀後半以降十三世紀の荘園化と開発に伴う諸郷派生と社領確立時期を同じく第二段階として、とくに後者の荘園支配・開発・社領の確立との関係を中心に検討を加えたいと考える。

二　社領十二郷開発にむけた動き

先に述べたとおり、十一世紀半ばから十二世紀における杵築社領成立は、国司による既存の国衙領諸郷の寄進によるものであり、これを出雲国造が奉行した。つまり、出雲国造と杵築大社領との関係は、元来、国衙における在庁官人・出雲国造としての地位が前提であったと考えられる。[5] しかし、そこから一歩踏み込んだ関係を構築しようとしていたことを知ることができるのが以下の史料である。

建久五年（一一九四）三月廿一日、出雲孝房譲状（千家家文書[6]）

杵築大社国造散位出雲孝房

譲与

国造職事

杵築大社惣検校職事

散位出雲孝綱

遙堪郷　鳥屋郷　武志郷　稲岡村　出西郷　富村　大田郷

右、彼両職者、孝房相伝譜代之所職也、而依為孝綱嫡男、相副次第之文書、為後代之証文、所譲与明白也、兼又件出西郷者、孝房親父国造宗孝特申寄神領、令年来領知畢云々、又大田郷者、当社今度御遷宮孝房奉懐御体、自国司申寄所令知行也、仍無他妨、殊可令知行状如件、社家宜承知、敢不可違失、以譲之、

建久五年三月廿一日

	国司寄進国造奉行	在庁官人等解鎌倉遺文543								
				出雲孝房譲状鎌倉遺文719						
	出西郷									
稲岡村		富村								
稲岡	出西郷	「同富」	高墓	石墓村	元来、別納地		藤原雅隆御教書 鎌倉遺文2020			
↓		↓					藤原雅隆袖判御教書 平岡家文書			
↓		↓					藤原家隆袖判御教書 平岡家文書			
							伊志見村	（近世　佐草自清旧記写　佐草家文書）		
稲岡郷	出西郷	富郷		石墓村	求院村	北島村	伊志見村	千家村	領家検注国造署判	大社領注進状鎌倉遺文8068
18.7.120	36.4.000	33.1.000		3.5.000	26.8.000	11.9.240	8.3.180	11.5.000		
	出西郷						↓		関東御教書 鎌倉遺文10922	
							伊志見村		沙弥某奉書 鎌倉遺文15710	

杵築大社司国造惣検校散位出雲（花押）

平安末期までに出雲国造が杵築大社に私領を寄進した例としては、この譲状に「出西郷者、孝房親父宗孝特申寄神領」とみえる出西郷が唯一である。出西郷は、杵築大社から東南に離れた、斐伊川が山間部から出雲平野へ流れ込む境目にあたる山麓の斜面・微高地からなる一帯である（第二章【図1】参照）。寄進の内容は国衙領の郷司職で国造の開発私領を主体にしたものが想定されようが、この頃から、国造出雲氏が事実上の私領出西郷の寄進というくさびを打ち込むことによって杵築大社との関係をより私的に深化させようとしたものと考える。寄進したのが文書の発信人である孝房の父宗孝であったというから、宗孝のこの寄進は、宗孝が正式に国造職を襲職した安元二年(7)（一一七六）から、宗孝が鎌倉の頼朝によって惣検校職を改補される文治二年（一一八六）五月頃を下限(8)とする時期とみられる。この寄進も、国司寄進による所領形成を進めてきた杵築大社の当時の状況からして、国司や国衙の認知なしに行い得たとは考えにくい(9)。

ちょうどこの時期にあたるが、表1からわかるとおり、造営

表1　平安時代末～鎌倉時代　杵築大社領の推移

治暦3(1067)	内遥堪社領									
永久2(1114)	↓		外遥堪		阿午郷					
久安元(1145)	↓		↓			鳥屋村	武志村			
建久元(1190)	↓		↓			↓	↓			大田保
建久5(1194)	遥堪郷					鳥屋郷	武志郷			大田郷
「建暦3」(1213)										
「貞応3」(1224)	遥堪郷									
年月日未詳	遥堪郷									
〈安貞2(1228)〉										
康元元(1256)	遥堪郷	同沢田	高浜郷	同沢田		鳥屋郷	武志郷	「同郷」	「同郷」	
								新田郷	別名村	
	48.8.180	10.8.180	22.6.60	14.0.260		17.9.120	58.0.240	12.1.300	10.4.240	
文永8(1271)	遥堪郷					鳥屋郷	武志郷			大田郷
弘安8(1285)					阿語					太田郷

注：「　」は異筆または貼紙、〈　〉は後代史料に依る。
　　康元元（1256）の欄の数字は町・反・歩を表す。

ごとに国司から寄進を受けた社領のうち、建久五年（一一九四）までには久安造営時の寄進になる鳥屋村・武志村が郷に転化し、建久造営時（一一九〇年）寄進の大田保がやはり郷へと転化している。また先の建久五年の出雲孝房譲状では、新たに稲岡村・富村が出現している。稲岡村は武志郷の西に隣接しており、また富村は出西郷の北側に隣接する低地にある。「建暦三」年（一二一三）の付箋がある年未詳八月廿一日、三位某（領家藤原雅隆）御教書（北島家文書）[10]では杵築神主にあてて「於出西郷・同富・高墓・石墓村幷稲岡郷者、本自為別納之地、仍其外所々併可知行給也者」とみえ、富村は出西郷に続いて「同富」とみえることから、出西郷から派生したことがわかる。これを敷衍すれば、稲岡村も、武志村が武志郷に転化したのち、そこから細胞分裂状に派生しさらに稲岡郷へと転化していったとみられる。いずれも出雲孝房譲状のなかで国造職・杵築大社惣検校職に伴う所領として伝領されようとしている。

　このような、所領の派生と拡大がどのような制度やしくみによって必然化されるのかについて、考えなければなるまい。

　所与の史料の内から注目されるのは、まず、出西郷以下、富村・高墓村・石墓村そして稲岡郷などの諸領は別納の地で、それらの地を杵築神主が他とあわせて知行することを保証されていることである。つまり、これらの諸郷は、本来、本免田周辺の荒地開発を国衙に申請して認可された国務負担地で、いわゆる半不輸地であったとみられる。[11]先学が指摘するところによれば、一般に別納の地になると、国衙使不入となることによって、結果的に在地の住人・百姓層の負担が軽減されたとされる。[12]そうであるとすれば、この諸郷村にとって、別納地であることは、荘官・名主以下郷住人層の新開地への新規開発＝村々派生への余力を生み出せる条件でもあったであろう。

さらに、建保二年（一二一四）八月日の土御門院庁下文（北島家文書）[13]においては、出雲孝綱が、杵築大社神主・惣検校職の競望者中原孝高を排除しようとした訴えが認められるが、その裁定が問題である。そこでは「任文書理、以孝綱可為神主幷惣検校職、兼又於御年貢者、有限之神事用途之外、任請文、毎年仟佰斛直可令庁進状、所仰如件」として、孝綱はこれら不安定な職の安堵を受ける代償に、従来より一〇〇石増しの一一〇〇石の年貢の庁進という決して安くはない負担を約束させられる結果となっているのである。つまり、この下級所職の競合とそれに伴って生じる新たな負担のサイクルが問題であり、この負担増加分の捻出のため、杵築大社領では、ますます開発・耕地拡大の必要を増したに違いないのである。

注

（1）大社町史編纂委員会『大社町史　上巻』（大社町、一九九一年）四二五頁。
（2）「鎌倉期出雲国一宮の造営・祭祀からみた地域支配と国家」（『ヒストリア』二一八、二〇〇九年）。のち同『中世出雲と国家的支配—権門体制国家の地域支配構造—』（法蔵館、二〇一四年）の第Ⅱ部第二章に、「平安末・鎌倉期出雲国一宮の造営・祭祀からみた地域支配と国家」として収載。
（3）拙著『出雲の中世―地域と国家のはざま―』（吉川弘文館、二〇一七年）。
（4）『鎌倉遺文』八〇六八。
（5）国造職は国司庁宣による補任が行われた。文治元年十一月三日、出雲国司庁宣（千家家文書『鎌倉遺文』一二）および安元二年十月日、出雲国司庁宣（千家家文書『平安遺文』三七七八）。
（6）『鎌倉遺文』七一九。
（7）前掲注（5）文書。
（8）『吾妻鏡』文治二年五月三日条。
（9）鎌倉佐保『日本中世荘園制成立史論』（塙書房、二〇〇九年）。
（10）『鎌倉遺文』二〇二〇。
（11）鈴木哲雄「荘園制下の開発と国判」（遠藤ゆり子・蔵持重裕・田村憲美編『再考　中世荘園制』岩田書院、二〇〇七年）。
（12）高橋一樹『中世荘園制と鎌倉幕府』（塙書房、二〇〇四年）。
（13）『鎌倉遺文』二一一二。

第二章　鎌倉期の北部地域における開発と自然

一　沖積地開発の進展と大社領十二郷の確立

ここでは、出雲北西部の平野部に位置する杵築大社領の開発の特徴と成り立ちについてみていく。

出雲西部の社領群　康元元年（一二五六）十二月日、出雲杵築大社領注進状（出雲大社文書[1]）において、領家物検注使証恵と国造兼神主出雲義孝の連署で、中世杵築大社領の基幹部分である十二郷の定田・除田とそれらの内訳がまとめられる（【表2】参照）。

社領の記載からは出雲北西部の平野部を挟んで南北二つの社領群に分けられる。第一群は平野の北側で、島根半島北西部北山山塊の南麓で、杵築大社（杵築郷）の東側に連なる遙堪郷、高浜郷、さらに東に斐伊川沿いの稲岡郷、鳥屋郷、武志郷および「同郷」として新田郷・別名村が派生しようとしている部分である。第二群は平野の南側で、同社からは東に十キロばかり離れた斐伊川が現在の斐川平野に出る出口付近、同平野南側の山地北麓にある出西本郷はじめ、沖積地に向けて広がる求院村、北島村、富郷、千家村、斐伊川を挟んで西側の石墓村である。（以下【図1】）

（これとは別に、鎌倉幕府から寄進された伊志見村が加わる。）

開発と領家　年未詳八月二十三日、領家藤原家隆袖判御教書（平岡家文書[2]）では、「権検校料田之間事、云神事云御年貢、有長日之課役而、或者川成或令顚倒了、仍其跡不足之間、故殿御時開発荒野可令引募之旨、被成下御下文之故、令打開遙堪郷内了云々、然者任彼御下文之旨、無相違可引募之由仰所候也」とあり、領家が藤原光隆（一一二七～一二〇一）ないし雅隆（一一四七～一二二四）の代（十三世紀はじめ頃）に、大社権検校に対して、大社領のうち川成・顚倒で不足した料田の神事用途・年貢の不足を回復するため、荒野を開発して引き募るようにとの命

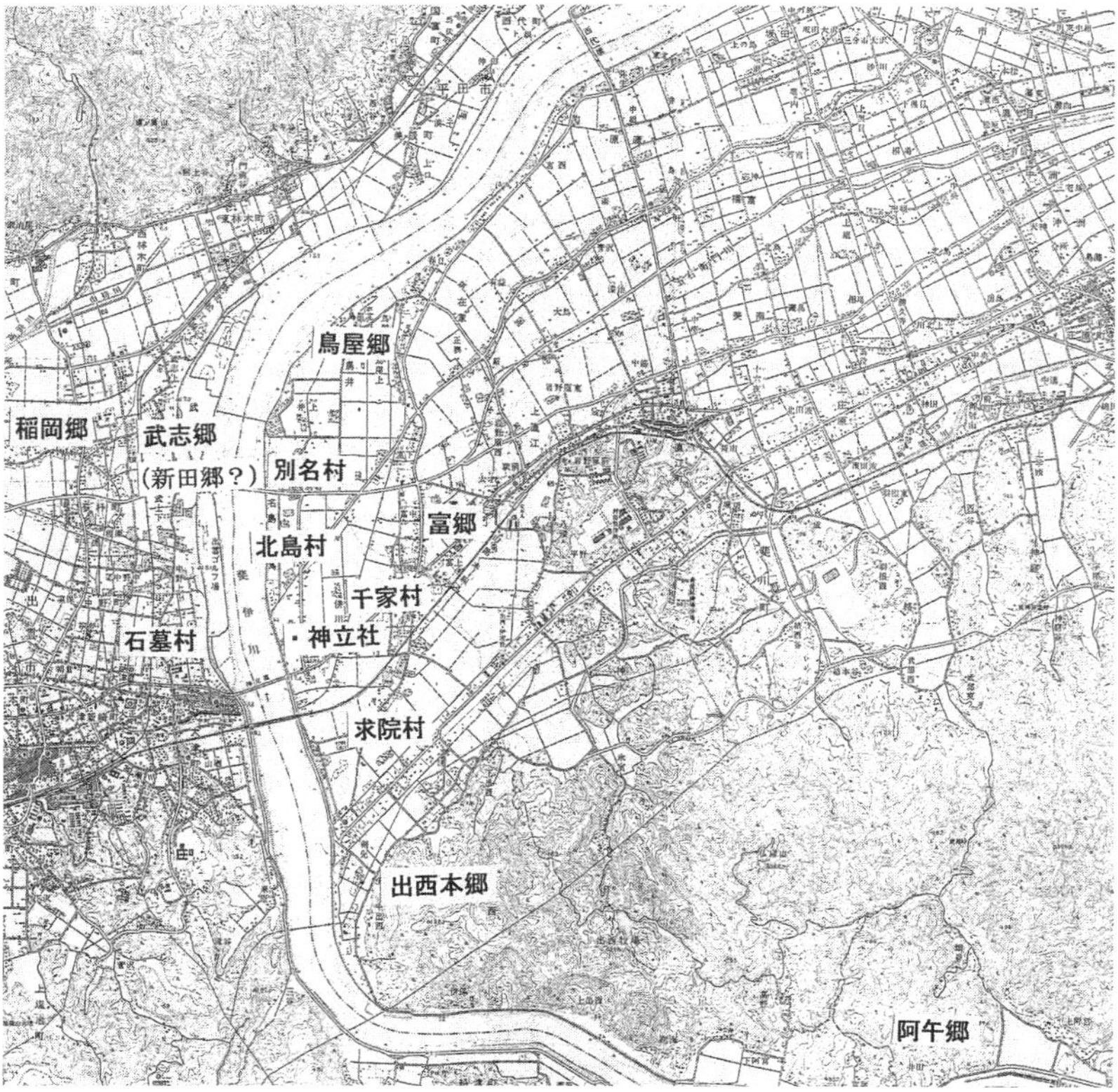

令が出され、杵築の東に隣接する遙堪郷内で開発が行われたことが知られる。さらに領家が家隆（一一五八〜一二三七）の代になっても、これを確実に履行せよとしている。領家から在地の権検校に対し、荒野開発の具体的な指示が出されていることが重要である。

また、すでに、年未詳六月十一日の杵築大社神主あての領家藤原雅隆袖判御教書（平岡家文書[2]）には、神主が杵築大社の神役・御牛用途の「散在料田流損之由申」している様子が知られ、低地帯にこれら料田があったことをうかがわせている。同文書にはさらに「但遙堪郷本田五段大、新作二段都合七段大当時見在之由」とも記され、領家側から遙堪郷

図１　杵築大社領とその周辺（出雲市）

表2　康元元（1256）年　杵築大社領十二郷内訳

郷名	地　目		田　数	備　考
遙堪郷	除田	神田	4町 5段	
		寺田	2段	
		経田	1町 2段	
		給田	1町 180歩	「修理左衛門尉給」
	定田	八斗代	40町 2段	
		六斗代	4段	
		四斗代	1段	
		三斗代	6段 300歩	
	定田小計		41町 3段 300歩	
	合計		48町 8段 180歩	（計算上 48町 3反 120歩）
同郷澤田	除田	神田	5段 180歩	
		経田	4段 180歩	
	定田	三斗代	9町 8段	
		二斗代	180歩	
	定田小計		9町 8段 180歩	
	合計		10町 8段 180歩	
高浜郷	除田	神田	9段 140歩	
		寺田	1町	「来成寺」
		経田	3町 7段 60歩	
		給田	7段	
	定田	八斗代	15町 5段小	
		六斗代	5段 300歩	
		三斗代	1段 60歩	
	定田小計		16町 2段 120歩	
	合計		22町 6段 60歩	（計算上 22町 5反 320歩）
同郷澤田	除田	経田	1町 7段 180歩	
		常不	1町 7段 180歩	
	定田	三斗代	10町 240歩	
		二斗代	6段 240歩	
	定田小計		10町 7段 120歩	
	合計		14町 260歩	（計算上 14町 2反 120歩）
稲岡郷	除田	神田	2町 180歩	
		寺田	120歩	
		経田	2段 180歩	
		常不	1段	
	定田	八斗代	13町	
		七斗代	1町 7段 180歩	

		六斗代	1町 5段 60歩	
		三斗代	120歩	
	定田小計		16町 3段	
	合計		18町 7段 120歩	
鳥屋郷	除田	神田	2町 6段 240歩	
		経田	180歩	
		常不	1段 300歩	
	定田	内訳不明	15町 120歩	
	定田小計		15町 120歩	
	合計		17町 9段 120歩	
武志郷	除田	神田	7町 60歩	
		寺田	1段	
		経田	1町 8段大	
		人給	1町 1段 60歩	「少輔寺主給」
		別所免	2町 7段 120歩	「真木曽祢別所」
	定田	八斗代	40町 8段	本文「48町 8反」は誤記カ
		七斗代	4町 3段 60歩	
		三斗代	1段 60歩	
	定田小計		45町 2段 120歩	
	合計		58町 240歩	
「同郷」新田郷	除田	神田	9段 60歩	
		経田	1段	
		河成	1段 120歩	
	定田	内訳不明		
	定田小計		9町 2段 120歩	「以上八斗代」
	合計		12町 1段 300歩	(計算上 10町 3反 300歩)
「同郷」別名村	除田	神田	4段 120歩	
	定田	八斗代	8町 1段 300歩	
	定田小計		8町 1段 300歩	
	合計		10町 4段 240歩	(計算上 8町 6反 60歩)
出西本郷	除田	神田	3段小	
		寺田	1段	
		人給	1町 60歩	「5段源太郎跡」
	定田	八斗代	34町 4段 60歩	
		三斗代	5段 120歩	
	定田小計		34町 9段 180歩	
	合計		36町 4段	
求院村	除田	神田	1町 4段 120歩	
		寺田	1段	
		人給	5段 240歩	「小法師丸給」

	定田	八斗代	24町 3段 180歩	
		五斗代	2段 140歩	
		三斗代	300歩	
	定田小計		24町 7段	（計算上 24町 6反 260歩）
	合計		26町 8段	（計算上 26町 7反 260歩）
北島村	除田	神田	2段 60歩	
		寺田	1段	
		人給	1町大	「富次郎右衛門尉給」
		河成	大	
	定田	八斗代	10町 5段 60歩	
	定田小計		10町 5段 60歩	
	合計		11町 9段 240歩	
富郷	除田	神田	5段 300歩	
		河成	3段	
		常不	3段	
	定田	内訳不明	31町 9段 60歩	
	定田小計		31町 9段 60歩	
	合計		33町 1段	
伊志見村	除田	神田	4段 240歩	
		彼岸田	5段	
	定田	内訳不明	7町 3段 300歩	
	定田小計		7町 3段 300歩	
	合計		8町 3段 180歩	
千家村	除田	神田	1段	
		寺田	300歩	
		河成	300歩	
		常不	60歩	
	定田	八斗代	11町 1段大	
		三斗代	180歩	
	定田小計		11町 2段 60歩	
	合計		11町 5段	
石墓村	除田	神田	1段	
		寺田	大	
	定田	八斗代	3町 3段 60歩	
		三斗代	60歩	
	定田小計		3町 3段 120歩	
	合計		3町 5段	
	総計		345町 4反 320歩	各郷の合計田数を総和
	定田合計		296町 2反	各郷の定田小計田数を総和

注：表中の定田小計・（各郷村）合計田数は、文書に記載されている数値をそのまま用いた、文書に記載されている定田よび各郷村の合計田数は必ずしも各項目の和とは一致しない。その場合、計算上の数値は備考に（　）書きで記載した。

内には流損の事実がない料田が存在するではないかとの事実も指摘されるなど、領家が在地の状況をかなり具体的に把握していることが注目される。このように、鎌倉時代のはじめ頃には領家の荘務権の下で、旧来の本田のほかに新たに耕作されるようになった新作の料田も開発されていたことがわかるなど、低地帯に向けた開発を物語っている。

これらを先の領家惣検注使と神主の署判になる康元元年（一二五六）十二月日づけ出雲杵築大社領注進状の内容とあわせみると、領家の荘務権が行使され、その下で開発から検注が実施されているなど、領家の積極的な荘園経営の動きがわかる。

低地開発と澤田の派生　そこで、以下第一章表1、及び本章表2に従って各郷村の成立事情や所領開発について考察を加える。

まず、第一群の遙堪郷と高浜郷についてである。両郷は、杵築大社の東側の北山山塊の南麓に、大社に近い方から遙堪郷、その東側に高浜郷と連なって位置する。高浜郷はこの注進状が初出で、所領の拡大が杵築大社に近い西側から東に向かって進んだことがわかる。両郷に共通するのはともに「同郷澤田」を派生・付属させていることである。澤田のきわだった特徴は、本郷の定田の斗代が八斗代がほとんどであるのに対し、三斗代を中心にしたきわめて低斗代にあることである。澤田の正確な位置は不明だが、澤田という名称からも推察されるとおり、平野側の湿潤な低湿地に位置した生産性の低い不安定な耕地と想定される。高浜郷側の澤田には常不一町七段余が数えられ同澤田の総田数十四町余の一割以上を占めている。さかのぼれば、杵築大社の治暦三年（一〇六七）の遷宮に伴う内遙堪社領および永久二年（一一一四）の遷宮に伴う外遙堪の国司からの寄進は、この北山山塊の南麓にあった耕地帯が本体で、これを元手や担保に、その南側に広がる低湿地帯に向けて開発が推進され、その成果が澤田となったと推測される。

田数比からみると、遙堪郷四十八町八段余に対し同郷澤田は十町八段余。同じく高浜郷二十二町六段余に対し同郷澤田は十四町余で、本郷と澤田の比率が、遙堪の五対一に比べ東側の高浜が五対三と高く、後者は先述のとおり常不の割合も高いことから、低湿地開発への依存度は後者の方がより高い。つまり、杵築大社がある杵築郷とその周辺を核に、その東側外縁の低地帯に向けて開発が進められ社領が拡大していったことを示している。

低地帯における村々の派生　高浜郷と武志郷に東西を挟まれた稲岡郷は、建久五年（一一九四）の出雲孝房譲状においてはじめて稲岡村とみえる。これをあまりさかのぼらない時点に、開発が開始・推進されたものであろう。少なくとも康元元年（一二五六）の社領注進状までに郷表記に転化している。同村は武志郷から西へ開発が進められて成立したものと推測される。総田数も十八町七段余と、先の澤田並で決して大きい方ではない。定田のうち八割が八斗代であるが、除田に常不がみられるところに不安定耕地の存在を示唆している。さらに、十三世紀半ばの注進状時点で、武志郷内では新田郷・別名村が派生しており、未だ開発途上にあったと考えられる。

さて一方、第二群で、唯一、出雲宗孝の私領として安元二年から元暦二年（一一七六〜一一八五）頃に寄進されたとみられる出西郷は、この注進状に出西本郷と記されることからも、周辺に新規所領を派生させる核であった。総田数三十六町四段のうち八斗代の定田が三十四町四段六十歩と実に九四％以上を占めていることからも、比較的安定した生産条件を保持していると評価される所領である。同郷は、斐伊川下流部東岸で現在の斐川平野の南側の山地北麓の北・西向きの緩傾斜地に広がる。その北側に隣接し斐伊川東岸に広がるのが出西本郷から派生した求院村、北北東側の低地に派生したのが富村である。いずれも三十町前後と、出西本郷に比肩する総田数を保持しており、富郷は、すでに建久五年（一一九四）には富村とみえているなどからも、比較的早い時期から開発がはじめられ杵築社領に組み込まれている。さらにこの求院村の北側・富郷の西側の低湿地帯には千家村、その西側の斐伊川沿いには北島村が位置する。おおむね八斗代で総田数十一町余と比較的小規模で、河成・常不など不安定耕地を含んでおり、いずれも求院村・富郷からさらに斐伊川下流の沖積平野の中心の低地帯に向かって開発が進展しつつあったことを知ることができる。

荘園支配下における活発な開墾　以上のように十二世紀末頃から十三世紀半ばにかけて、天皇家領荘園支配の下で、後に十二郷と呼ばれる社領の中核部分は、宍道湖西側に東西に長く広がる平野の南北両側の山麓諸郷を起点に平野中央低地に向かって澤田を形成したり細胞分裂状に村々を派生させながら、田数にして一気に二倍以上の拡大をみせたのである。十二世紀半ば以前の出雲国内各地の開発実態は全体としては不明だが、少なくともこの時期、出雲北西部の平野においては活発な開墾が行われていた。その際、領家の荘務権の下で在地の状況が把握されつつ開墾が進められていたことがうかがえる。この時期に、出雲国一宮杵築大社領は荘園支配のもとにあって拡大し、出雲の有力寺社勢力としての地位をより確固たるものにしていったと考えられるのである。

二　出雲北西部――低地に向かう開発景観――

さて、それでは、低地に向かうこのような開発が、どのような環境と向き合いながら行われたのかを、出雲北部の事例からみていく。

本節では、前節までみてきた杵築大社領がある出雲北西部のうち、島根半島の北山山系南麓の杵築大社がある杵築郷とその東に広がる地帯の開発条件と開発景観について復元的に考察し、河川・沼沢地の存在に特徴づけられる出雲北部地域の開発の特徴を考察していく。

出雲平野北側の山麓付近　まず、鎌倉時代の出雲北西部、現在の出雲平野北側山麓付近における開発景観を復元的

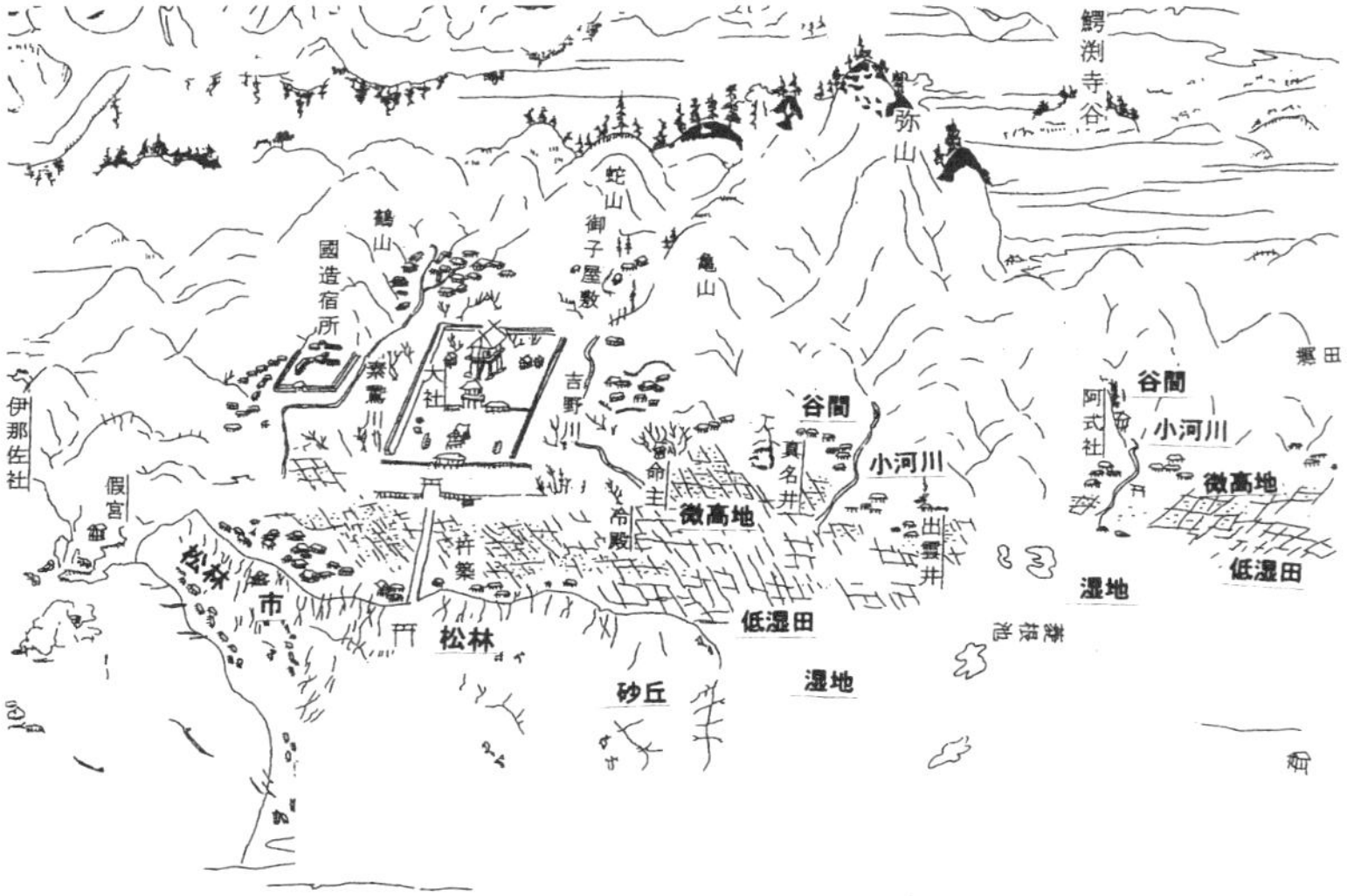

図2　絹本著色「出雲大社幷神郷図」（トレース図、杵築大社とその東側部分）
（原本　千家国造家蔵）（原本法量：93.5×131.0 cm）（トレース：佐伯徳哉）

に考察する手がかりとして、十三世紀半ばから十四世紀初頭頃に描かれたと考えられる『出雲大社幷神郷図』の景観がある[3]〔以下「出雲大社幷神郷図」【図2】参照〕。

本図には、杵築郷を中心にした島根半島西端の山・河川・海・浜・砂丘・沼沢など自然地形をベースに山林・松林・鹿などの動植物、神社・堂・村・浜の在家や田畠、船舶など信仰・生産・交通にかかわる要素が描きこまれている。かつて宮島新一氏によって荘園絵図的性格をあわせもつと述べられたが、社領の中核付近を中心に描いたものである[4]。

絵図中の大社の右（東）側に高く聳える弥山山塊の麓の谷合からは南に向かって四筋の川が流れ出ている。西側からみると、まず、素鵞川が大社境内西側を通り同南側の水田へと流れ込む。同じく吉野川が境内東側を通り同東南側の水田へと流れ込む。さらに境内東方の真名井をはさんで弥山山麓の谷間から一筋、そして、さらに東方に出雲井をはさんで一筋の川が阿式社の谷奥から弥山南麓水田地帯を経てその南の湿地・沼地に向かって流れ込んでいる。つまり、平野の北側に連なる山塊から出てくる小河川を用水に左右斜面の水田に水を引いて水田経営が行われたと推察される。

在家はこの水田地帯縁辺を取り囲むように立地している。まず、大社境内正面の水田地帯では、その南・西端付近に在家群が密集立地する。その背後の海寄りに砂丘地帯があり、砂丘と水田西・南側の境目には松林が続き、冬場に西側の大社湾（日本海）側から吹き込む季節風の防風林・防砂林（浜・砂丘からの防砂）の機能を果たしたとみられる。一方、境内東側の高浜寄りの水田地帯では、弥山山塊の谷間から小河川が二筋出てくるが、その左右の斜面に在家群が集中し、さらに下手の水田地帯を挟んで南側には菱根池と湿地が広がっている。つまり境内東方では、小河川出口付近に在家群＝小村があり、これと沼地との間の微高地・緩傾斜地に谷合の小河川を水源とする水田地帯が山麓に沿って東西に長く立地する構造になっている。そして、この絵図の右（東）外側に同様の地形が続く遙堪・高浜郷が連なっているのである。つまり、この絵図と同様の生産条件が山伝いに東に向かって続いていたことを想定しうる。

そこで注目されるのは、この境内東方に広がる水田の刈田の描かれ方で、山際の田畔の描かれ方が明瞭である一方、菱根池の低湿地境界付近の畔が途切れたようなあいまいな描かれ方をしていることである。いわゆる前者が旧来の緩傾斜微高地の耕地であり、後者が、高浜郷・遙堪郷にもみられる澤田であろう(5)。つまり、先の小河川出口付近の小村が主体となり、山裾の微高地水田のさらに下手にある湿地帯を耕作地化したものが、いわゆる澤田であろう。

このように考えると、現在の出雲西部平野部の開発は、南北の山裾の集村による小河川の用水を利用した微高地の経営から、斐伊川・神戸川下流域の低湿地帯に向けて新村を派生させながら、水がかりの不安定耕地を含む開発を推進していくのが基本的形態であったと考えられる。

補、出雲平野斐伊川・神戸川下流域部付近

さて、当時の斐伊川は、武志郷付近で西へ蛇行し出雲平野の北側から日

本海へと西流していた。[6] 十二世紀後半までに成立していた所領群は、おおむね山地・丘陵地ぎわの比較的標高が高い部分にあった。また、十二世紀末から十三世紀にかけて成立し、斐伊川の河道周辺の平野部低地に広がる石墓村・鳥屋郷・千家村・北島村・富村・稲岡郷・武志郷・新田郷・別名村など比較的後に現れる所領群が立地している部分は地理学的には三角州Ⅰ面といわれる。[7] これら沖積地底面には自然堤防や旧河道などの微高地が顕著に分布しており、この所領群は斐伊川下流部域における複数の小河道と多くの自然堤防・後背湿地を利用しながら開発が進められたことを想定することができる。

さらにその西の平野部の真ん中にあり、杵築大社領の南側で在国司朝山氏館と推定される蔵小路遺跡からは、十二世紀半ばから十五世紀前半の遺物（龍泉窯系青磁など）とともに、方一丁の居館と溝・旧河道などが発見されている（【図1】朝山郷付近）。ここは、武家の本拠地的な居館であると同時に開発拠点としての性格をもっていると評価されている。[8] この周辺にはやはり旧神戸川の自然堤防と洲・湿地・河道が交互に存在していたと推定されており、この平野部の開発景観の一端が明らかにされている。

三　出雲西部―神西湖周辺―

吉田家領園山荘　出雲北西部の神門郡にあった園山荘は、現在の出雲市東神西・西神西、湖陵町、多伎町付近にまたがる神西湖周辺の荘園である。文永八年の結番注文にみえる神西本荘・新荘は園山本荘・新荘の別称で、本荘の公田数が五〇町、新荘が八三町七反である。すでに、承久の乱直後の貞応二年（一二二三）頃には本荘と新荘に分かれていた。[9]

平安時代末には吉田家領荘園としてみえ、治承寿永内乱の最中の寿永元年（一一八二）七月、吉田経房は、使者を園山荘に派遣している。「去廿日前馬允以親下遣雲州園山庄、用海路、而於高砂逢悪風、継子童所従四人死去、以親幷所従五人纔存命之由、上脚力、未曾有事也」[10]とあり、十人もの使者を園山荘に派遣するも中途で海難に遭遇し四人の死者を出している。ここからも吉田家が荘務にあたっていた領家であったことが読み取れる。また、建長二年（一二五〇）六月二日の藤原資経処分状写（京都大学文学部所蔵文書[11]）にも「都護分」（＝吉田経房[12]）とみえるので、引き続き吉田家領として支配されていたことがわかる。

この間の承久三年六月十四日、承久の乱に後鳥羽上皇方として参戦していた神西荘司太郎が宇治川の合戦において戦死しており[13]、この敗北によって神西荘司（本・新荘分であろう）の地頭職が幕府に没収され、その跡に新補地頭が設置された。

園山本荘・新荘・成楽寺の境相論　承久の乱から一六年ばかり後の延応元年（一二三九）、神門郡園山新荘の地頭古荘邦道は、幕府に対し、隣接する園山本荘と成楽寺の園山新荘海山に対する濫妨停止と海山を園山新荘に付するように訴えて、それが認められた。なお、園山本荘・園山新荘は、文永八年の結番注文では神西本荘・神西新荘とみえるが、ここでは、史料所出の名称を用いて論を進める。

関東下知状（酒井宇吉氏所蔵文書[14]）

可令早停止出雲国園山本庄幷成楽寺濫妨、爲新庄内致沙汰海山事

右、如当地頭邦道（通カ）所進貞応二年御教書案者、出雲国園山新庄地頭之高通申境相論事、本新庄成楽寺三箇所各別也、而爲二箇所地頭等致妨云々、早尋明彼此之理非等、注絵図、召在庁幷古老庄官起請状、可令言上云々、如同所進

元仁二年本庄地頭子息実政・経政幷嘉禄元年新庄百姓等起請文者、於本庄無海山之由、既令符合歟、随如邦通子息《高通》申状者、園山庄内海山事、自本庄方自由妨之間、去貞応二年給御教書付守護所之時、自守護所被尋問之処、云本新庄前地頭、云新庄古老百姓等、本庄内無海山之由、令進上起請文畢、然間、任彼状、為守護所沙汰、令落居以来、雖無相違、給安堵御下文、可備後代証文云々者、件海山事、雖向後、停止彼両所濫妨、任先例、可致沙汰之状、依鎌倉殿仰、下知如件、

延応元年（一二三九）八月十八日

前武蔵守平（泰時）（花押）
修理権大夫平（時房）（花押）

この時、園山新荘の地頭古荘邦通が幕府に差し出した貞応二年（一二二三）の御教書案によれば、かつて邦通父で園山新庄の地頭古荘高通がすでに境相論の訴えを起こしていた。貞応二年といえば承久の乱直後のことであり、新補地頭古荘氏の配置早々の事案であった。その高通の言い分は、そもそも園山新庄と本荘、成楽寺はおのおの別の所領であるにもかかわらず、本荘と成楽寺の地頭らが新荘に対し押妨をはたらいたという。そこで幕府は、理非を調査し絵図を作成し、在庁や古老・荘官の起請文をとって報告するように指示を出した。この延応元年の関東下知状の主旨は、本荘地頭と常楽寺地頭からの境界を越えた新荘側海山への押妨を向後も停止することにあるが、通読すると、「園山庄内海山事、自本庄方自由妨之間」とあるとおり、主に「園山荘内」のうち本荘・新荘間の海山の帰属と用益が問題になっていることがわかる。

また、元仁二年（嘉禄改元）（一二二五）に本荘方地頭の子息実政・経政（姓不詳）の起請文と嘉禄元年（一二二

五）の新荘百姓らの起請文が出されると双方の内容が符合しており、園山本荘は「海山」がその内に含まれていないことが確認されていた。裏返せば邦通の申状ではすでに本荘は本田のみの荘園であったということであろう。同じく邦道の申状では、すでに貞応二年（一二二三）に御教書が給されこれを守護所に付した時、守護所は、本新荘の前地頭と新荘の古老・百姓等に尋問して、ともに本荘の内に「海山」が含まれていない旨の起請文を進上させたという。

承久の乱直後にこの問題が発生したところからみると、同乱の戦後処理によって本新荘の地頭（神西荘司）が改補され、本荘・新荘におのおの別の新地頭が入部したことに伴う問題であったとみられる。その後、出雲守護所の沙汰によって本荘方地頭や常楽寺地頭らの侵入問題が解決して以来、いったんは問題がなくなったものの、新荘方地頭古荘邦通としては、ここにきて、改めて後代に至るまで保証が欲しいので将軍の安堵下文を申請したという。とすれば、この当時、本荘方から新荘海山への越境と押妨が起こりうる状況が改めて惹起されていたと考えなければなるまい。

相論の原因と生産・開発条件　そこで、掘り下げて、承久の乱後、新補地頭が入部した直後にこの問題が起こった原因が何であったかを考えてみたい。

これら荘園・国衙領は、神門水海（現在の神西湖）の周辺に立地していた。この事件から半世紀後の文永八年の結番注文にみえる公田数は、神西本荘が五〇町・新荘が八三町七段、成楽寺が一六町であった。本荘の公田数が切りのよい数字であることからすると、鰐淵寺領国富荘一〇〇町の場合と同じく、本荘は国守や国衙によって公田数が設定され、立荘された可能性が高い(15)。先述のとおり、下知状の文面からは、この相論の時点で、本荘は、公田周辺の山野を荘域に含まない主に本免田部分で構成されていたものとみられる。これに対し、新荘が山野や水海沿岸を四至に含んでいることがわかる(16)。このことから新荘の成立を考えると、当初は、本荘を起点に、それまでの本田から山側・海側へと開発を通じて田数を拡大したのであろう。そして、新荘は、開発地部分と海面・山野部分を包含して分離独立する形で立荘され、本荘には本免田五〇町のみが残されたと推察される。

立荘後も、本荘・新荘ともに吉田家領であり、神西氏が双方の荘官・地頭であったと考えられるので、問題は生じなかった。

しかし、承久の乱後、神西氏が没落し、これにかわって新補地頭が本荘・新荘個別に設置されたことにより問題が生じた。まず、地頭の所轄範囲の区分からは、本田部分のみの本荘方では、地頭が新規に入部し現地に新たな拠点を置いて定着しようとするものの開発予定地・用益の現場としての山野河海に恵まれなかった。そこで、新補の本荘方地頭が新荘方にある海山に食い込んできたために、新荘地頭の高通の訴えがだされたということではないか。つまり、本免田部分のみからなる荘園と海山を領域内に含む荘園に新規設置された双方の地頭の開発条件・生産条件・得分取得条件に差があったことがこの問題の原因であったと考えられる。

相論をめぐる在地事情　貞応二年に守護所の指示で起請文を提出しているのが本新荘前地頭と新荘古老百姓等、元仁二年に起請文を提出しているのは、本荘の新地頭子息と新荘百姓等である。

ここに、二度ともに新荘百姓等が当事者として起請文を作成しているが、起請文を作成できるだけの共同体的な社会連携がうかがえる。そして、何よりも相論の過程で本荘に海山なき旨の彼ら百姓の起請文が一定の法的根拠になりえたことに注目したい。いわば、先行する在地の秩序・慣行も幕府の判断根拠になっている。

また、注意したいのは、下知状の文面の邦通の言い分に「園山庄内海山事、自本庄方自由妨」といみじくも述べるように、本来、園山荘は本新荘方双方で一つの荘内と意識されていることである。このことからは、承久の乱以前の神西荘司の時代、領主を同じくする双方においては、本新荘地頭神西荘司は言うに及ばず、本荘方の百姓等も新荘方所在の海山において用益を続けていたという旧来の在地側慣行があったのではないかと推測される。当然ながら、山海は、本荘・新荘双方の荘民らにとって農業生産を補完する荒野利用のほか山林利用や漁労など生産活動にかかる用益の現場であり続けたに違いない。また、本荘から新荘が派生したという流れであれば、農業経営上、本荘側から新荘側への荘民の出入りがあった可能性も考えなければなるまい。

しかし、乱後に本荘方・新荘方別々に新補地頭が設置された後、本荘方地頭も旧来の慣行により新荘方海山へ入って用益しようとしたことにより、新荘方地頭・百姓等の権利を侵害したということになって問題が顕在化したのではないか。

以上のように、承久の乱まで吉田家領荘園・本新荘地頭神西氏の下で一体的に生産活動が営まれた園山本荘・新荘が乱の後、双方別の地頭が新規配置されることにより、支配をめぐる領域的区分がより明確になり、それまでの在地秩序・慣行との間に齟齬が生じたと推察されるのである。

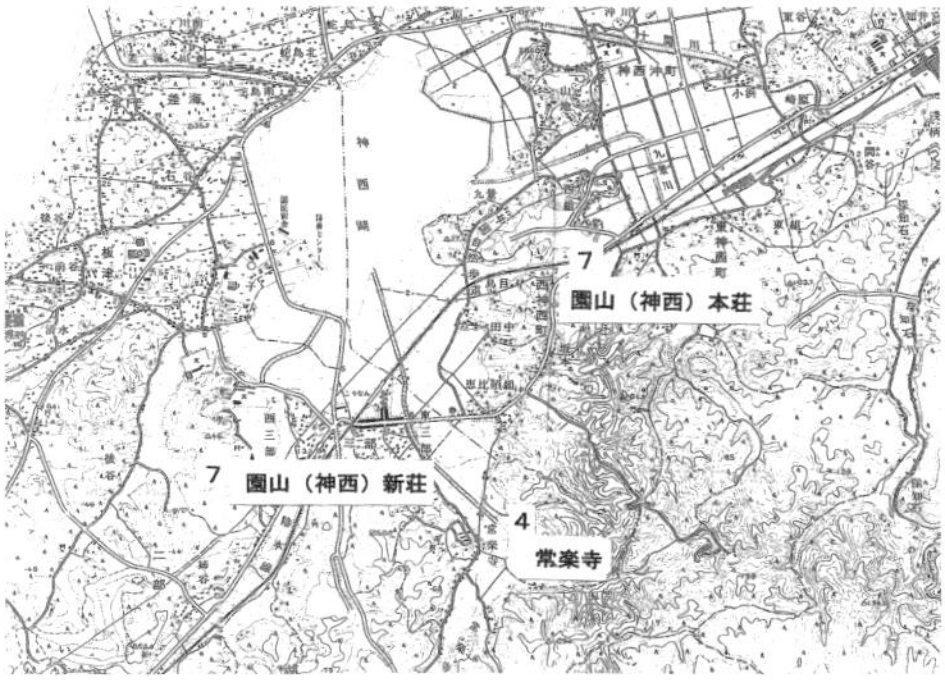

図3　園山（神西）荘付近（出雲市、数字は結番注文の番、これら諸領は現在想定されている概ねの位置を示した）

下知状再請求の理由　しかし、ともかくも元仁二年（一二二五）、本荘地頭子息実政・経政は、本荘方に海山は含まれないことを起請文にして差し出しており、地頭どうしの問題は一応落着しているはずであった。にもかかわらずこのような再度の申請をせざるをえなかった理由は何だったのであろうか。

高通から邦通への代替わりもその理由の一つと考えられるが、再び本荘地頭の新荘方海山への侵入・濫妨を喚起する新たな状況が生じてきたということではないか。

この問題を再燃させるような事柄として、この下知状が出された延応元年（一二三九）八月に先立つ暦仁二年（改元、延応元年）二月七日までに、すでに杵築大社造営に対する幕府によるはじめての支援命令が二度にわたり出されていた。「一、任関東二ヶ度御教書、庄公地頭被支配無足御材木并檜皮事、暦仁二年二月七日」[17]である。このような前例のない用材・檜皮の支援命令が出されるまでには、長期間にわたり造営用材不足が続いて問題が深刻化していたとみなければなるまい。二月七日には、二度にわたる関東御教書にもとづき、宝治の杵築大社造営で不足していた材木や檜皮の差し出し配分を出雲国内の荘公地頭らに指示した（詳細第三章三に後述）。これら一連の動きは、出雲国内地頭らの山林需要をにわかに増大させたと考えなければなるまい。とりわけ、杵築大社にほど近い神西湖周辺の園山本荘・常楽寺の地頭の、杵築大社造営用材の確保を理由にした山林への急速な進出を惹起する状況を生んだと考えられるのである。そこで、新荘の地頭古荘邦通が新荘側の海山の安定した用益権を守るため、再度この問題をとりあげて訴え、新荘側の海山に対する権利を確実なものにしようとしたと考えられる。

以上のように、幕府の裁定によりいったんは解決したかにみえた相論ではあったが、その後の幕府の国一宮造営への関与に伴って、国内地頭らに課せられた材木・檜皮などの需要が山林開発を促進し、この体制的理由により本荘方地頭の新荘側海山への侵入・開発を喚起する可能性を高めたと考えられるのである。それが新荘方地頭の再度の訴えの理由であったと推察されるのである。

四　出雲北東部―府中付近―

次に、比較的早くから拓けた最先進地、出雲北東部府中域で宍道湖から中海へ通じる水道の南北両岸にあった石清

水八幡宮領の平浜別宮（＝平浜八幡宮）八幡荘の十四世紀鎌倉時代末から南北朝期頃の開発をみてみたい。（以下、【図4】参照）

平浜八幡宮は十二世紀半ばには、出雲国内に八カ所ある八幡宮の一つとしてみられる(18)。鎌倉時代には四季仁王大般若経など国衙年中行事の一環を構成する資格をもち、造営遷宮の際も国衙の保護を受けた出雲国内屈指の有力社であった。出雲国府の北側に広がる平地・水田地帯を挟んだほど近い丘陵上に神社は立地している。その周囲の斜面下に社領があり、さらに大橋川を挟んで北側の低湿地帯から山際にかけて同社領が広がる。

少なくとも鎌倉末期から戦国期にかけて、八幡荘内では宝光寺・能満寺・観音寺・迎接寺・菩提寺の五寺が逐次成立し、平浜八幡宮社役の寺として毎年八月十五日恒例年中行事の放生会役をつとめていた(19)。

このうち、観音寺の成立に関しては、年月日未詳、新阿弥陀寺注文（迎接寺文書）に次のように記される。「抑、当寺ハ正和年中ニ田屋ニタツ、号新阿弥陀寺ト、開山ハ鏡智上人、壇那ハ原入道覚円禅門、女性見性禅尼也、而を大塩満テ海ヲナスニヨリテ正平年中ニ引号観音寺」とみえる(20)。

これによれば、正和年中（一三一二〜一七年）に「田屋」（開発拠点）において新阿弥陀寺が開かれたこと、開山は鏡智上人であったが、同寺の旦那が原入道覚円・見性禅尼らであったこと。ところが「大塩」が押し寄せて水に浸かったので、正平年間（一三四六〜七〇年）になって、水がかりの地からこの寺（田屋）を内陸へ引いて観音寺と称するようになったと述べている。これを機に、低地の開発拠点にあった寺院を標高の高い内陸に移したということであろう。また、永和三年（一三七七）三月一日、某安堵状（迎接寺文書）においては「平浜別宮観音寺浜屋敷事、合参所者田畠共」として、「右、屋敷者観音寺本ハ号阿弥陀寺、自往古無相違寺領也」として知行が安堵されていることから、観音寺が元は阿弥陀寺と号しており、田畠を伴う浜屋敷を所有していたことがわかる。浜屋敷とは、大橋川か

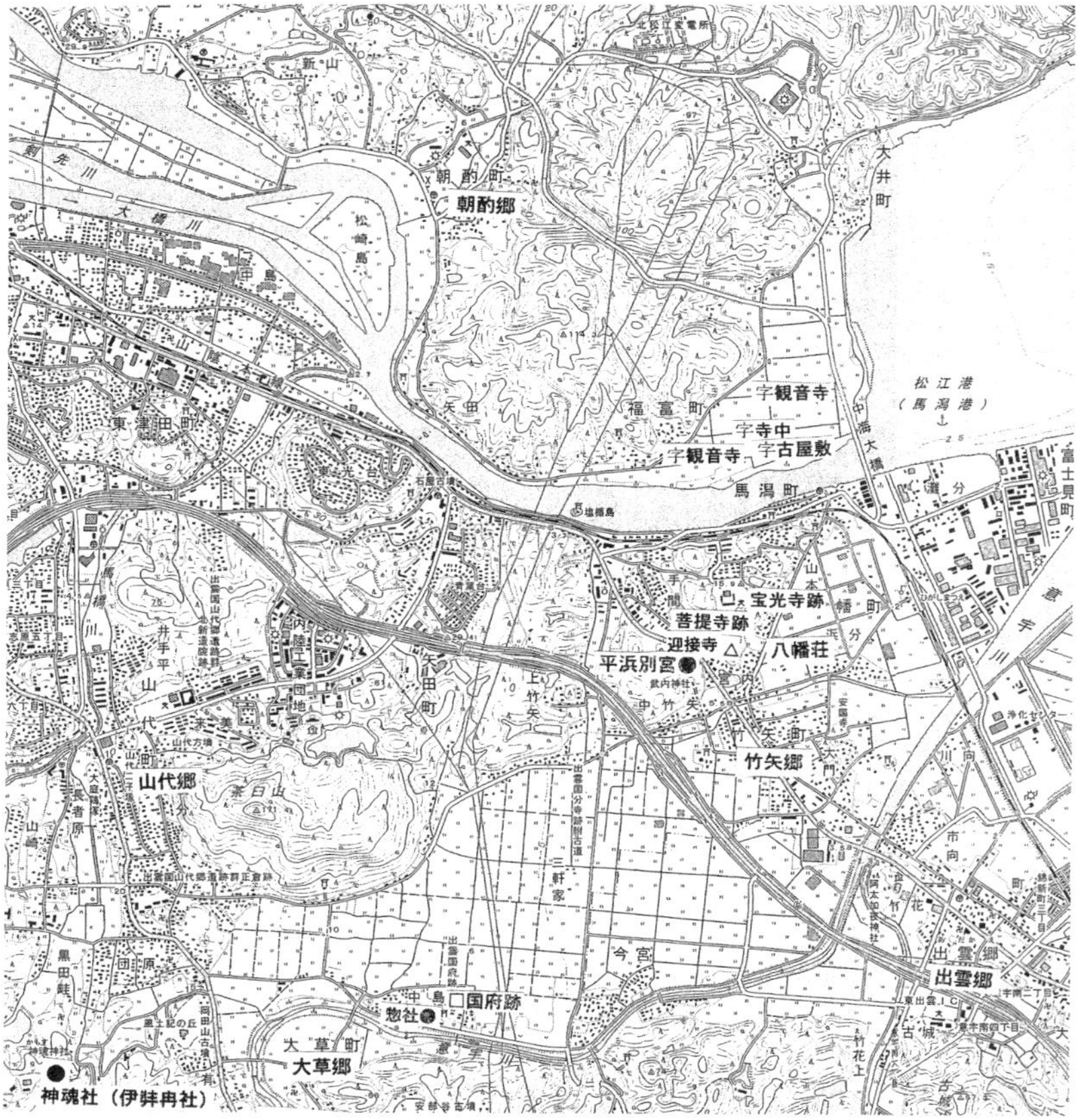

図４　平浜八幡宮近隣図（松江市）
本地図は、国土地理院 1/25000 の地図をもとに作成した。
荘郷名は、現地図上の概ねの場所に付した。
□官衙跡　△寺院　●神社

ら中海の汀線付近にあった開発拠点であったと推察される。ここに先の注文にみえる田屋が、阿弥陀寺（＝新阿弥陀寺であろう）へ転化し、大塩の後、寺が移動して観音寺へと発展した後、残されたのが田畠を付随した同寺浜屋敷であったと考えられる。現在でも大橋川北岸の中海寄りには海抜一メートル以下の低水田地帯が広がるが、戦後まで、川沿いの微高地に畠地、その背後に湿田があった(21)。この「田屋」とは、確実な場所は不詳だが、現在の福富地区と大井地区の集落側に観音寺、川岸寄りの低地に寺中・古屋敷の字名が残されていることから、後者が田屋・新阿弥陀寺の故地である可能性が高い(22)。

また、正平年中の「大塩」については、正平十六年（一三六一）に西日本一帯を襲った地震に伴う津波の影響ではないかと考えられる(23)。この「大塩」で、潮が日本海から現在の境水道を通って中海に逆流して水位が急上昇し、大橋川から中海への出入口付近にあった低湿地開発地に川上川下双方から流れが集中して塩水がかかってしまったのであろう。

このように、古くから拓けていた府中およびその近隣の八幡荘内では、鎌倉末期から南北朝期に成立してきた新興の社役の寺が新規に開発・所領化できる余地をもった場所は、すでに湖沿いの汀線付近のような開発条件が厳しい場所に限られてきていたと推察される。ここでは旦那の原入道覚円・見性禅尼らおそらく富裕層が、開発資本投下者＝事実上の地主になり、実際の開発経営にあたりながら開山の鏡智上人を支えていたのであろう。この開発は一社領内の比較的小規模な地主的または小領主的な開発と考えられ、当時、国衙の衰退によりその保護を失った平浜八幡宮が八幡荘内において放生会役の寺院を編成する基礎となった動きである(24)。

注

（1）『鎌倉遺文』八〇六八。
（2）大社町史編集委員会『大社町史　史料編』（大社町、一九九一年）。
（3）この絵図については佐伯徳哉「出雲大社幷神郷図は何を語るか」（『日本歴史』六六二号、二〇〇三年、のち同『中世出雲と国家的支配』法蔵館、二〇一四年）。
（4）宮島新一「神が宿る土地の姿」（『縁起絵と似絵―鎌倉の絵画・工芸―』日本美術全集9巻　講談社、一九九三年）。
（5）また、この部分は、八世紀の『出雲国風土記』にみえる神戸水海が杵築大社東側まで深く入り込み湿地をなしていた部分の痕跡であると考えられる（林正久「出雲平野の地形発達」〔『地理学評論』六四A―1　二六―四六、一九九一年〕四一頁第7図「風土記時代の出雲平野の古地理」による）。遙堪郷は、地形分類上は山地と低湿地の際に立地し、高浜郷は神戸川・神門水海周辺に発達した地形分類上三角州Ⅱ面（8世紀を挟んで、現在の出雲平野の西半にあった湖「神門水海」周辺で陸化していった部分）から低湿地にかけて立地している（林前掲論文三一頁第1図「出雲平野の地形分類図」による）。
（6）斐伊川が平野に入る出西郷付近は、地形分類では山地・丘陵地から三角州Ⅰ面（林前掲注（5）論文によれば、縄文時代後期の三瓶山大平山火砕流の噴出以後、噴出した石英安山岩砂礫が神戸川河口部に供給され陸化した部分）の境界付近にある。
（7）林前掲注（5）論文三二頁。
（8）『蔵小路西遺跡―一般国道9号出雲バイパス建設予定地内埋蔵文化財発掘調査報告2』（建設省松江国道工事事務所・島根県教育委員会、一九九九年三月）二八九～二九七頁。この出雲平野中心部分は西端の神門水海の消長により湿地化が進み、これを追うように西に向かって開発がすすめられ耕地化が進んでいった。
（9）神西本荘・新荘の所在や歴史については『湖陵町誌』（湖陵町、平成十二年）第二部第二章に詳細。
（10）『吉記』同年八月四日条。
（11）『鎌倉遺文』補一四六七。
（12）『吾妻鏡』文治二年七月十八日条には「都督」とあり。大宰権帥であった経房のこと。
（13）『吾妻鏡』承久三年六月十八日条。

(14)『鎌倉遺文』五四六七。
(15)川端新『荘園制成立史の研究』(思文閣出版、二〇〇〇年)。
(16)水野章二『日本中世の村落と荘園制』(校倉書房、二〇〇〇年)第一部第一章によれば、鎌倉中後期の境相論は、土地に付属した地先水面を含め山野河海の領有そのものを対象にしており、それが繰り返されることを指摘している。
(17)(文永十二年四月)杵築大社正殿造営日記目録(千家家文書『鎌倉遺文』一一八八一)。
(18)保元三年(一一五八)十二月三日、官宣旨(石清水文書『平安遺文』二九五九)。
(19)佐伯徳哉「鎌倉南北朝期の出雲国支配と八幡宮」(『日本歴史』七六四、二〇一二年、のち同『中世出雲と国家的支配』法藏館、二〇一四年)。
(20)文書の写真および翻刻は、島根県古代文化センター編『島根県古代文化センター調査研究報告書7　出雲国風土記の研究Ⅱ　島根郡朝酌郷調査報告書』(二〇〇〇年)。
(21)前掲注(20)報告書、扉七頁、「空から見た朝酌郷とその周辺」米軍航空写真一九四七年撮影〈国土地理院〉。
(22)黒田祐一「朝酌の地名と地理」前掲注(20)報告書所収。
(23)正平十六年六月二十一日『愚管記』『太平記』など。
(24)佐伯前掲注(19)論文。

第三章　鎌倉期の南部山間地域における開発

一　大西荘猪尾谷村東方の相論・和与からみた地頭領の内部構造

ここでは、一転して出雲南部山間地域における西遷御家人領の開発事例について山林・畠地も視野に入れながらみて、それが御家人領のあり方や地域の生産基盤のあり方をどのように変化させたかについて明らかにしていく。

賀茂別雷社領大西荘は現在の雲南市加茂町猪尾・東谷付近に比定される。東方と西方に分かれ、それぞれ飯沼一族が地頭であった。ここで取り上げる出雲国大原郡大西荘猪尾谷村は、当時、同荘東方に属しており、その南隣には賀茂別雷社領賀茂荘（＝福田荘、以下、賀茂荘）が隣接していた。

大西荘はかつて猪布荘とも呼ばれていた。すでに、治承寿永の内乱後に猪布荘にあった大西荘司が平家に与したかどで同職を没収され、東国御家人の伊北胤明が、猪布荘の大西荘司跡をあてがわれ地頭となったものとみられる(1)。しかし、鎌倉時代後期の文永八年にはすでに伊北氏の猪布荘（＝大西荘、以下大西荘）地頭職は改替され信濃国出身の西遷御家人飯沼氏が地頭となっていた【図5】。そして、さらに正和六年（一三一七）までには、大西荘は分割され西方地頭職を飯沼氏惣領左衛門五郎入道が、東方地頭職を庶子の飯沼親泰が所持していた。

図5　大西荘猪尾谷付近図（島根県雲南市加茂付近）
国土地理院二万五千分の一地図をもとに作成（字名は、およその場所であることをあらかじめお断りしておく）。

さて、地理的には、猪尾谷村は、斐伊川支流の赤川中流北側にあり、赤川からさらに北に枝分かれする現在の猪尾川から東谷川に沿った山間の谷間深く立地した。先述のとおり、その南側の平地には賀茂別雷社領の賀茂荘が広がっていた。同荘は、正和元年（一三一二）七月七日 六波羅下知状[2]に「被尋下候出雲国杵築大社三月会頭役、（為脱カ）本所一円領令勤仕否事、当国長海新庄徳大寺殿御領、神役勤勿論候、於賀茂社領福田庄者、雖被載結番注文候、依令申子細候、不及勤仕候、」とみられるとおり、出雲国内でも数少ない地頭不設置の本所一円領であり、杵築大社三月会の頭役も子細を申して勤仕していないなど、賀茂社領として出雲国内でも屹立した位置を占めていた。

鎌倉時代末期、この賀茂荘の北隣にある大西荘猪尾谷村東方をめぐって飯沼氏一族内で相論・和与が行われた。詳細は、以下、嘉暦二（一三二七）年四月二十三日付けの飯沼親泰和与状(3)のとおりである。

（表）和与出雲国猪尾谷村東方内一分地頭職田畠幷屋敷野畠柒以下事

合田壱丁五反、屋敷壱所・野畠柒以下者坪付注文別紙在之、

右、子細者、当村東方者親泰今者出家法名覚法分領也、然間、去正和六年二月八日乍譲与源氏女押領之、無謂之旨、所訴申也、爰覚法者就彼譲状、雖申子細、相互為止後日煩、所成和与也、所詮、当村覚法分領内以田地壱町五反・屋敷壱所・野畠柒以下、為源氏女分領、令和与畢、然而者、以前去正和六年二月八日状幷覚法親父親重譲状至者(ママ)、令紕返覚法者也、於彼田地屋敷者、永為源氏女分領、不可有覚法妨、但於公方御公事者、随田地引帳、伊勢役夫工米・杵築御三会、又諏訪御役為廿ヶ年一度巡役□□(之上)者、可有御沙汰候、其外御公事者、可任惣庄旨候、次領家年貢者、自覚法方、可致弁沙汰候、次当村本御下文以下証文者、惣領西方地頭飯沼左衛門五郎入道所帯也、沙汰出来時者、可致召出之由、可被申也、次背此和与状、於彼田地屋敷致其煩者、如以前譲状、覚法知行於東方悉可被申給者也、子孫等中ニ致煩輩出来、永為不孝仁、可被申行罪科、将又自覚法親父所譲得譲状案文幷本御下文案文仁裏於封して進候、仍為後日沙汰状如件、

嘉暦二年二月廿四日　　沙弥覚法（花押）

（裏）為後証、所加連署也、

嘉暦二年四月廿三日

左近将監(北条時益)（花押）

沙　弥(北条仲時)（花押）

これを保証するのが、以下の嘉暦二年四月二十三日づけ六波羅下知状[4]である。

源氏女代行祐与飯沼新三郎親泰法師法名覚法相論出雲国猪尾谷村東方地頭職事

右、就行祐之訴、欲有其沙汰之処、両方令和与畢、如去二月廿四日覚法状者（和与状引用）、如氏女同廿日状者、出雲国猪尾谷東村地頭親泰今者出家覚法与妹源氏女和与子細事、右子細者、去正和六年二月八日猪尾谷内東方地頭職仁於伊天波、親泰法名覚法永代氏女仁譲給之処仁、古礼於久伊賀辺志熕於伊多佐留留仁世牟伝御教書於申成之間、此訴仁成恐和与勢志免、田壱町伍段・屋敷壱所・野畠以下避給上者、上裁於止候畢、加様仁和与能状於相互書違上者、以前能覚法譲状、又覚法等親父能譲状仁於幾伝者、所返進也、此上者、子細熕於申満志久候、又今譲状仁付伝、自其熕於被仰候時者、如本本訴仁立帰、上裁於仰伝東村於悉可申給也云々以和字漢模字者、両方和与之上者、不及異儀歟、早守彼状等、相互向後無違乱、可令領掌之状、下知如件、

嘉暦二年四月廿三日

越後守平朝臣(常葉範貞)（花押）
武蔵守平朝臣(金沢貞将)（花押）

この和与状および六波羅下知状の一連の骨子は以下のとおりである。

先述のとおり、この当時、大西荘猪尾谷は飯沼氏一族が地頭職を分有していた。惣領が同谷西方地頭で飯沼左衛門五郎入道、同谷東方地頭が飯沼親泰（法名覚法）であった。おおむね、現在の猪尾川を挟んで東西に分領されていたと推測される（図5）。このうち覚法の分領東方を、正和六年（一三一七）二月八日、いったんは妹の源氏女に譲与しておきながら、覚法が押領したというのである。そこで、源氏女が、この押領は根拠のないことだとして六波羅へ訴えていたところが、結局、係争中に覚法との間に和与が成立したのである。和与の内容は、いったん源氏女の手に

渡っていた正和六年の覚法譲与の文書と、これに付帯していた覚法の父親重からの譲状を悔い返し、覚法を東方地頭とすること。その代わりに東方の内、あわせて田壱町五反、屋敷壱所、野畠栥を永く源氏女の分領「一分地頭職」として、覚法が妨げることがないようにと定めた。

このように猪尾谷村は覚法の父飯沼親重から、惣領職とあわせて西方地頭が飯沼左衛門五郎入道の一流に、東方地頭は親泰（覚法）へと分割され、東方の一部がさらに一分地頭職として、親泰の妹の源氏女に認められ、細分化していった。ここに一分地頭を析出する一つのパターンがみえる。

さて、こうして分裂してきた大西荘地頭職であったが、源氏女分について、公方御公事である伊勢役夫工米、本貫地信濃国の一宮諏訪社の主要恒例祭祀役、同人所領所在国である出雲国の一宮杵築大社の主要恒例祭祀三月会の巡役など国家的課役については「田地引帳」に従い「御沙汰」があるであろうとしている。一方、そのほかの公事は惣荘＝大西荘全体で負担することとされている。領家年貢納入は東方では覚法が責任を負うことになっているので、同様に西方でも西方地頭飯沼左衛門五郎入道が責任を負うことになっていたのであろう。また、猪尾谷の権利文書の総括保管は惣領たる西方地頭飯沼左衛門五郎入道の責任であるので、沙汰があれば召し出すようにとしている。以上のように、おのおのの負担関係が整理される。

こうして、覚法がいったんは東方地頭職を源氏女に譲与して、これを悔い返すものの、源氏女の屋敷地と周辺の田や野畠の個別支配は認めている。詰まるところ、覚法と源氏女の相論の究極的問題は、東方に含まれるこの部分の領主権の帰属にあったということであろう。

源氏女の所領は、その後、杵築大社上官の佐草氏との婚姻関係によって佐草氏へと流出する。(5) このような経過により、外来の飯沼氏一族の土着が進むとともに出雲国内在来氏族との共存・同化が進んでいく。

そこで次に、源氏女が領主権を認められた屋敷地・田畠・野畠のなりたちと経営の性格について明らかにし、あわせて源氏女が一分地頭として認められた理由について考えてみたい。

二　源氏女の経営と飯沼氏の猪尾谷支配から

そこで、この地頭領の小分割を招いた源氏女の小領主としての実力形成をみていくために、源氏女領の経営内容を明らかにし、飯沼氏の猪尾谷東方支配における位置を考察する。

源氏女に保証された所領「田壱丁五反・屋敷壱所・野畠柒」の内訳が以下の坪付注文である。[6]（以下【図5・6】参照）

いつものくにたいさいのしやう、いのをたにひかしかたのうちのちとうしきてんち山のハたけ、うるしいけのつほつけの事

　合し丶さかい

一所　ほしの丶やしき

　　みなみひかしわかもさかゑをさかう

　　にしわかわよけおくたりのたふちをさかう

　　きたわくたりのたさかへをきたいまハらのた

　　そへのやまをかもさかへにさかう

一丶四反くたり　このうちほりのたせうあり

一、二反うち　一反ハ　かないさこ
　一反ハ　くたりのやまそい
一、二反　ほ（し脱カ）の、やしきのまゑ
一、二反　かもさかい五りゃうへてん
一、五反　かみをうはた二やまのはたけうるしこれあり
　ひかしハかものおうそねをさかう
　みなみハくさいたにの大ねうをいてのも
　とへおさかう
　にしハつはきたにのねうをおうからかさ
　へさかう
　きたハやへたにおさかう
右、つほつけのちうもん如件、
かりやく二年二月廿四日
しやみかくほう（花押）

以下、残されている字名情報から、これら屋敷地・田畠の位置関係をみていきたい[7]。

まず「ほしの、やしき」は現在の加茂東谷と同加茂中の境、猪尾川東側から中村川下流の北側にある字星野・星野前・星野古川跡付近であると考えられる。田数表示がなく、一町五反の総田数には含まれていない。四至の表示からは、東谷から赤川沿岸平地への出口付近にある。

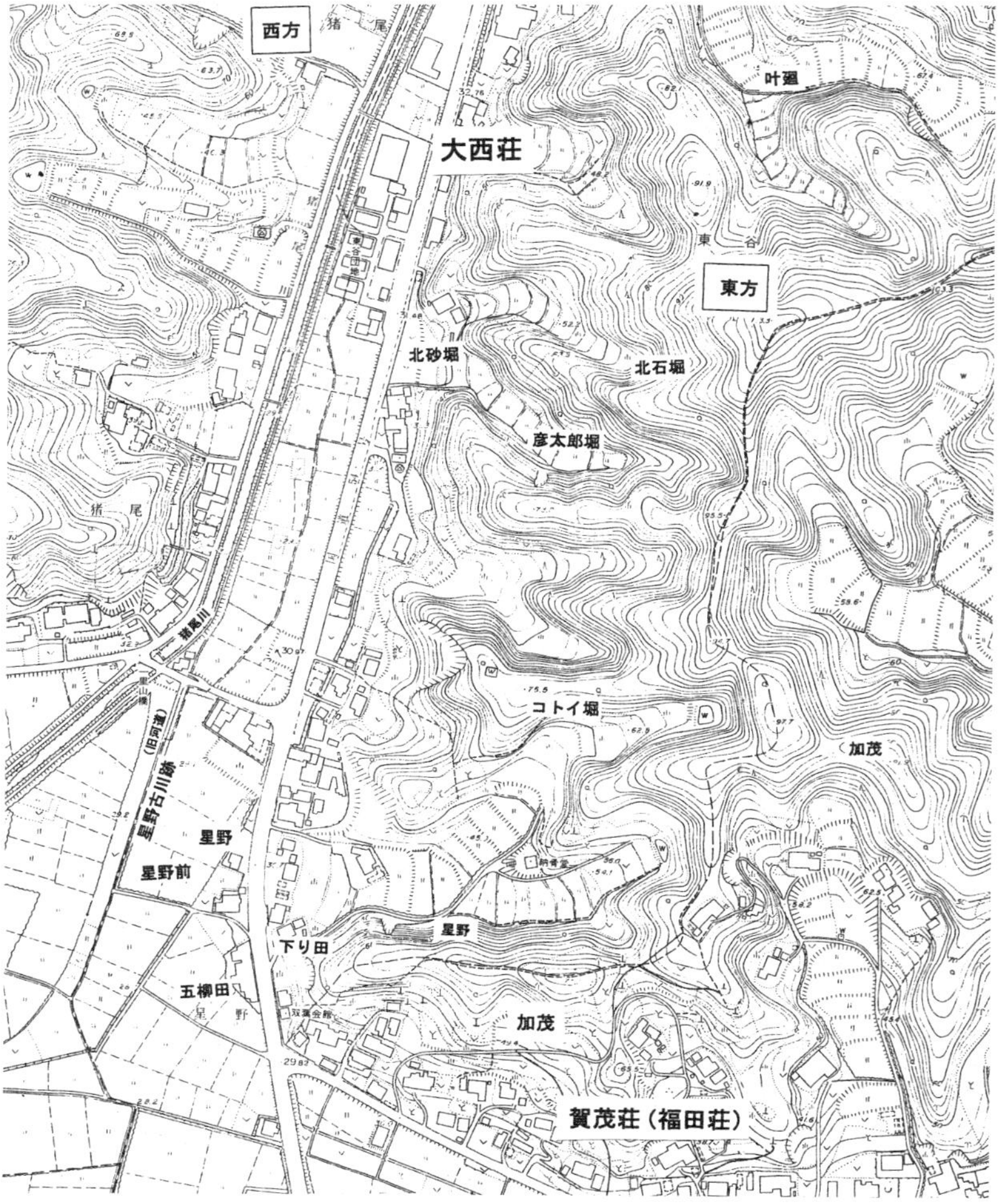

図６　源氏女の屋敷周辺経営地（大西荘東方）

その「ほしの、やしき」四至は以下のとおりである。まず「みなみひかしわかもさかゑをさかう」とあるが、現在でも南・東側に大字加茂中を控えている。「にしわかわよけおくたりのたふちをさかう」とは、屋敷の西側に北から南へと貫流する猪尾川の川除に沿った線と「くたり」の縁を境界にしているとの意味であろう。この表記からは、この屋敷地が猪尾川と接触していることがわかる。つまりこの屋敷地が、川除けを設けながら開田していった低湿地開発の最前線でもあったことを示している。星野屋敷の北境については「きたわくたりのたさかへをきたいまハらのたそへのやまをかもさかへにさかう」との記述から、次の「四反くたり」「このうちほりのたせうあり」と記述される部分が、星野屋敷の北側にあったと推定される。実際に星野の北から北東山側の谷間にはコトイ堀・北砂堀・彦太郎堀・北石堀などの字名が連なる場所があり、かつてはこの付近に何カ所かの堀が設けられた「くたり」という場所であった可能性が高い。この「くたり」における「ほりのたせうあり」とは、現況からも推察されるが、谷奥に灌漑用の堀を設けて小谷斜面の開発・耕作が行われた痕跡である。また「かないさこ」は、「くたり」のさらに北側にある谷間にその字名が残される叶廻がそれであろう。

つまり、星野の屋敷を核に源氏女の経営は、かたや東側山手の複数の小谷奥に用水源を整備し、かたや西側猪尾川沿岸に屋敷地を構えこれを核に堤防を整備して耕地を開発していたことを示唆している。この屋敷地は、猪尾谷東方のうちでも大西荘を奥地から貫流する東谷川から猪尾川の最も川下の加茂境（賀茂荘〈＝福田荘〉境）への出口に位置している。この猪尾川は大原郡を東西に流れる赤川に合流し、さらに、同川は、出雲西南部を貫流して日本海へと流入する大河斐伊川へと合流する。現在の猪尾川は、小舟や筏の通行が充分に可能な水量と川幅をもっているので、当時も東方・西方の奥地から赤川への物流を担う河川通行の出口をおさえられる重要な位置にあったと推察される。

つまり、源氏女経営の中核ともいうべきこの屋敷地がある場所は、大西荘の東方・西方山中谷間の出入り口、いわゆる山口であった可能性が高い。近年の研究では、十三世紀を通じて材木流通が盛んになってきていることが明らかにされているが、(8)十四世紀初頭に至っては、さらに盛んになっていたと考えても不自然ではない。(9)これらを勘案すると、ほしの屋敷とその周辺支配を通じて、すでに源氏女が山中にある大西荘全体に対する政治的影響力を行使できる状況にあったと考えられるのである

鎌倉時代後期、源氏女らが開発を進めていた、この山間部荘園においては、開発条件のよい場所はすでに既耕地であり、開発条件に制約が多い小谷傾斜地や河川沿岸の低地帯の開発へと進んでいたことがわかる。しかし一方で、源氏女は、大西庄の出入り口の要衝ともいうべき場所に経営拠点の屋敷地を占めた訳である。

また、「かもさかい五りやうへてん」については星野の屋敷付近にあった字五柳田とみられる。この「かもさかゐ」「かもさかい」についてであるが、この十年ほど後、鎌倉幕府倒壊後の建武二年（一三三五）十月九日の塩冶高貞安堵状（佐草家文書）(10)においては「出雲国大西庄之内猪尾谷村東方一分地頭職之事、嘉暦二年覚法之和与状云並御下知等、於星野村不可有領家之綺状如件」として、当時、出雲国守護であった塩冶高貞が、先の嘉暦二年の和与状と六波羅の裁定を根拠に、星野村における領家からの妨げを停止している。このことから、星野付近は南隣の賀茂荘（文永の結番帳では地頭不設置）との境界最前線に位置していたことがさらに明確になってくる。地理的には猪尾谷の出口付近で、源氏女の開発・支配地は、東方支配全体のなかでも最前線にあり大西荘の領家でもある賀茂別雷社の社領賀茂荘との境界線を画する重要な位置にあった。

一方、五反の山畠（漆畠）が「かみをうはた」にあるが、山林化した現在ではすでに詳細な場所は不明である。その境は東側が加茂境、南は「くさいたに」西は「つはきたに」とみえるが、かつて大字東谷の奥の砂子原境付近に「くさいたに」＝九才谷、「つはきたに」＝椿谷の字名が残されていたのでそれであろう（図5）。これは、星野から

はかなり離れた奥山の飛び地である。(11)

この鎌倉時代末期頃の一分地頭源氏女の所領経営は、猪尾谷村東方下手にあって公田数に数えられない開発の最前線星野の屋敷地を核に、「公方御公事」の賦課対象となる公田数に数えられていると考えられる隣接田地を加えてなりたつ小領主的経営体である。源氏女は、この屋敷地＝開発拠点の所有権を梃子に、賀茂荘との境界にあって大西荘を貫流する河川の出入り口にして最前線を画する要衝で開発行為を担うことによって実力をのばしつつあった。それが、覚法がいったんは源氏女に東方地頭職を譲与した理由であったと推察される。

このような事情から、東方全体の支配をめぐる一族内対立を惹起し、所領分割が行われた。この飯沼一族領における一分地頭の析出は、既存所領の単純な分割相続ではなく、源氏女の積極的な小領主的開発と経営という努力の結果生じたものであった。換言すれば、そこに源氏女の開発領主としての実質的な経営内容と実力が集約されており、覚法も幕府も、源氏女がもつこの開発領主権は究極的に認めざるをえなかった。そこに源氏女に一分地頭が認められた根拠があったのであろう。

この源氏女の経営をみると、信濃から新入の飯沼氏一族は、それ以前から領家方賀茂別雷社が一円支配する生産条件の優位な賀茂荘の中心部分（加茂以東）から西・北に外れた山間の大西荘で、旧来の公田部分の周囲にある谷間・奥山に向けて新たな水田と山畠を切り拓きながら開発を進めていったことがわかる。そして、鎌倉時代末には、源氏女による大西荘東方の境界付近・猪尾川下流の谷間・低湿地開発の進展の結果、同荘の山口を源氏女がおさえ上流山間の大西荘に対する政治的影響力をもつに至ったと考えられる。このような動きの結果、やがて源氏女の開発地は賀茂荘と接触するようになり、賀茂荘境において領家方賀茂別雷社からの境界問題を招くに至ったと考えられるのである。

三　山林開発をめぐる需要

ここで、信濃出身の飯沼氏一族が谷間・低湿地のほかに山林へと開発を進めた事情について考えてみたい。同氏が信濃という山間部出身であることによって、山間地の開発を得意としたであろうことは一方で推測がつくのであるが、山畠の漆や、材木の需要があってこそ彼らの開発の目的や意義も生まれるはずである(12)。

そこで、園山荘の項でも述べたが、ややさかのぼって、この相論から約八十年前に行われた杵築大社宝治の正殿造営（一二二九～一二四八年）の際の幕府の造営支援の内容からこのことを考えてみたい。

（文永十二年四月）杵築大社正殿造営日記目録（千家家文書）(13)からは、宝治の正殿造営のプロセスを知ることができるが、造営開始後一〇年を経た暦仁二年（一二三九）頃を境に、はじめて幕府の支援が行われるようになる（先述）。この支援にあたっては、出雲国内の荘公地頭に負担が配分された。そのことがわかるのが左記抜粋史料である。

一、杣山始・木作始事
寛喜元年（一二二九）十一月二日

（中略）

一、御柱引人夫支配事
天福二年（一二三四）十月七日

一、御造営間、被免除庄園事

一、御柱、穴掘人夫宛符案事

嘉禎二年（一二三六）二月日

嘉禎二年七月二日

（中略）

一、御上棟日時国宣并番匠下事

一、御上棟大工番匠禄物事

嘉禎三年（一二三七）四月七日

（中略）

一、御上棟柱竪事

嘉禎三年四月九日

（中略）

一、任関東二ヶ度御教書、庄公地頭被支配無足御材木并檜皮事

暦仁二年（一二三九）二月七日

（中略）

一、自安貞二年至延応元年造営米納下散用事

延応二年（一二四〇）二月二十八日

一、依関東御下知付地頭門田・給田被徴下造宮米事

仁治二年（一二四一）十月日

一、尾縄徴下符案事
仁治三年(一二四二)五月日
一、門田・給田造宮米納帳
仁治三年
一、公田幷門田造宮米納下散用事
仁治三年(一二四二)十一月十日
一、檜皮支配符案事
寛元々年(一二四三)五月十五日
(中略)
一、檜皮進未事
寛元二年(一二四四)三月十一日年々日記帳在也
一、庄々地頭役御材木幷檜皮納帳事
寛元二年四月一日
(中略)
一、御遷宮料御神宝物・塗台・薦支配符案事
寛元四年(一二四六)卯月十八日
(中略)
一、御遷宮料相撲事

宝治二年（一二四八）六月日

（以下略）

遅々として進まぬこの巨大神殿造営において、幕府が国内荘郷地頭らに発した最初の造営援助令は、鎌倉からの二度の御教書にもとづいて暦仁二年（一二三九）二月頃に出された材木・檜皮の負担配分であった。その主眼はいうまでもなく杵築大社の造営用途として不足していた材木・檜皮の調達であった。そして、寛元二年（一二四四）四月には地頭役の材木・檜皮の納帳が作成され、それまでに地頭役としてこれら材木・檜皮資材の納入が行われていたと考えてよかろう。また、寛元四年卯月十八日にみえる塗台の支配は漆の需要を想起させる。

御家人地頭らに対する山林に産するこれら大量の物資の調達命令は、彼らと山林との深いかかわりがなければ実現されなかったに違いない。さらに、国一宮造営のような公的国家的事業に伴う命令は、その後、彼らが山林に向けた開発と開発地の支配をより一層深める契機ともなったであろう。

これに加え、源氏女の所領にみえる漆畠からは漆のような換金性の高い産物の生産を通じて、山間部の地頭らがその所領経営を多角的に推進しえたと考えられる。このような、山間部における所領の経営は、やはり大西荘同様に赤川沿岸周辺の他の地頭領においても展開していたと考えて不自然ではない。

文永八（一二七一）年十一月日、関東御教書案の杵築大社三月会相撲舞頭役結番注文（千家家文書）[14]では、この赤川水系の所領群には、大西荘（公田数二二町）の飯沼氏（出自が信濃）のほか、仁和寺荘（同五十町）・近松荘（同三十町）の神保氏（上野または下総）、大東荘南北（同百二十町）の土屋氏（相模）・縁所氏（出自不詳）・飯沼氏（信濃）、神保氏、淀本荘（同二四町）の中沢氏（信濃）らの地頭、いわゆる西遷御家人らが多くみられ、なかには信濃に出自をもつ者もいる。大西荘と同様の地理的条件が連なる赤川沿岸の東国出身の彼ら地頭領においては、飯沼氏の所領と同様の経営を推測させる（図7）。同時に、承久の乱にはじまり蒙古襲来を挟んで進んだ東国武士の当地への移動・定着が、出雲南部における飯沼氏のような形で山間奥地に向けた新たな開発を推進し、武家領を形成していくことになったと推察されるのである。

以上、平安時代末から鎌倉時代の荘園支配体制下の西国出雲の開発をみてきた。そして、それが地域支配体制のありかたにどのような影響を与えていったのかについて考察した。

まず、自然地理的条件を視野に入れて地域開発を概観すれば、以下のとおりである。

出雲北部の河川下流域・湖沼を擁する平野では、十二世紀後半を境に十四世紀半ば頃にかけて南北の山麓付近から沖積地中央へ、あるいは湖沼の水際汀線付近に向かって開発が盛んに進められた。

十二世紀後半から十三世紀半ばにかけて出雲北西部、沖積地の大規模な開発を展開した杵築大社領の場合、領家の荘務権の下で在地の状況が把握されつつ開墾が進められた。そして、荘

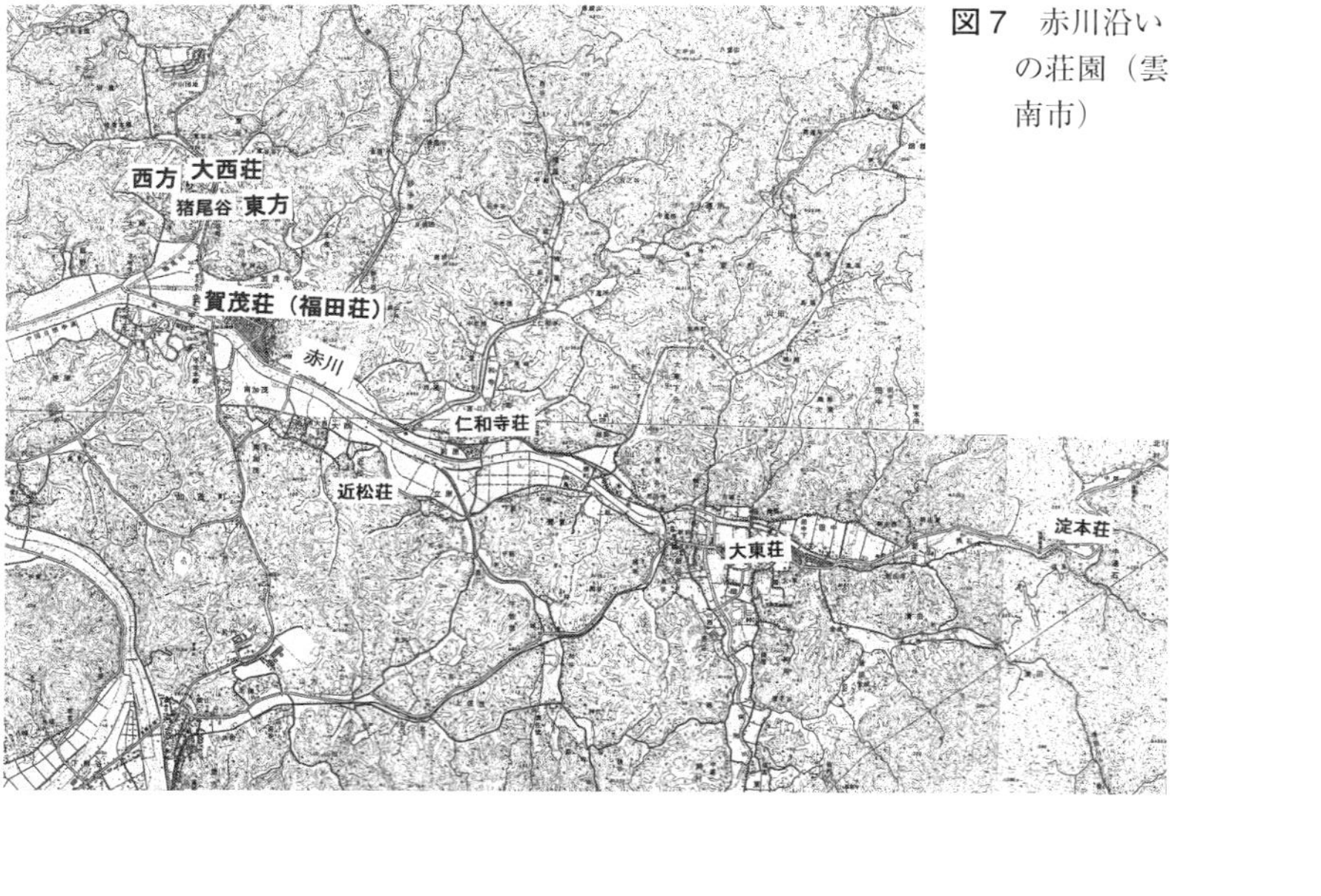

図7　赤川沿いの荘園（雲南市）

園支配体制下で公田数にして倍増するほど開発が大きく進展した。同じく北西部の吉田家領園山新荘でも、神西湖の沿岸にあって海山に向けた開発が進められ所領が形成されたとみられる。また、先進地域であった出雲北東部府中域周辺の平浜八幡宮領八幡荘内では、十四世紀の鎌倉末南北朝期には、湖汀線付近の低湿地に開発地が求められるようになっていた。

一方、十四世紀初頭、出雲南部山間部の荘園大西荘においては配置された西遷御家人地頭飯沼氏一族によって、山口の屋敷地を拠点に河川支流沿岸の低地や、小谷奥に水源を求めて小規模な水田開発や山間奥地に向けて山畠の開発が進められた。大河川上流域に多くの支流・大小谷を擁する出雲南部の山間地帯・発展途上地においては、十三世紀の承久の乱から蒙古襲来以降、西遷御家人の新規入部に伴って旧来の本郷を外れた谷合から奥山、あるいは山野・河岸湿地に向かって屋敷地を核に新たな開発が進められたとみられる。

このように、出雲では、十二世紀後半から十三世紀前半をピークに十四世紀はじめ頃にかけて大きな開墾を含めて開発が、それまで開発難易度の高かった自然地理的条件の広大な沖積地や奥深い谷間・奥山において低湿田・山畠開発を交えて展開した。

このような開発の契機や影響は、体制に視点をおくと以下のように考えられる。

平安時代末から鎌倉時代、天皇家領荘園であった杵築社領開発の場合、北西部平野の山麓付近にあった国司寄進・国造寄進の本郷を起点にして開発が進められるが、その本郷部分は十二世紀半ば過ぎまでには成立していた諸郷であった。これら諸郷は、当初は、その来歴からして半不輸地であった可能性が高い。また、出雲においては、十一・十二世紀前半までの開発を論じるに充分な史料に質量的に恵まれていないので当該期までの具体的開発については不明だが、十二世紀半ば以降になって開発条件のより厳しい新たな場所の開発を進めるには、少なくとも、その拠点・起点となる本郷部分＝主に国司寄進の諸郷における生産活動に余力がなければ困難だったであろう。

荘園支配下の開発の政治的契機としては、例えば杵築大社領の例からは、荘官層が下級所職獲得をめぐる競合のなかで荘官職を獲得維持するため、その代償として荘園領主からのより高額の年貢賦課に応じなければならないという背景がみられた。その負担増加分は当然のことながら在地側の負担となったに違いないのであって、それがさらなる開発の必要を生む契機になったと考えられる。一方、別納化により国使不入となった諸郷・村では、開発への余力を得たに違いない。そのような状況にあって、開発は、領家が在地の状況を具体的に把握し、その指示の下で行われていた。その成果が、神主と領家惣検注使の連署になる康元元年（一二五六）十二月日づけ出雲杵築大社領注進状にみえる出雲西部の諸郷村であった。荘園支配の下で、杵築大社領の開発は、出雲西部の山麓から低地帯に向けて村々を次々に派生させ社領の総田数を倍する勢いで進められていった。この開発規模・耕地拡大の大きさからは、この時期の生産力の低位性は想定しがたい。これらの動きにより、杵築大社領は、十三世紀半ば頃には出雲における一大天皇家領荘園として成長するとともに、その下で杵築大社一二郷の社領の基本形態が確立し、以後、出雲における一大神社勢力として存続していくことができたのである。

一二二一年の承久の乱後、出雲国内の各荘郷に多くの東国御家人地頭が補任されると、新たな開発問題が生じてくる。

出雲北西部神西湖畔の吉田家領園山荘（神西荘）は、本新荘では、本来、同一の荘園領主・国地頭（神西荘司）により本新荘一体的に支配と生産活動が行われていた。本荘は本免田により構成される一方、新荘は山海を領域内に含む荘園であったが、両荘が神西荘司の下で一体的に支配されていた間は問題は起こっていなかった。ところが、承久の乱後、神西荘司の没落に伴い、本・新荘各々個別に新補地頭が設置されたことによって、山海（山林荒野）を含まない本荘方地頭の新荘方海山への侵入問題が生じた。これは、乱後、地頭の個別設置によってそれまで同じ領主支配を受けていた本新荘の山野用益をめぐる在地秩序と齟齬をきたしたためであろうと考えられる。さらにいったん解決されたこの問題は、鎌倉幕府が国一宮杵築大社宝治の正殿造営（一二二九～一二四八年）への支援にのりだすに伴い、幕府が出雲国内地頭らに命じた檜皮・材木など用材調達による山林資源の需要から、再び浮上することになったとみられる。これらの動きも相乗効果となって、十三世紀半ば頃における出雲国内御家人地頭らの山林・谷間に向けた広範な開発・所領形成の動きが活発化していったと考えられるのである。

また、蒙古襲来を挟んで彼ら東国出身の地頭の来住がより一層進むと、新天地における彼らの経営基盤の構築に伴って、このような開発の動きはさらに活発になっていったと考えられる。発展途上地域であった出雲南部山間の大西荘に配置された信濃国からの西遷御家人飯沼氏の事例では、移住定着した一族によって同荘東方の山口付近の屋敷地を核に、荘郷縁辺部の山林荒野・小谷・小河川沿岸において小領主的な田地・山畠開発が進められて武家領が拡大した。その結果、その開発領主権を根拠に領主的自立を遂げ、大西荘東方の一角において一分地頭が析出されている。

このような事例からは、地頭らの開発場所・形態はおのおの配置された場所の先行する領有関係や所与の自然条件に規定されたと考えられるが、開発の契機それ自体は、幕府による国一宮への造営関与や、承久の乱・蒙古襲来後の東国御家人の西遷など体制的な変化に影響を受けていたことがわかる。そして、このようにして地域への定着が進んだ御家人地頭らが、すでに幕府勢力の地域における実力基盤になってきていたと考えなければならない。

また、古代以来、国府域としてすでに拓けていた意宇郡の府中域周辺の平浜八幡宮領八幡荘内では、十四世紀はじめにはすでに湖汀線付近の低湿地に開発地を求めざるを得ない状況にあった。しかし、地主的開発によって新興の中小寺院の所領が形成され、それら寺院が南北朝期には国衙の保護を失った平浜八幡宮の最重要の社役、放生会役をつとめる寺院として同宮の新たな体制構築に寄与していくことになる。

このように、中世前期、荘園支配体制成立以後の出雲国内全体を見渡すと、北部平野部の河川下流域・湖沼沿岸や南部山間奥地の谷間・奥山において、十二世紀後半から十三世紀をピークに十四世紀初頭にかけて自然条件の厳しい新たな開発地に向かって、様々な開発主体が積極的な開発・所領形成を進めたことがわかる。そして、そのことが、新たな体制を構築する実力基盤になっていったことをみてとることができるのである。

注

（1）貞永元年（一二三二）八月十九日、関東下知状（賀茂別雷神社文書『鎌倉遺文』四三六二）。
（2）集古文書二十八『鎌倉遺文』二四六二一。
（3）早稲田大学所蔵佐草文書『鎌倉遺文』二九七五〇。
（4）早稲田大学所蔵佐草文書『鎌倉遺文』二九八二〇。
（5）日本歴史地名大系三三『島根県の地名』（平凡社、一九九五年）四三九頁「猪尾谷村」。
（6）早稲田大学図書館所蔵佐草文書『鎌倉遺文』二九七五一。
（7）以下、地名比定は加茂町誌編纂委員会『加茂町誌』（加茂町、昭和五十九年）一二四七頁・一二五一頁による。
（8）高橋一樹「材木の調達・消費と武家権力―中世前期における構造的変容―」（『木材の中世』高志書院、二〇一五年）。
（9）すでに、出雲国内でも弘長三年（一二六三）頃、鰐淵寺領に接する宇賀郷において「山口事」が問題になっている。弘長三年八月五日、関東下知状（鰐淵寺文書『鎌倉遺文』八九七四）に「出雲国鰐淵寺別当治部卿律師頼永頼兼僧正弟子、代法橋実禅与同国宇賀郷地頭頼益相論山口事」とある。
（10）『南北朝遺文』一七三。
（11）木村茂光氏は、貞応二年（一二二三）の新補率法地頭に関する法令が契機となって、地頭の畠地支配が進展したとする

（「中世前期の農業生産力と畠作」〔『日本史研究』二八〇、一九八五年。のち『日本古代・中世畠作史の研究』校倉書房、一九九二年所収〕）。

(12) 高橋前掲（8）論文では、延応元年（一二三九）三月以後に出された追加法による地頭御家人の所領内の材木売買の禁止について、逆に、地頭御家人による材木売買の活発な動きが日常的に行われていたことの証左であるとしている。また、本書第Ⅰ部で「山海」の用益が問題となった同時期の園山荘本荘・新荘方の紛争もこのような一般的な状況の下で起きた問題であったと推論できる。

(13) 『鎌倉遺文』一一八八一。

(14) 『鎌倉遺文』一〇九二二。

補論2　中世前期における杵築の都市的発展—杵築大社「門前町」前史—

重要文化財『出雲《いずも》大社《たいしゃ》 并《ならびに》 神郷図《しんごうず》』（千家《せんげ》家蔵）にみえる鎌倉時代の杵築大社とその周辺の様子から、主に鎌倉時代・南北朝時代までの門前町「前史」となる都市的集落杵築について論じる。

杵築は、出雲西部に所在し、十六世紀には杵築大社（出雲大社）の門前町として発展している[1]。門前町とは国語辞典でも「中世末期以来、神社・寺院の門前に形成された参拝人・遊覧客を対象とする宿屋や商業が発達し、それらを主たる生業とする町をいう。」（『国語大辞典』小学館）とある。

しかし、一般民衆による参詣が一般化しそれを受け入れるための都市的集落の出現以前に、杵築大社のような地方における拠点的神社に密着した都市的機能が想定できないであろうか。新城常三氏は、中世の門前町について、主として、その社寺に寄生し、堂宇および神官・寺僧の家宅と彼らの消費生活をまかなう商工人を主体として成り立つとしている[2]からそのような都市的機能は中世前期にも求められそうである。

中世前期における杵築の都市形成については、井上寛司氏によって以下のように整理されている[3]。

まず第一に、出雲西部最大の河川斐伊川・神戸川の河口部にほど近い位置にあり、出斐伊川水運を前提とした海と山の物流の接点としての杵築の都市的機能が想定されるとする。これは同川が出雲南部山間部から同西部平野部を貫流して出雲西南部に広大な流域面積を擁し、杵築のやや南側から日本海へと流れる主要水路であったことを背景に述べられたもので、いわば、地域における自然発生的経済による都市の形成を想定したものである。第二に、地方政治都市としての出雲府中に対応する政治・宗教都市として出雲国一宮の宮内があったとする。この「府中に対応する」とは、国支配機能の一半を担う国一宮杵築大社の周辺に形成された都市という意味であると考えられる。

民衆経済が発展し門前町として参詣客を集める以前の中世前期の中世都市杵築については、このように交通・流通と国支配の政治的機能両面から論じられている。しかし、第一の点から自然発生的に杵築に山側・海側の産物の接点として交換市場ができた一方、第二の点から国一宮杵築大社があったということと結びついて都市的集落が杵築の地にできあがってきたとするならば、その理由を、国一宮がその体制的諸機能を果たすとともに、当該神社それ自体を維持するための諸需要を満たす都市的機能形成という意味での宗教都市的観点から検証してみなければなるまい。

また、高橋慎一郎氏は、宗教都市は一面では寺社の門前や境内で行われる経済活動が人口の集中の原因となっているという性格から、交易都市の一変形ともみなしうるとしている(4)ので、この条件も含めて考えなければなるまい。

したがって、先述のとおり、本論では中世前期、いわゆる門前町以前の、絵図にみえる杵築大社に隣接する集落がもつ都市的要素・機能を分析するのであるから、中世後期の民衆経済発展以前の杵築大社の存在に、経済活動と人の集中を生み出す契機があったか否かについて明らかにすることが必要となってくる。つまり、第二の点がどう作用して人や物が集中する場所となっていったのかが具体的に明らかにされる必要がある。

一　鎌倉時代の往来からみた杵築の宗教都市機能

1　中世杵築の空間から

都市を論ずる場合、ごくおおまかにいって空間論と機能論が考えられるであろう。そこでまず、鎌倉時代から人々が集住し集落を構成していた空間の実態を明らかにした先行研究を一瞥しておきたい。

中世前期の杵築については、杵築大社が立地する鎌倉時代の杵築の集落形態・人々の集住形態がわかる数少ない史料である重要文化財「出雲大社幷神郷図」（鎌倉時代　千家家蔵）をもとに、文献資料とフィールドを加えた先行研究がある。以下の諸説はこれを出発点に立論している（以下、図8参照）。

井上寛司氏は、当時の杵築大社境内は、現在より西寄りの杵築浦や湊原の方向に開かれた方位をもっていたことを明らかにしている(5)。具体的には、神郷図のなかの大社西側にある堂の南側の街路両側に二列にならんでみえる建物群がみえるが、これが養命寺門前の市で中村・新町・横町などの地域にあたることを明らかにしている。また、康永三年（一三四四）六月五日、千家《せんげ》孝宗《のりむね》・北島貞孝《きたじまさだのり》連署和与状（千家家文書）(6)にみえる「院内市場」は現在の院内ではなく、養命寺の「門前」の意味であろうと考えている。また、杵築内の小地域の初見については、康永二年「国造出雲《いずもの》清孝《きよのり》知行配分状」（千家家文書）にみえる中村・宮内・市庭《いちば》・越峠《こえど》・大土地の五地名をあげ、さらに絵図では赤塚にも集落がみえるとしている。

さらにさかのぼって地元の梶谷実氏は以下のような整理を行っている(7)。

（内陸）集落：現在の宮内・奥谷・真名井・神苑・山根付近にあること。これらは、社人関係の居所のほか農村

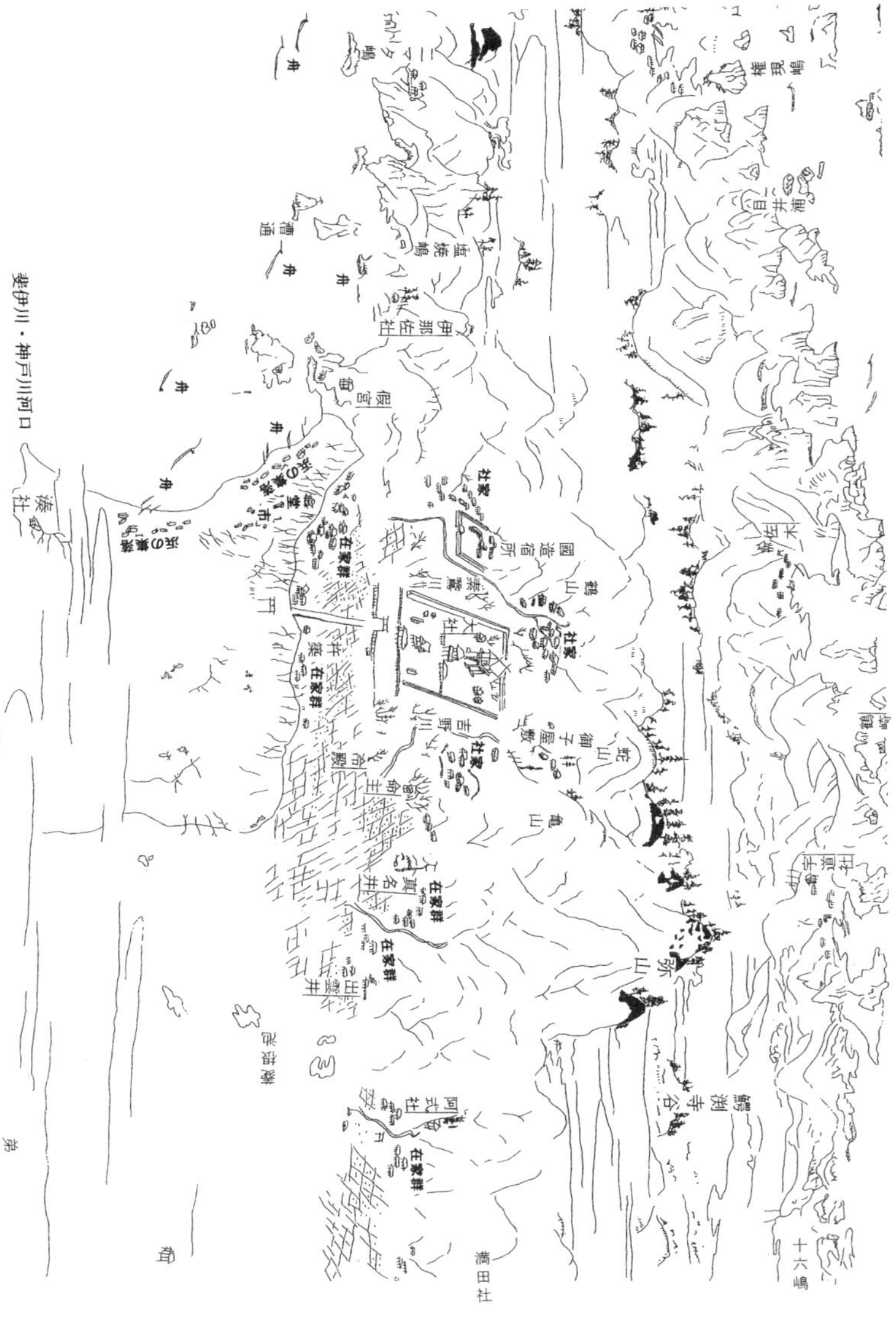

図8　絹本著色「出雲大社并神郷図」（トレース図、部分図　杵築大社とその周辺）（原本　千家国造家蔵、原本法量：93.5×131.0 cm、トレース：佐伯徳哉）

的色彩があることを指摘。

（海浜）集落：現在の仮宮《かりのみや》・中村・大土地《おおどち》・赤塚付近にあること。漁村的、門前町的機能もあることを述べる。

寺院：養命寺で門前には市があることを指摘。

康永元年（一三四二）頃には、中村から大土地の村号があったことがわかるので、この付近は、これ以前のはやくから発展していたと指摘している。(8)

つまり、これら諸研究は、都市杵築が、空間的には杵築大社の西側・西南側に、十三世紀後半から十四世紀初頭の鎌倉時代中後期には成立していたと想定している。

そこで、本論ではこれらの成果を受けて、機能論から、都市の経済的機能を構成する流通・サービス業など非農業的機能への需要を重視しながら、中世前期における杵築集落の都市的機能を体制的契機による非農業的需要・供給から具体的に考えていこうと思う。

そのために、杵築における国一宮の宗教的機能を都市的機能と関連させる必要がある。つまり、宗教的機能とは、祭祀を行い、社寺の施設を維持していくための諸機能のことで、それらが経済的機能（流通・工業・サービス業など）＝非農業的機能と有機的で不可分に結びつくことが宗教的な都市である要件となりうると考える。このように考えると、それは中世前期の国一宮がもつ政治的・体制的契機と不可分な需要とそれを満たす供給があったということから考えなければならない。そこで、本論では、参詣のほかに、遷宮儀式・恒例年中行事、造営に伴う工事・折々に行われる儀式などに伴う人々の往来や物資の需要から杵築の都市的機能について考察していく。

2　参詣

非農業的需要を生み出す契機の主要な一つがいわずもがな参詣である。

杵築大社の場合、参詣に関する古い史料には恵まれていないが、新古今和歌集時代の歌人寂蓮法師（一一三九頃～一二〇二年）の歌の内容から、彼が一一九〇～一二〇二年（鎌倉時代初頭）頃杵築大社に参詣したことを知ることができる。つまり、建久の正殿造営後に参詣したと考えられる和歌が以下である。

出雲の大社に詣て見侍《はべり》ければ天雲《あまぐも》たな引山のなかはまてかたそきのみえけるなん此世《このよ》の事とも覚えさりける

出雲のきつきの宮にまいりていつも河の辺にて

出雲川ふかき湊をたつぬれはゝるかにつたふわかの浦なみ

（「寂蓮法師集」『続群書類従』一二六九）

出雲川の湊という記述からは、この当時、杵築大社の主要な参詣口が神社南方にある斐伊川・神戸川《かんどがわ》河口部付近にあったことを示唆している。当時の出雲川（＝現在の斐伊川）は、大社湾側の日本海に直接流入していた。

この歌からは、この時期、杵築大社では寂蓮のような僧侶を含む比較的身分の高い人々の参詣があり得たことを知ることができる。

古代末・中世の社寺参詣については、新城常三氏が平安時代の畿内における民衆の寺社参詣について文学作品や貴族の日記などを以下のようにあげながら紹介している(9)。たとえば、大和の長谷寺では「国々より、田舎人多く詣でたりけり」（『源氏物語』玉鬘）や、紀伊湯浅の玉虫ほか、甲斐八代郡の下衆な男、陸奥忍の里に住む下女らの長谷寺詣を伝える（『長谷寺霊験記』（正治年間頃）などをあげている。また、藤原宗忠が熊野詣途上の王子社において「社辺有盲者、従田舎参御山者」（『中右記』天仁二年十月二十五日条）に接触するなど、民衆の熊野参詣と考えられるものを例示している。しかし、新城氏は（平安時代）「貴族以外の階層の遠隔地参詣はいまだ低調。」であると結論づけている。

畿内やその近国からみれば辺境の杵築大社において、平安末から鎌倉時代、日常的に民衆の参詣があったのかどうかは今のところ不明である。しかし、ともかくも、貴族階級出自の寂蓮のような都からの参詣者が存在したということは、高層神殿を有することで有名な同社に、遠来の人々の参詣がありえたことを示唆している。そして、それが当初は社家や寺庵などを宿泊施設とするような、参詣地需要を生み出す契機となりえた可能性に留意しておかなければなるまい。

3　祭祀に集まる人々

中世民衆経済発展以前の都市的機能として、流通・工業・サービス業などの経済的機能を想定するならば、それらの機能が発生する原因を現代的な「参詣」・門前町とは異なったところで考え直してみなければならない。それは、何かの理由で、多くの人々＝消費人口が集まってくるありとあらゆる契機を想定しなければならないからである。

平安時代から鎌倉時代に、杵築の地に人が集まり滞留する契機として最大のものがあるとすれば、それは、大社の造営事業や遷宮儀式、そして毎年恒例の年中行事などを考えなければならないであろう。

たとえば、宝治二年（一二四八）十月二十七日・二十八日両日に行われた杵築大社遷宮儀式、いわゆる宝治の遷宮に集まってきた人々についてみてみると以下のとおりである(10)。

まず、目代とその一族で府中（現在の松江市大草町付近）から杵築に来た人々で、目代の源右衛門入道法蓮、その子息源左衛門尉信房、同じく細工所別当で左近将監源宗房らがあげられる。彼らは、当時の出雲国内においては最も身分が高い人々である。次いで、在国司の朝山右衛門尉昌綱と同舎弟長綱で、昌綱は出雲国衙の在庁官人らを総括する出雲生え抜きで最も力があった役人である。この儀式において昌綱は流鏑馬の役を、長綱は神馬を曳き進める役をつとめている。

続いて国衙在庁官人らで、府中もしくは彼らの本領から杵築に来たと考えられる人々である。彼らの出自は様々だが大きくわけると都から下ってきた官人と出雲国内生え抜きの在庁である。前者は、もともと都の諸司に勤めていた人々で、たとえば神祇系の官人大中臣氏は、遷宮事業の長官である大行事の代官をつとめ、藤原氏・安部氏・中原氏・佐伯氏などは音曲などの役を勤めている。さらに、宮廷の舞楽を家業としていた多氏が遷宮儀式でも舞楽の役を勤めている。そして後者は、出雲国内生え抜きの氏族で勝部氏・出雲氏などがみられ、都下りの官人らとともに諸役を勤めている。

遷宮儀式二日目、出雲守護で富田《とだ》荘や塩冶《えんや》郷の地頭でもあった源泰清（佐々木泰清）は、流鏑馬の役を勤めている。この当時、泰清は、任国において重要行事などがあれば屋敷がある鎌倉・京からこのように下向してきていた(11)。また、出雲国内荘郷に地頭職を保持する武士らも流鏑馬の役を勤めている。神前芸能を勤めた彼らは少なくとも一三人を数えるがその従者も含めて、祭礼の期間中、杵築に来て滞在していたに違いない。

また、この儀式の中核で神体奉懐の役をはじめ様々な役を勤める国造とその一族、社家御子、神官らが存在する。少なくともこの当時の国造は、府中大庭から杵築大社で祭祀があるたびに来て滞在したと考えられる。それは『出雲大社幷神郷図』中の現在の千家国造館付近に「国造宿所」と貼紙がみえるからである。いわゆる屋敷でもなければ館でもないところに注目すべきである。

そして、神前に供物を捧げる伝供の役のなかに鰐淵寺僧がみられる。彼らは大社の北東方向の山中にあった鰐淵寺から下ってきたか、もしくはいずれかの里房から来たのであろう。これに加え遷宮儀式二日目に相撲・猿楽などの芸能民らが集まっている。相撲については、当時、京都から相撲人が雇われて出雲に来ていたと考えられる(12)。また猿楽は、出雲国内の宿から杵築に来ていたこともわかる(13)。

おなじく遷宮儀式初日の神事について以下のように記述されている。二十七日亥刻（夜十時前後頃）に開始した神事では、神体渡御の後、伝供が行われた。その後「爰伝供之後、国造出雲義孝申祝、其後各宿所還畢」と記されている。つまり、深夜の神事の後、目代以下の祭祀参画者らが宿所へ帰っている。翌日朝から行事を抱えている彼らであるので近隣に滞在施設が存在したとしか考えられない。そこで考えられるのが『出雲大社幷神郷図』の「国造宿所」である。さらには、同絵図の「国造宿所」の周囲に集落、同西北、素鵞川の上流の谷間に集落、同東北、吉野川上流に垣に囲まれた「御子屋敷」、その東側にも集落がみえることに注意が必要である。これらが社家の屋敷である一方、国造宿所も含めて、祭祀の際、下向してきた目代以下在庁官人・守護・地頭らの分宿・滞在施設となった可能性が高いと考えられる。

また、支配者や芸能民らだけではなく、民衆も祭礼に参加している。たとえば、久安元年（一一四五）の久安の遷宮では、御神体の神輿「前後相副雑人巨多也」とあり、深夜に行われた神体渡御に多くの民衆が集まっている様子がわかる(14)。おそらく、宝治の造営においても同様であったと考えなければなるまい。こうした人々も近隣から集まった者のほかは、杵築とその周辺に滞在したことを想定しなければならないであろう。

もっとも、このような遷宮は数十年に一度でしかないので、これをもって即座に都市的機能の常態化を論じるわけにはいかないであろう。

しかし、毎年三月上旬に開催された恒例年中行事の三月会では、神事芸能部分については相撲・舞を中心に遷宮儀式とよく似た祭式をとっていたので[15]、相撲人はじめその他の芸能民、多氏のような国衙官人系の舞人、神事を挙行する国造とその一族ほか神官、仏事に携わり役をつとめる鰐淵寺僧、頭役をつとめる国内地頭らが集まり、これを見物する一般民衆も集まったと考えられる。つまり、遷宮儀式のような臨時の儀式のほかに三月会のような毎年恒例最大の年中行事が、確実に人々を杵築に集め、これが杵築において滞在地としての都市的機能を必要とする契機となっていたということは想定してよいであろう。

これに『出雲大社幷神郷図』において浜に引き上げられた舟、日御碕半島を経て大社湾を往来する舟、つまり交通機能をあわせみることによって、人や物資の往来によって支えられていた杵築の都市的機能を看取することができるのである。

二　杵築大社造営事業に伴う杵築の都市的需要

さらに、人が集まる契機として、杵築大社の造営事業を考えることができる。平安時代とりわけ院政期の比較的短期間で行われた造営事業でも五年もの歳月を要している一方、鎌倉時代の造営に至っては、あしかけ二十年以上に及ぶ造営事業が行われていることに注目しなければならない。

この造営に携わる人々の往来と滞在に要する機能という観点から、都市的需要を考えなければならないであろう。また、造営用建築資材の運搬・集積に要する機能からも考えなければならない。

1　顚倒から造営開始

①久安の造営（一一四一〜四五年）の例

たとえば、久安の造営を例にすると、以下のような具体的状況をみることができる。

保延七年六月に神殿が顚倒すると、同年十一月三日に顚倒実検の官使が都から出雲府中に到着し、造営命令の宣旨をもたらす。そして同十五日には実検官使は府中からさらに西に直線距離で約四〇キロはある杵築大社の社頭にまで出かけ参詣し奉幣して五日ばかり滞在する。この時の状況を史料引用すると以下のとおりである。（以下【史料1】から【史料4】は「杵築大社造営遷宮旧記注進」（北島家文書[16]）からの抜粋である）

【史料1】（保延の顚倒部分）

「顚倒実検官使下着、

史一人　左少史正六位上　大江朝臣元重、従五人

史二人　右史生従七位上　中原朝臣是俊、従三人

　従七位上　大江朝臣元兼、従三人

使部三人

木工長上一人　大初位上藤井宿祢近宗、従二人」

正殿の顚倒を受けて、これを実地検分する太政官の役人が出雲にやってくる。大江・中原を名乗る彼らの身分は六・七位程度の位階で、都ではあまり身分が高いとはいえない官人らである。しかし、出雲にやってくると中央から来た役人ということで、かなりの厚遇を受けたに違いない。

ここで注目しなければならないのは、彼らの末端に木工長上藤井宿祢近宗なる木工寮の技術者が同行してきていることである。位階は大初位上であるからほとんど役人としては最末端に近いとるに足りない身分である。しかし、六

位・七位の官使と並んで、このような微禄の役人が記載されていることからみると、藤井宿祢近宗が大社造営の技術的なところで実質的な役割を果たす不可欠の人物であったことを示唆している。それは、次の【史料2】からもわかる。

【史料2】（実検官使の杵築下着）

「同十五日、実検官使、参詣社頭各奉御幣、留守在庁各以参会、官使実検宇高方円日記、材木口径沙汰之間、已及数日、以同十九日所帰府也、参宮宿房幷府宿借家（以下略）」

十一月十五日に実検官使が杵築大社の社頭に参詣して五日ばかり滞在する。彼らはこの間に「宇高方円日記」の実検と材木の口径（太さ）の沙汰を行っている。前者は、字義からすると建物の数・高さ・配置などと過去の造営記録（もしくはこれら情報が含まれた過去の造営記録）の実検であったろうと推察される。後者は明らかに、高大な建造物を建築するにあたって、それに耐えられる柱材の太さについて指示をしたということになる。しかし、このような指示を実質的に出せるのは、少史や史生など事務系の官人らではなく、身分こそ低いが木工寮の長上のような技術系の役人であったろうと推測される。院政期の京都やその周辺で盛んであった造寺・造塔など大規模な木造建築の設計・施工に多く携わったであろう木工長上が、このような時に実質的な役割を果たしていたであろうことは充分に推測がつく[17]。

少なくとも、地方においては都やその周辺のように大規模造営が頻繁に行われていたわけではないであろうから、大規模造営の技術の蓄積や継承において都（中央）は地方に対して決定的な優位を保っていたと考えなければならない。つまり、出雲においても、杵築大社正殿造営のような大規模造営は、都（中央）の技術蓄積（国家中央の権力が擁する技術者）に依拠しなければなしえなかったと考えられるのである。このような脈絡から、杵築大社造営にあたって都から杵築への官人や技術者の往来を考えなければならないと思う。

さて、官使らの滞在先に「参宮宿房」がみえるが、役人の実務のために杵築現地において必要な宿泊施設があったことがわかる。また、都から来た身分のある人々が移動するわけであるから、国衙からも多くの同行者があったと想定しなければならない。そして、官使らは、これらの沙汰を終えると十一月十九日には再び「帰府」、つまり国府に帰った。したがって、その数日間、身分のある人々を宿泊・滞在させる諸機能があったわけである。

正殿用材木調達　さて、造営は、仮殿立柱から仮殿遷宮までを終えると正殿造営が開始される。まず、正殿材木採取が行われると木の加工始めの儀式を行い、その後、正殿立柱が実施され上棟へと進んでいく。

まず、材木採取に関しては、以下の【史料3】にその様子がみえる。

【史料3】（正殿造営用材木採取の部分）

「康治二年七月二十六日、為求三前山材木、於大社宝前、勤神願事、（中略）今度、作事料、令参詣在庁庁事元宗・案主所兄部季宗等、国造相共令勤神願、令求其木云々、（中略）神願　御供・御幣・東遊・曲舞、同二十八日早旦、近部人夫・社頭住人召集社頭、令入山中」

康治二年（一一四三）七月二十六日、杵築大社の裏に続く山々、「三前山」（御崎山《みさきやま》）で材木を捜すため、大社宝前において神願をかけて作業に入った。この時、国衙の役人らが杵築まで出張参詣して国造とともに神願を勤めている。神願をして神前に供物を備え・御幣を捧げた後、東遊・曲舞などの芸能が奉納された。翌二十八日は早朝より、杵築近辺の人夫や大社に隣接する住人らを集め、山に入らせ円材の捜索を開始している。鎌倉時代の『出雲大社幷神郷図』（図8）にも境内前面の水田の縁や北山の山麓の谷の出口付近に家々（在家）がみえるが、これら在家群が近部人夫・社頭の住人らの居所であったと考えられる。

このような造営工程上の折節の行事にも、国衙からは杵築に在庁らが下ってきている。

正殿の完成まで　さて、建築工事の最中でも、都から出雲国杵築へと下ってくる人々は続く。

【史料4】

「同日（久安元〈一一四五〉年八月九日）、檜皮工下着」

「久安元年閏十月　日、国司御下向、御遷宮以前於仮殿勤神拝、同月二十六日上洛、同年閏十月日、官使、参詣社頭（以下略）」

久安元年八月には、社殿の屋根に檜皮を葺くために、都から檜皮工が下ってきて造営事業もいよいよ終盤に入っていく。同年閏十月には国司（出雲守）藤原光隆が出雲へ下ってきている。光隆は、完成した杵築大社正殿をみたであろうが、まだ正殿遷宮の儀式前であったため仮殿神前で神拝を勤め同月二十六日には早々に都へ帰っている。同月、都の太政官から下ってきた官使も杵築に到着し大社に参詣している。

さて、国司下向ともなれば、国司についてきた都からの随行員、国府からも目代以下在庁官人ら国支配の主要メンバーら大人数の随行による大規模な人の移動と滞在があったに違いない。そこには当然、滞在に要する諸機能、遠来の高官をむかえるにふさわしい身分相応の様々な調度など物資調達はもとより宿泊の手配などのほか、史料は沈黙しているが滞在中の娯楽をささえるサービスが必要となってくると考えられる。

②宝治の造営（一二二六～一二四八年）の例

次に、鎌倉時代の造営過程で生じる需要から、都市的機能の形成について考えてみようと思う。

長期にわたる造営と技術者の滞在　この時代の造営の特徴は、仮殿から正殿の造営まで二三年間も続いたことである。この間、中途の停滞もあったと思われるが、ともかくも長期間にわたって大規模な造営工事が継続されたことに留意しておく必要があろうと思う。

つまり、この造営の間に他所から関係者が杵築を往来し滞在したと考えられるからである。このことは、宝治の造営の際に作成された記録の概要が列記された（文永十二年〈一二七五〉四月）杵築大社正殿造営日記目録（千家家文書）(18) からもうかがうことができる。この史料にみえる造営事務・建築作業関係者および資材に関する記録をみてみよう。

まず、「下向損色官使用途米」「覆勘官使下向料」とみえるものである。顚倒を実検したり造営命令を伝える官使、造営が完成したことを確認する覆勘官使が京の太政官より出雲へ下向してきた際の京—出雲間の旅費などの経費に関する記録である。次に「京下番匠」に関するものである。京都から下ってきた番匠は「一、京下番匠日利食幷作料銭員数事　嘉禎四年六月十日」「一、自仁治二年六月二十一日以後、国留番匠食物員数事　仁治二年八月二十九日」などとみえるから、かなり長い間出張滞在している様子がわかる。実際に「木作始大工幷番匠例禄物事　嘉禎三年四月二日」「御上棟大工・番匠禄物事」などとみえ番匠・大工らへの報酬に関する記事がみえるから、各工程で彼らが滞在・活躍していることがわかる。このほかに道々細工・轆轤師・塗師・御柱引人夫・御柱穴掘人夫などの人々がみえるから、工事にかかわる様々な技術者・職人らが、杵築に滞在して様々な作業に従事していたのである。

造営時に求められた都市的機能

このようにみてみると、杵築大社とその周辺の集落に求められた機能はおおまかに以下のように考えることができるであろう。まず、造営に必要とする建築資材の運搬集積機能。また、造営の手続きにかかわる太政官の官史以下や国衙の在庁官人の一時的滞在機能、造営工事に携わる番匠・大工以下の長期にわたる滞在機能。そして、滞在者のための生活資材・日常的サービスの供給機能などである。

このような非農業的機能で商業的・サービス業的な諸機能は、院政期の造営にあたっても造営期間中には必要とされたに違いないが、鎌倉時代の造営になると造営期間の長期化に伴って、ますます恒常的に求められるようになったであろう。

杵築への物資供給について　杵築に物資の供給が行われた主要ルートとして、井上寛司氏は斐伊川・神戸川水運によるものを想定している。このことについては、杵築への物資流入が『出雲大社幷神郷図』に描かれている浜手に引き上げられた舟や大社湾を航行する手こぎ船など水上輸送手段からも推察される。しかし一方で、出雲西部から南部の河川水系地域からの物資流入については今少し具体像を吟味しておく必要がある。

出雲の大河川から海上へ抜ける水運を具体的に想定する場合、宝治の造営の過程で、鎌倉幕府の指示により地頭らが負担した造営用材料、すなわち「一、任関東二ヶ度御教書、庄公地頭被支配無足御材木幷檜皮事、暦仁二年（一二三九）二月七日」「一、尾縄徴下符案事、仁治三年（一二四二）五月日」などにみえる、材木・檜皮・縄など山林に産する物資を想起するとよい(19)。これに第Ⅱ部第三章で明らかにした、鎌倉時代後期の大西荘地頭飯沼氏一族の源氏女の所領構成にみえる山畠をみれば、斐伊川上流赤川水系にあった同荘の奥山に向けて行われた開発と、そこに産する材木以下の重量物産品の輸送が大西荘内を貫流する猪尾川から赤川へ出て斐伊川へと合流して同河口部・日本海へと水上交通を用いて行われたことを容易に考えることができる。さらに、山間部に配置された東国出身地頭らに飯沼氏と同様の存在形態と営為を想定することができるならば、あわせて、出雲山間部に広がる河川水系から杵築への産物流入とその増大も想定できるのである。

中世前期の杵築大社周辺の政治・宗教都市的機能の形成について整理すると以下のとおりである。

従来、『出雲大社幷神郷図』の市と集落の構成から、杵築では、内陸と海浜との間で行われた自然発生的な交換経済が都市的集落成立の一つの前提的条件であったことが指摘されていた。そこで、本論では、これに、神社の宗教的機能を維持するための宗教外的な様々な経済的機能が必要とされるようになったことを述べた。それが、杵築大社の国一宮としての地位・役割の重要さと相まって体制的契機と不可分な形で杵築の都市的機能を成長させていったと考えた。

まず、この都市的機能とかかわる物資供給は、長期間にわたって行われた杵築大社の造営を例にとれば、材木・檜皮ほかの造営用材があげられる。それは、少なくとも鎌倉時代の宝治造営の頃になると、開発が進みつつあった出雲南部山間部から斐伊川水系を経て大社湾へと、絵図にみえる船舶を含む水上交通を介して行われ得たであろう。

また、人の往来と消費に焦点をあてると、平安時代から鎌倉時代にかけて、国司や目代以下の支配層の体制的契機による参詣、長期にわたる造営事業に伴う役人・技術者・労働者の往来や長期滞在がみられた。これにより、滞在施設の需要や生活消費需要が増大していたと考えられる。さらに遷宮儀式や毎年恒例年中行事の三月会において、支配階級から被支配階級まで身分の高下を問わぬ様々な出自の人々が各地から杵築に集まってきた。このことにより、宿泊・消費両面で外来者の受け入れを可能とするキャパシティーが求められたと想定された。それらは、空間的には、『出雲大社幷神郷図』の浦から農村・大社周辺の在家や社家屋敷などにみられる家々に表現されていると考えられる。さらに、国家的な造営・祭祀にあたって、京都・鎌倉や出雲府中はじめ出雲国内各地など広範な地域から人々が集まってくるに伴い、芸能・娯楽など文化的な部分を含め多様な需要を生み出したに違いないのである。

しかも、これら恒例年中行事や造営事業・遷宮儀式は、国衙が中心となって出雲国内から莫大な経費を徴収して行われたのであって、それによって杵築では大きな地域経済効果を生み出すことになったと考えなければなるまい。そして、これらが中世前期の出雲西部地域における政治・宗教・経済拠点としての杵築大社および杵築の都市的機能を成り立たせたと考えられるのである。

注

(1) 大社町史編集委員会『大社町史　上巻』（大社町、一九九一年）。
(2) 新城常三『新稿　社寺参詣の社会経済史的研究』（塙書房、一九八二年）第六章。
(3) 前掲注（1）書、第三章4中世都市杵築の成立。
(4) 高橋慎一郎「中世都市論」（『岩波講座　日本歴史』第7巻・中世2、岩波書店、二〇一四年）。
(5) 前掲注（1）書。
(6) 『南北朝遺文』一三三七。
(7) 「古絵図をたどる―鎌倉時代の杵築の町並み―」（『大社の史話』四二、一九八二年）。
(8) また、同「出雲大社参詣道（一）―駄渡街道―」（『大社の史話』四九、一九八三年）では、湊原から大社に至る古参詣道を考察したもので、斐伊川・神戸川河口部近くから北上する主要ルートの存在を想定している。
(9) 注（1）書。
(10) 以下、建長元年六月日、杵築大社造宮所注進（出雲大社文書『鎌倉遺文』七〇八九）による。
(11) 『吾妻鏡』では、この頃鎌倉で行われる幕府関係行事に参加している様子がわかる。宝治二年八月十五日には鶴岡八幡宮放生会において将軍家の後陣随兵十一人の内にみえる。泰清が出雲に下向居住するのは、晩年期の蒙古合戦の頃、幕府から西国に地頭職をもつ御家人に西国下向が命じられる文永十一年（一二七四）頃「随又依蒙古事、或下向出雲国所領、凶徒寄来者、可御（ママ）参戦之由、文永十一年被成下関東御教書」（正和元年七月七日六波羅下知状〔集古文書二十八『鎌倉遺文』二四六二一〕）以降、健治三年頃であろうと考えられる（健治三年（一二七七）頃の年未詳五月七日づけ信濃前司佐々木泰清書状〔千家家文書〕）。
(12) 文永八年十一月の関東下知状案において、それまでは毎年恒例の年中行事三月会の相撲が京下の相撲人によって行われたことが知られるので、数十年に一度の盛儀である遷宮儀式における相撲も、京下の相撲人が用いられた可能性が高い。

(13) 建長元年六月日　杵築大社造宮所注進（出雲大社文書『鎌倉遺文』七〇八九）。

(14)「杵築大社造営遷宮旧記注進」（北島家文書『鎌倉遺文』七〇一七）。

(15)『大社町史』上巻一九九一年、のほか近世初頭に描かれた『三月会神事図屏風』（出雲大社蔵）にも相撲・舞のほか遷宮儀式にみられる神事芸能が描かれている。

(16)『鎌倉遺文』七〇一七。

(17) 木工寮・修理職と平安時代の造営については上島享「大規模造営の時代」（鈴木博之・石山修武・伊藤毅・山岸常人編『シリーズ都市・建築・歴史3　中世的空間と儀礼』東京大学出版会、二〇〇六年）、のち上島享『日本中世社会の形成と王権』（名古屋大学出版会、二〇一〇年）。

(18)『鎌倉遺文』一一八八一。

(19) 同右。

終　章　荘園支配の地域的展開と多様な開発

以上、地域全体における荘園支配体制の成立・展開の構図を明らかにして、権門体制を構成する権門勢家以下諸領主の地域的実力基盤の形成と構成について述べてきた。また、あわせて、その荘園制下における自然地理的条件や体制に規定された開発の実態を明らかにして、それが地域社会のあり方や支配体制の変化にどのような影響を与えたのかについて考察した。それは、これがその後の中世出雲における支配の構図や権力の興亡をも規定する前提的要因になったと考えたからである。

まず、文永八年十一月の杵築大社三月会相撲舞頭役結番注文の公田数情報から、中世前期の出雲国内地域の生産基盤や所領の数量的地域偏差をみた。古代以来国府域を中心にした東部四郡地域が出雲国内総公田数の五割以上を占めた圧倒的に先進地であり、西部三郡地域は同じく公田数三割で後発的に開発が進められることにより拓け、南部山間地の三郡地域は同じく一割五分弱で公田数も少なく相対的にいえば発展途上地であったと読み取ることができた。

出雲国内総公田数五三一一町余のなかで、荘園・国衙領比は六対四であり、荘園の占める割合は高い。また、荘園の単位所領あたりの平均公田数は五六町と国衙領のそれの二倍以上であり、そこからは、荘園の立荘と経営をめぐる中央・地域双方の積極性が読み取れた。

これらが、先進地帯としての出雲東部・西部の生産基盤・支配基盤を構築発展させたと考えられる。

院政期を中心に、東部に重点的に、さらに西部へと一一カ所から一六カ所にのぼる荘園を保持し、国内総公田数の二割前後を占めたのが天皇家であった。天皇家は、国衙所在郡北側に接する地域に佐陀社領およびそれに接して連続的に荘園を設け、さらに出雲西部の杵築大社領を荘園として支配するなど、出雲国内の二大神社領をおさえながら、出雲国内の全荘園の公田数にして三分の一、荘園一つあたりの平均公田数が七六町（鎌倉時代を通じて）から八八町（文永八年頃）と単位所領あたりの平均公田数が圧倒的に多い大規模で広大な所領を支配した。このことは、公田の集積や拡大への積極性を示している。これらの意味で、天皇家は他の権門を凌駕しており、出雲国内における圧倒的優位を占めていたといえる。

そのような天皇家領の佐陀社領佐陀荘の立荘は、中央における天皇家の御願寺領整備の一環であり、一方で、地域における一国平均役をはじめ臨時の国家的課役を忌避しようとする在地勢力と国衙在庁との対立が契機となって、中央権門・在地勢力双方が結びついたものであった。こうして、佐陀社を中核とする佐陀荘二八〇町という広大な所領が形成され、同社がこれを基盤に、出雲の二大神社の一つとして存続していくことになる。また、天皇家領荘園杵築大社領は、立荘後も領家の荘務権の下で西部山麓の本郷から斐伊川下流の広大な低地帯に向けて村々を分裂派生させながら開発が進められ拡大していった。その結果、田数を倍するまでに拡大・成長し、中世所領大社領一二郷を形成し、地域最大の寺社勢力としての地位を確立する。

杵築大社領にみられるような低地帯に向けた本荘・本郷からあらたな所領を細胞分裂状に生み出す開発の動きは、神西湖周辺の吉田家領園山本荘・新荘にもみられる。こうした荘園内部の盛んな開発の動きによって、鎌倉時代前半期までには出雲国西部に広がる河川下流域や湖沼周辺において所領拡大が進んでいった。

天皇家領に次いで広大な荘園を保持したのが同じく国内公田数の一割五分を占める摂関家領であった。また、摂関家は、出雲東部能義郡の飯梨川・伯太川流域周辺の平地域に出雲国内摂関家領の三分の二に及ぶ大きな所領群を集積するとともに宍道湖水系の出入り口付近の要所や西部沿岸近くにも複数の荘園を所有した。いずれも両河川が流入する中海から日本海交通の要衝である美保関へとつながる位置にある。また摂関家領の場合、荘園一カ所あたりの平均公田数も出雲国内のそれの一・六倍と、公田を積極的に集積・経営したことがうかがえる。このように、摂関家は、量的にも内容的にも天皇家に次ぐ勢力を扶植していた。

以上のように、天皇家・摂関家いずれも出雲北部平野部の先進地帯の要地に他の諸権門より多数の広大な荘園を集積しているという点で、地域において他の権門勢家を大きく引き離して優位であったといえる。

これに対し、国家の宗廟でもある石清水八幡宮、上下賀茂社の場合、おおむね平安時代末期までには南部山間部を含む出雲国内各地の要地に大規模な荘園を形成している。

石清水八幡宮領は国内に八カ所、文永八年時点で公田数二七〇余町の荘園を保持している。大規模なものとして、国衙周辺の平浜別宮（八幡荘）、能義郡の安田荘、仁多郡の横田荘、飯石郡の赤穴荘があげられ、他は零細所領で安田荘が総括支配する形になっている。安田荘は、出雲から伯耆に通じる陸路の要衝安田関を擁する。横田荘は、斐伊川最上流部の出雲南部最大の横田盆地にあり伯耆・備後国境に立地している。赤穴荘は石見・備後方面に通じる陸路の要衝にある。このように国衙近傍の宍道湖・中海を結ぶ水路沿岸から伯耆・備後国境の要衝にあたかも出雲国内を取り囲むように大規模荘園を所有するという特徴がある。しかし、その経営にあたっては困難も多く、承久の乱後には、東部伯耆国境の安田荘では新補地頭江戸氏による荘官殺害や地頭非法に対する百姓逃散などが起こり、結局は幕府に訴えて下地中分で乗り切った。一方、南部の横田荘では近隣生え抜きの国地頭三処氏とその血縁の北条時輔らの年貢抑留にあったため下地中分を試みたものの彼らの地縁・血縁から地頭請を排除できなかったとみられる。ともあれ、両荘ともに在来・外来地頭支配の浸透により、石清水八幡宮支配にとっては厳しい状況が続いた。この二つの事例からは中分または請所となった理由の一つに、荘園領主・地頭双方の在地の掌握度の差異があったと推察された。

また、平浜別宮領八幡荘は、宍道湖・中海を結ぶ現在の大橋川の中海側両岸という要衝に位置し、国衙近傍の早くから拓けた先進地地域にあった。そのためすでに開発余地が限られていたとみられ、鎌倉時代末期頃には、開発条件が厳しい湖の汀線付近の低湿地に拠点を置いて地主的または小領主的開発が行われた。しかし、この開発所領を基礎に、南北朝期以降、平浜別宮の放生会役（社役）の寺院が成立していくなど、国衙の衰退に伴ってその保護を得られなくなっていた同宮の新たな祭祀執行体制が再編されていった。

上下賀茂社は中海南岸の要港安来とその近隣や山間部赤川水系の要地に大規模荘園を保持した。大原郡の赤川北岸の福田荘（＝賀茂荘）は、源頼朝時代の賀茂社領に対する政治的保護を背景に、承久の乱後早々に幕府における法廷闘争を経て、いったんは設置された地頭の排除に成功し、一円領を守った。同荘は、杵築大社三月会頭役を拒否する特別な荘園であったが、これらは、在地の荘民らにとっても、荘内の平穏や国家的課役の負担軽減が期待され、同社の支配を受け入れることができる有利な条件になりえたと思われる。

以上のように、石清水八幡宮も上下賀茂社も荘園に対する支配の達成度は一様ではないが、ともに一円的支配の確保を志向している。また、荘園立地からは地域社会の脈管系統に対する影響力を意識して所領支配を行おうとしていたことが読みとれる。そして、そのようにして両社は、地域における政治的影響力や地位を維持し得たのであろう。

また、後発の比叡山関係荘園は、鎌倉時代になって、出雲における最大の山岳寺院鰐淵寺を拠点に、その膝下に拠点的な所領として国富荘を形成するなど、地域の最有力寺院を利用して立荘を行った。この場合、後鳥羽院・慈鎮ラインによる同院皇子朝仁親王出家後の所領整備の動きに対し、鰐淵寺側からの要求で一円領が成立し、所領本体の支配体制の構築とあわせて同寺内体制が整備・固定化されるなど中央・在地側双方の思惑の接点でこの立荘が行われた。そして、これ以後、中世を通じて同荘は、鰐淵寺膝下の主要所領となる。

以上、荘園の立荘事情については、院政期の天皇家領佐陀荘と、鎌倉時代初頭の比叡山領国富荘について確認できたのみであるが、中央の権門側の所領設置という上からの動きと、在地勢力側の様々な欲求という下からの動きの双方の動きの接点で立荘に至っていることは充分に理解できるであろう。

承久の乱を経て文永の頃になると、国内荘郷のほとんどに地頭が設置されている。文永八年頃には、斐伊川・飯梨川・宍道湖中海水系など河川水系の要衝や日本海の主要港湾を擁する諸郷（美保郷・富田荘・平浜別宮・塩冶郷・古志郷）の地頭職を守護佐々木氏がおさえ、これを牽制するかのように得宗やその一族が要所（竹矢郷・神立社・須佐郷）に地頭職を保持するなど、地域社会の脈管系統と諸権門荘園の配置をふまえ、両者が出雲国内に政治的影響力を与えうる布石を敷いたと思われる。一方、出雲生え抜きの有力在庁の御家人化に加え、国内荘郷への東国御家人の新補地頭設置という形で鎌倉幕府勢力が地域に扶植されるにつれ、領家と外来の地頭との間で相論も起きるようになっていった。とくに、蒙古襲来に伴う臨戦態勢によって、東国御家人が西国荘郷へ下向土着するとともに、さらにその蓋然性が増したと考えられる。

例えば、鎌倉末期近くに天皇家領荘園淀本荘において起きたのが、領家による地頭排除を目的にした領家と地頭の相論で、当荘が一円領であるかどうかが争われた。幕府を法廷にしたこの相論では、信濃出身の地頭中澤氏の地頭役遂行の事実と、三月会相撲舞頭役結番注文の記載内容を根拠に、中澤氏が同荘の地頭であることが証明された。地頭職が補任された承久の乱以来、すでに一世紀近くが経過して補任文書の確認が困難になるなかで、守護の許に正文があり、出雲国内の地頭職保持者にも広く知られていた文永八年の結番注文が、幕府による当該裁定の根拠となっている点が重要である。つまり、本来、国衙・社家主導の杵築大社三月会の実施体制を補完するために幕府主導で作成した結番注文が、荘園・国衙領の公田を基礎にしながら頭役勤仕を通じて御家人地頭を国内荘郷に広範かつ明確に位置づける役割を果たした訳である。このように幕府は、国一宮恒例祭祀の頭役結番体制を根拠に、出雲国内の荘園支配体制のなかに、地頭御家人制を改めて明確に位置づけたのである。

このような地頭の位置づけが行われた背景には、対蒙古戦以降の臨戦体制維持の必要性があったであろうが、これに加えて、荘郷内においても下向土着した地頭が所領形成を進めつつあったと考えられる。例えば、淀本荘の相論の頃、南部山間部の賀茂別雷社領大西荘の地頭飯沼氏一族の源氏女は、賀茂本荘に接する大西荘側の山口において屋敷地を核に河川低湿地と小谷奥部の水田開発を進めるとともに、奥山の山林を開発し漆畠を営むなど、開発による所領形成を進めていた。この開発部分が、一族内相論と和与の結果、同荘東方一分地頭としての自立の根拠になった。この事例から、同様の地理的条件にある近隣山地に配置された地頭らも、同様に山間に向けた開発・所領形成を進めて在地性を深化させていた可能性は高い。

さて、このように零細な水田開発のみならず奥山を含む山間部の開発については、公田数こそ少ないが出雲全体の面積の四割を占め、天皇家領や摂関家領が少ない南部三郡の山間地域においてこそ注視しなければならない。

その体制的契機については、すでに宝治の杵築大社造営における幕府の支援にあたり、国内地頭への所課である木材・檜皮などの山林産物の産出において注目したところである。西部の園山荘（＝神西荘）においても、この山林需要が本新両荘の地頭らの海山の用益問題を惹起した理由の一つであったと考えた。つまり、南部の山間部の地頭らにとっても、山林は、所与の主要な開発対象であったことは容易に推測がつく。一方、横田荘・佐陀荘の主要年貢物の一つである鉄にも注意を払う必要がある。それは、中国地方山間地における砂鉄資源と薪炭資源による製鉄が想定できるからである。

このような形で、鎌倉時代後末期に向けて、自然地理的な条件や、その時代の体制的な契機にも規定されつつ行われた水田開発から畠地・山林に至る開発がもつ重要性もみえてくるように思うのである。

ここで、出雲東部対西南部が公田数比だけで五対四の比率になることを想起・勘案すると、古代以来、国府域を中心に早くから拓けてきた出雲東部地域に対し、西部平野地域と南部山間地域が開発の進展をふまえながら結びつけば、東部地域に比肩しうる経済的・政治的な実力を保持できるようになっていくという道筋と構図を想定することができるであろう。

以上のように、本書で検討してきた出雲国における開発は、郡郷制の再編や寄進地系荘園を準備する段階の開発ではなく、荘園制下における十二世紀後半から十四世紀はじめ頃にかけての開発の実態である。それが、当該期の地域における生産基盤の形成において決して低く評価されるべきではなく、次の時代に向けた体制の変化にも積極的な影響を与えたと考えられるのである。

初出一覧

本論

「序章　地域史からみた権門体制論の可能性―出雲地域史からの試み―」（『歴史科学』二二八、大阪歴史科学協議会　二〇一七年初出、二・三章部分）は、筆者が権門体制論の方法論を受け継ぎ、中世日本海西部地域史を通じて発展させようと意図するに至った背景・問題関心について述べたものである。本書はもとより、先行する二つの拙著『中世出雲と国家的支配―権門体制国家の地域支配構造―』（法蔵館、二〇一四年）および『出雲の中世―地域と国家のはざま―』（吉川弘文館、二〇一七年）のなりたちと深くかかわっている。

第Ⅰ部序言・第一章～第三章、第Ⅱ部序言・第一章～第三章、終章（新稿）

補論

補論は、筆者がここ七年ほどの間に作成した論考から二本を、本論の趣旨にあわせて改稿し収載した。

「補論1　長元の杵築大社顚倒詐称事件」は、二〇一一年六月一六日いづも財団公開講座で行った講演「平安期出雲大社「顚倒」の問題について」（講演内容は、『出雲大社の造営遷宮と地域社会　上巻』（いづも財団叢書1）いづも財団　出雲大社遷宮奉賛会編、今井出版、二〇一四年収録）を大幅に改稿し論文に作成し直したものである。この事件は、本書本論部分の前段階の摂関政治期のできごとであるが、長元年間に、出雲守橘俊孝が、杵築大社の巨大神殿造営事業をめぐって起こした詐称事件の原因と経過を明らかにした。出雲国杵築大社が国鎮守となっていく条件の一つとして、造営財源における一国平均役の成立があげられるが、十一世紀半ば過ぎに同役が成立する前史としてとりあげた。

「補論2　中世前期における杵築の都市的発展—杵築大社「門前町」前史—」は、二〇一五年六月一四日、いづも財団公開講座で行った講演「絵図からみた門前町杵築の発展—室町時代以前　門前町形成「前史」—」（講演内容は、『出雲大社門前町の発展と住人の生活』（いづも財団叢書4）いづも財団　出雲大社遷宮奉賛会編、今井出版、二〇一八年に収録）を改稿し論文に作成し直したものである。これは、中世前期の国一宮杵築大社が立地する杵築における都市的機能が、国一宮杵築大社の造営遷宮事業・恒例祭祀などに伴うさまざまな階層の人々の往来や滞在者の需要など、体制的契機によって形成されてくることを明らかにしようとしたものである。

結　語

本書のうち新稿論文は、四半世紀余にわたる私の出雲生活の最後に残されていた宿題である。長らく、中世出雲の荘園制についてイメージし続けていたもので、私の先二著の土台の一角をなすものである。

本書執筆のお話をいただいたのは、二〇一四年、まだ前職の島根県立古代出雲歴史博物館・島根県古代文化センター（島根県教育委員会）にあった松江在住のころだった。そこで、それまで手をつけながらそのまま放置して積み上げていたこの論題をきちんと完結させて、二年くらいの予定でいただいた仕事の責をふさごうと思っていたのだが、その直後の二〇一五年春の、まさかの高齢転職と郷里四国への帰郷に伴う慌ただしい転変で、この予定が大きく狂うことになってしまった。それまで四半世紀以上にわたる出雲生活や仕事のなかで背負い込んでいたさまざまな累積課題や先約の精算と、新しい仕事と生活の構築に追われるという二重の荷を背負うことになってしまった。本書の執筆もたびたび中断して進まぬ状態が続き、同成社の社長様にはさらに二年もお待たせすることになってしまった。まずもってお詫び申し上げたい。

本書は、権門体制を構成する権門勢家とそれに連なる諸領主の領主的基盤を地域的に明らかにすることに第一の目的がある。先著『中世出雲と国家的支配—権門体制の地域支配構造—』（二〇一四年）および『出雲の中世—地域と国家のはざま—』（二〇一七年）の主要な部分では権門体制国家の支配階級諸層が地域支配を構成する際にもつ国家的機能とその相互補完関係を述べた。しかし、そのような機能・関係をもつ彼らを支える実力基盤がどのように構成されていたのかを、地域における荘園支配体制の枠組みのなかで明らかにしておかなければならないという大きな課題が先二著の作成プロセスからずっと残されたままになっていた。その課題を、何とかふさごうとしたのが本書新稿部分である。

さて、本書第Ⅰ部で分析対象にした出雲大社宮司千家家所蔵の文永八年十一月日の関東下知状案（相撲舞頭役結番注文）との出会いは古く思い出深い。その出会いは、前職にあった平成九年（一九九七）の特別展覧会「古代出雲文化展」においてであった。この特別展は島根県ほかが主催であしかけ一年をかけて東京・大阪・島根の三ヶ所で開催されたものであった。私はこの展覧会の展示の一角「出雲大社と出雲」というコーナーの展示主担当であったが、このコーナーの展示品の一つに本書で扱ったこの関東下知状案（千家家文書）があった。さらに千家家の御芳情でそのレプリカを作成して、その後、古代出雲歴史博物館の常設に展示した。このようにこの関東下知状案とは付き合いが長かった。また、筆者が、公務で、この史料をはじめ出雲大社文書（島根県指定文化財）や『出雲大社幷神郷図』（重要文化財）などを調査する際には、自らも研究者でいらっしゃる（現在、出雲大社権宮司）千家和比古氏には、繁忙を推して立ち会っていただくなど格別の便宜をいただいたことも大変有り難く忘れがたい思い出である。

同特別展後、やはり公務で、（出雲大社旧上官）佐草家文書のうち、近世文書中にあるこの関東下知状案の写と接することになる。当時、同家御当主で東京在住であった故佐草平安氏に、出雲大社脇の同家屋敷に保管してあった文書群を調査させていただけないかお願いしたところ、快諾いただき、以後数年間、毎年二度ばかり大社町のお屋敷にお伺いしてその一室で調査をさせていただいた。その後、御当主からの思わぬお申し出により島根県内屈指のこの佐草家伝来文書を島根県に寄託していただくことになった。これは、調査担当の私としては望外の喜びであった。

この関東下知状案の結番注文の分析については、これを算術的・統計的に処理し難い困難な条件が折り重なっていることは重々わかっていた。また、それゆえに先学諸賢も分析リスクを伴うこの史料にあまり深入りをしてこなかったのだと思う。しかし、筆者が出雲を離れるに及んで、今までのいきさつを考え、思い切って、この史料を細かいことはさておいて数量的に比較分析するという火中の栗を拾ってみたわけである。したがって、本書の当該部分は試行錯誤の産物で、方法論的に今後のたたき台であるのかもしれない。

ともかく、本書と先の二著をあわせて、私なりに、少なくとも中世前半期の出雲地域をめぐる土台と上部の構造を全体として述べたことになる。その意味で私の四半世紀余に及ぶ出雲生活の宿題は終えたということを、お世話になった皆様にはお許しいただけるのではないかと思う。

二〇一九年　八月

佐伯　徳哉

権門《けんもん》体制《たいせい》下《か》の出雲《いずも》と荘園《しょうえん》支配《しはい》

■著者略歴■

佐伯徳哉（さえき　のりや）

1961 年　愛媛県に生まれる
2007 年　大阪大学大学院文学研究科博士後期課程修了　博士（文学）
現　在　新居浜工業高等専門学校　教授

主要著書

『出雲の中世―地域と国家のはざま―』吉川弘文館、2017 年。

『中世出雲と国家的支配―権門体制国家の地域支配構造―』法藏館、2014 年。

共編著に『石見銀山』思文閣出版、2002 年。『戦国大名尼子氏の伝えた古文書―佐々木文書―』島根県古代文化センター、1999 年。『古代文化叢書 3　富家文書』島根県古代文化センター、1997 年など。

2019 年 10 月 31 日発行

著　者　佐　伯　徳　哉
発行者　山　脇　由　紀　子
印　刷　㈱　理　想　社
製　本　協　栄　製　本　㈱

発行所　東京都千代田区飯田橋 4-4-8　（〒102-0072）東京中央ビル　㈱ 同成社
TEL　03-3239-1467　振替　00140-0-20618

ISBN978-4-88621-832-2 C3321